Inhaltsverzeichnis

Vorwort	3
Holz – Archiv für die Umweltgeschichte und Altersbestimmung	5
Das Prinzip der Dendrochronologie	5
Angewandte Dendrochronologie	7
Klimabedingungen und Pflanzenwachstum	9
Die mikroskopische Untersuchung der Jahrringe	11
Untersuchungsmethodik und Untersuchungstechnik	14
Ein kurzer Überblick über die Entstehung Rügens	18
Historische Analyse von Wetter, Witterungsschwankungen, anderen Ereignissen und deren Ursachen	21
Materialbeschreibung und Auswertung	23
Wetter, Witterung zwischen 1044 – 1199, der Versuch einer Erklärung	32
Wetter und Witterung während der mittelalterliche Warmphase 1200 und 1380	45
Das Sturmhochwasser 1304, 1307 oder 1309	48
Die Wirtshäuser auf der Ostsee	51
Der Wallfahrtsort Zudar	53
Mittelalterliche Kirchen auf Rügen	58
Die Witterungsverhältnisse in der Übergangsperiode zwischen 1381 und 1570	73
Naturcalamitäten und andere Ereignisse zwischen 1571 und 1740	88
Vitten auf Rügen	89
Der Bankencrash	93
Die Sturmhochwasser 1625	102
Die Witterungsverhältnisse im Dreißigjährigen Krieg auf und um Rügen	103
Die Witterungsverhältnisse und Folgen nach dem Dreißigjährigen Krieg	112
Die Witterung und die Folgen der Nordischen Kriege für Rügen	114
Der Winter 1708/1709	125
Der europäische Winter 1740	129

Die Epoche der großen Veränderungen zwischen 1741 und 2017 135
   Die Witterungsverhältnisse in Schwedisch-Pommern 135
   1816 ein Jahr ohne Sommer 140
   Die Entstehung des Sturmhochwassers vom 12. zum 13. November 1872 150
   Die Sturmhochwasser 1904 160
   Die Zeit 1913-1933 168
   Die Witterungsereignisse zwischen 1934 und 1947 173
   Das Witterungsgeschehen nach 1947 177
   Die Katastrophe 1978/79 178
   Sturmflut 2017 181

Klima 188

Erklärung markanter Wetterlagen 192
   Kalte Winter 194
      Winter 1928/29 198
      Winter 1939/40 200
      Winter 1940/41 205
      Winter 1941/42 207
      Winter 1946/47 212
      Winter 1962/63 217
      Winter 1978/79 222
   Warme, trockene Sommer 230
   Kühle, nasse Sommer 233

Literatur- und Quellenverzeichnis 236
Abbildungsnachweis 249
Tabellen 261
Karten 262
Internet 262

Vorwort

Die Landschaften auf Rügen stellen auf Grund ihrer geographischen und topographischen Lage einen Raum mit langer, wechselvoller Landnutzungsgeschichte sowie spezifisch hoher Sensibilität gegenüber den Wandlungen in der Landschaftsnutzung dar. Diese Gegensätze waren der Anlass zu Untersuchungen, wie sich diese Klimaerscheinungen in der Vegetation speziell bei Kiefern und Eichen und in den geschichtlichen Aufzeichnungen widerspiegeln. Im Rahmen von Bachelor- und Masterarbeiten, die am Institut für Geographie der Universität Potsdam entstanden, wurden auf dem Bug, der Schaabe, der Halbinsel Thiessow, der Baaber Heide dendrochronologische Untersuchungen an Kiefern und Buchen vorgenommen. Die Untersuchungen erfolgten gemeinsam mit Herrn Karl - Uwe Heussner vom Deutschen Archäologischen Institut, Referat Naturwissenschaften in Berlin.
Während der Geländearbeiten für diese Bachelor- und Masterarbeiten, tauchten in Gesprächen und Diskussionen mit den Studierenden Jonas Winkler, Janine Dingethal, Fabian Katterwe, Jennifer Kleinhans, Lara Versick und Christian Heiser zahlreiche Fragen auf u.a. zum Wetter, zu Extremereignisse auf und um Rügen während des Mittelalters oder Wo man über solche Ereignisse nachlesen kann und wie die Menschen darüber berichtet haben. Wie weit lassen sich Witterungsaufzeichnungen auf und um Rügen nachverfolgen. Auf einige dieser Fragen wollen wir hier eingehen.
Für diese Thematik besitzt das Deutsche Archäologische Institut, Referat Naturwissenschaften z. B. eine Eichenchronologie für das nordöstliche Deutschland, die derzeit bis in das Jahr 7238 v. Chr. zurück reicht. Die Chronologien für Kiefer, Fichte, Tanne, Buche, Esche und Erle sind teilweise deutlich über 1000 Jahre lang. Mit Hilfe des Überbrückungsverfahrens lassen sich weit in die Vergangenheit zurück reichende Jahrringfolgen bzw. -kalender erstellen. Die klimatisch bedingte Varianz im Dickenwachstum der Bäume bildet die Basis für die Erstellung von Baumchronologien zur Altersbestimmung. Bei Bäumen der gleichen Art und aus der gleichen Region sind sich die Zuwachsmuster in ihrem Wechsel der jährlichen Ringbreiten so ähnlich, dass sie eindeutig und jahrgenau untereinander synchronisiert werden können.
Wir bleiben in diesem Rahmen bewusst bei der unmittelbaren Beziehung zwischen Jahrringbreite und Umweltereignis, um die direkte Reaktion der Bäume auf die wechselnden Bedingungen und den stetigen Wechsel des Wetters unmittelbar deutlich werden zu lassen. Uns ist sehr bewusst, dass für alle weiter ins Detail gehenden Betrachtungen eine wesentlich weiter gehende statistische Aufbereitung, deutlichere Quellenkritik, die Einbeziehung möglichst weiterer Methoden und Quellen notwendig sind.
Mit dem Fall der Festung Arkona und der Christianisierung durch die Dänen entstanden Kirchen auf Rügen. Tilo Schöfbeck, ein Kenner der Baugeschichte von Mittelalterlichen Kirchen in Norddeutschland, vervollständigte mit seinen Ausführungen über die mittelalterlichen Kirchen auf Rügen die Rügenchronik.
Nun galt es, einen Meteorologen zu finden, der die Ursachen für Witterungserschei-

nugen oder Extremereignisse analysiert. Was lag näher, als sich an Stefan Kreibohm zu wenden. Als Meteorologe und Kenner des Wettergeschehens auf und um Rügen und als Rügener war er bereit mitzumachen.

Die vorliegende Broschüre soll die Neugierde auf eine nähere Betrachtung und auf ein weitergehendes Interesse an der Umweltgeschichte wecken und ist weit entfernt von einer tiefgründigen Klimarekonstruktion bzw. Klimadiskussion. Der Leser soll sich selber ein Urteil über die Veränderungen bilden.

Um dem Leser einen Eindruck von der Beschreibung der Ereignisse in den einzelnen Epochen zu vermitteln, wurden aus den Schriften die originalen Textpassagen wiedergegeben. Anpassungen an die Grammatik, Rechtschreibung und Syntax wurden nicht vorgenommen. Der Informationsgehalt des Originals stand dabei im Vordergrund.

Wir wollen auf extreme Geschehnisse, wie z. Bsp. die Sturmfluten 1304, 1872, 1904, oder markante Wetterlagen, wie z. B. Winter 1324, 1708/09, 1740 oder 1978/79, näher eingehen. Es ist nicht Anliegen dieser Recherche, jedes Witterungsereignis meteorologisch ausführlich darzustellen und zu erklären.

Es handelt sich dabei keineswegs um eine endgültige und lückenlose Darstellung der Thematik. Um ein vollständiges Bild zu bekommen, sind weitere zahlreiche Recherchen notwendig.

Die ermittelten Ergebnisse wären ohne die Unterstützung vieler Interessierter nicht möglich gewesen.

Für diese Recherche wurden uns zahlreiche Chroniken, Zeitungsartikel und privates Material bereit gestellt. Ohne jemanden vergessen zu wollen, möchten wir uns an dieser Stelle u.a bei Herrn Lübke (Sagard) für das Memorabilienbuch Sagard und die Matrikelkarte von der Stubbenkammer ganz herzlich bedanken. Ein ganz herzlicher Dank geht an Herrn Prof. Leube (Berlin) für die Bereitstellung einer Rohfassung zum rügenschen Klima.

Ein herzliches Dankeschön geht auch an die Mitglieder des Pommerschen Greifs, besonders an Herrn Prof. Dieter Wallschläger, Fr. Hilde Stockman, Herrn Willi Köhler und Herrn Norbert Wenzer, die uns mit zahlreichen Publikationen halfen.

Ein besonderer Dank geht an Herrn Egon Nehls aus Samtens/Rügen für die Bereitstellung von zahlreichen Bildern und schriftlichen Erinnerungen vom Winter 1978/79.

Julian Weiß möchten wir ein besonderes Dankeschön sagen. Er hat mit Rat und Tat maßgeblich am Layout der Publikation mitgewirkt.

Holz – Archiv für die Umweltgeschichte und Altersbestimmung

In der heutigen Zeit stellt sich immer mehr die Frage, wie wir mit Klimaveränderungen und ihren Erscheinungen umgehen und mit welchen Auswirkungen wir zu rechnen haben. Bäume können uns Auskunft über veränderte klimatische Bedingungen der letzten Jahrhunderte geben, denn sie sind ausschlaggebend für den menschlichen Umgang mit der Natur über Generationen hinweg. Bäume reagieren auf Klimaveränderungen, wie beispielsweise abnehmende Niederschläge, steigende Temperaturen oder extreme Fröste. An Hand der Informationen aus den Jahrringbreiten können Korrelationen zu Klimadaten hergestellt werden. Die klimatisch bedingte Variabilität der Jahrringbreiten ist die Grundlage für die Altersbestimmung der Dendrochronologie.

> Dendrochronologie leitet sich aus dem Griechischen von Dendron = der Baum, Chronos = die Zeit und Logos = die Lehre ab und bedeutet Baumzeitlehre. Dieses wissenschaftliche Datierungsverfahren geht auf den amerikanischen Astronomen Andrew Ellicott Douglass (1867-1962) zurück, der 1901 nach Beziehungen zwischen der Sonnenaktivität und dem Klima der Erde suchte.

Das Prinzip der Dendrochronologie

In trockenen und kalten Jahren werden schmale Jahrringe ausgebildet – in feuchten und warmen Jahren werden die Ringe deutlich breiter. Es besteht also ein Zusammenhang zwischen klimatischen Bedingungen und Jahrringwachstum. Durch die lange Lebenszeit der Bäume ergeben sich lange Abfolgen. Heute noch lebende Bäume sind selten mehr als 200 oder 300 Jahre alt. Die Wachstumsmuster unterschiedlicher Bäume können aber miteinander verglichen und bei eindeutiger Synchronisation Mittelwerte gebildet werden. Durch die gegenseitige Überlappung werden diese Chronologien immer länger und durch die Einbeziehung von immer mehr Messwerten auch immer aussagefähiger. Die individuellen Eigenheiten der Einzelbäume mitteln sich heraus und es entstehen lange representative Reihen. Diese Chronologien müssen aber für jedes Wachstumsgebiet und für jede Baumart separat erstellt werden.
Die Dendrochronologie befasst sich mit der systematischen Untersuchung von Baumringen, die von Holzpflanzen der Außertropen gebildet werden. Mögliche Variablen sind z.B. die Jahrringbreite, die Spätholzdichte und die Gefäßgröße, aber auch die Isotopenverhältnisse. Sie können mittels verschiedener Analysetechniken gemessen und anschließend als Zeitreihen aufgezeichnet werden. Die jährlichen Zuwachsraten hängen vom Einfluss der jeweiligen Umweltbedingungen ab wie der Temperatur, den Niederschlägen und dem Nährstoffgehalt. Es ergeben sich deshalb oft innerhalb eines Gebietes für beliebige Zeitreihen charakteristische Abfolgen. Ob-

wohl das Wachstumsmuster eines Baumes von einer Vielzahl endogener (Genetik und Physiologie) und exogener Faktoren (Standort und Boden) beeinflusst wird, hinterlässt die Klimavariabilität ein deutliches Signal, in einer Jahrringreihe. Durch die Jahrringreihe ist ein Vergleich individueller Reihen miteinander, die letztlich auf das Jahr genau auf einer Zeitachse angeordnet werden, möglich.

Die Jahrringabfolgen sind graphisch in einem Diagramm dargestellt – vergleichbar mit einem Fingerabdruck – und zeigen charakteristisch für die Zeit, in der ein Baum gewachsen ist unterschiedliche Anpassungen an die genannten Faktoren. Durch verschiedene Bäume mit überlappender Lebensspanne erhält man eine über die Lebensdauer einzelner Gewächse hinausreichende Sequenz von Jahrringen (Abb.1).

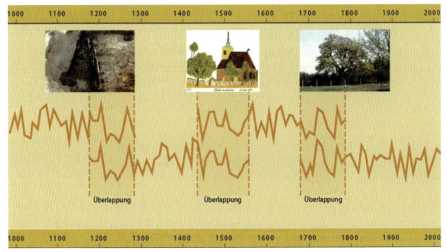

Abb. 1   Überlappung von Jahrringkurven

In der rechnerisch-statistischen sowie der optischen Ähnlichkeit der Jahrringbreitenmuster gleichzeitig gewachsener Bäume liegt die Grundlage der Datierungsmethode. Derartige Jahrringchronologien dienen als Referenzmuster zur weiteren Datierung von Baumproben eines Gebiets. Wenn eine Jahrringchronologie Lücken zur Gegenwart aufweist, dann ist nur eine relative Datierung möglich. Reicht eine Jahrringchronologie jedoch von der Vergangenheit durchgängig bis in die Gegenwart, dann können die Jahresringe einer Baumprobe für diesen Zeitraum absolut und jahrgenau datiert werden.

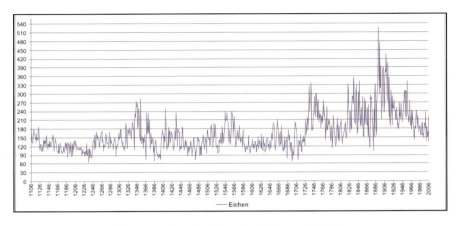

Abb. 2   Eichenchronologie (in 1/100 mm) für Rügen

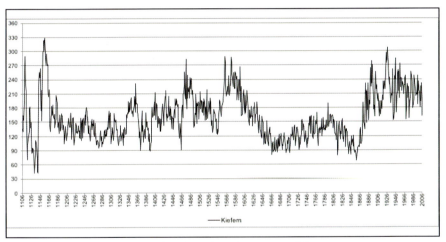

Abb. 3   Kiefernchronologie (in 1/100 mm) für Rügen

Angewandte Dendrochronologie

Die Dendrochronologie geht weit über die Funktion eines reinen Instruments zur Altersbestimmung von Holz hinaus. So können für die Neuzeit aus der Verknüpfung von Klimadaten und Jahrringchronologien Klima-Wachstums-Korrelationen abgeleitet werden. Sie dokumentieren die Reaktion der Bäume auf Umwelteinflüsse. Aus der Dendrochronologie entwickelte sich die Teilwissenschaft Dendroklimatologie. Da das individuelle Wachstum von Bäumen neben den Klimaeinflüssen von vielen anderen Faktoren, wie zum Beispiel dem Alterstrend, anthropogenen Einflüssen und der Konkurrenz, abhängt, muss deren Wirkung bei der Betrachtung mit berücksichtigt werden. Diese können bei der Auswertung der Jahrringkurven verfälschend wirken. Die Dendrochronologie nutzt dafür ein umfangreiches Instrumentarium an mathematischen Methoden, um die oben genannten Komponenten herauszufiltern. Die maximale Reichweite der Rekonstruktion liegt derzeit bei rund 10.000 Jahren und umfasst das gesamte Holozän. Sie ist von zweierlei Aspekten abhängig: Einerseits wird die Rekonstruktion vom Alter des Baumes bestimmt und zum anderen von der zunehmenden Ungenauigkeit statistischer Verfahren, je weiter der Zeitraum zurückliegt. Da die wissenschaftlichen Wettermessungen erst ab 1850 einsetzten, wird die Dendrochronologie auf Grund ihrer zuverlässigen Daten als indirektes Klimaarchiv herangezogen. Archäologische Ausgrabungen liefern bei guten Erhaltungsbedingungen oft große Mengen an Hölzern aus Siedlungen, Grabanlagen oder von Kultplätzen. So konnte für einen ca. zehnjährigen Zeitraum um das Jahr 540 n. Chr. eine Klimakatastrophe belegt werden. Als Ursache dieser weltweiten atmosphärischen Trübung werden Kometeneinschläge oder Vulkanausbrüche vermutet.

Abb. 4   Oberdach der St Marienkirche in Greifswald (1328d)

Aus den Jahrringmessungen kann genau datiertes Material für weitergehende Untersuchungen (z.B. Sauerstoffisotope, Kohlenstoffisotope, Schwermetall usw.) bereitgestellt werden. So ist der Nutzen für die Archäologie im Rahmen der Altersbestimmung historischer und prähistorischer Hölzer in Gebäuden und Geländefunden zu sehen. Die Notwendigkeit, archäologische, bauhistorische und kunstgeschichtliche Objekte präzise zu datieren, ist in den letzten Jahrzehnten von Praxis und Forschung zunehmend erkannt worden. Die Dendrochronologie, die dies mit Hilfe der Jahrringanalyse von Hölzern jahrgenau zu leisten vermag, ist daher zu einem festen Bestandteil der Archäologie und Baudenkmalpflege geworden. Bauhistorische und archäologische Untersuchungen werden zunehmend im siedlungsgeografischen und ökologischen Kontext (z.B. Landschafts- und Waldentwicklung, Holzhandel) gesehen. Heute haben sich zwei Forschungsrichtungen herauskristallisiert. Die Dendrochronologie im engeren Sinn ist vor allem am Kalenderdatum des rindennächsten Jahrrings interessiert. Die Dendroökologie dagegen versucht, die Variation der Jahrringe zu verstehen und in einen ökologischen Kontext zu stellen.

Klimabedingungen und Pflanzenwachstum

Die Tatsache als solche, dass zwischen dem Jahrringaufbau der Bäume und den allgemeinen Wachstumsbedingungen, insbesondere dem Klima, enge Zusammenhänge bestehen, ist schon sehr lange bekannt. Schon 1867 wurden „die Jahrringe der Bäume als wahre meteorologische Jahrbücher" bezeichnet. Die Breite der jährlich angelegten Holzschicht (Jahrring) ist von verschiedenen Wachstumsfaktoren abhängig. Klimatische Faktoren wie Sonneneinstrahlung, Niederschläge, Temperatur und standörtliche Faktoren wie Nährstoff- und Wasserangebot bestimmen zusammen mit Wachstumshormonen das Wachstum der Gehölze.

Unter optimalen Wachstumsbedingungen werden breite Jahrringe gebildet und umgekehrt schmale Jahrringe bei ungünstigen Wachstumsbedingungen angelegt. Der klimatische Einfluss nimmt neben den anderen Abhängigkeitsfaktoren einen großen Stellenwert ein. Betrachtet man die klimatischen Gegebenheiten, so kann man davon ausgehen, dass sich aufgrund der unterschiedlichen klimatischen Bedingungen einige Wachstumsunterschiede auftreten. Die meisten mehrjährigen Pflanzen auf der Erde bilden keine Jahrringe oder nur Zuwachszonen, die nicht in vollem Maße einem Wachstumsjahr entsprechen. Einkeimblättrige Pflanzen, wie beispielsweise die Palme, haben kein Kambium. Die Palmenstämme sind dementsprechend von unten nach oben etwa gleich dick. In den Tropen bilden Baumarten aufgrund der fehlenden Kälte- und Trockenperiode, die das Wachstum unterbrechen, keine oder nur unklare abgegrenzte Jahrringe aus. Durch die fehlende Wachstumsunterbrechung fehlt das gemeinsame steuernde Signal. Auch Sträucher und Büsche in den Wüsten bilden keine echten Jahrringe aus, obwohl extreme Trockenperioden ihr Wachstum unterbrechen. Das Kambium dieser Pflanzen wird erst durch genügende Feuchtigkeit aktiviert. Ein Jahrring ist demnach ein „Regenring". Charakteristisch für die kühl - gemäßigte Klimazone ist dagegen, dass die kambiale Aktivität im Herbst unterbrochen wird und im späten Frühling wieder einsetzt. In diesen Gebieten bilden praktisch alle Baum- und Straucharten echte Jahrringe aus. Die komplexen Zusammenhänge zwischen den Klimafaktoren Wärme, Kohlenstoffdioxid- und Sauerstoffgehalt der Luft, Wind sowie dem herrschenden Wasserhaushalt und dem Jahrringwachstum können in einem Modell vereinfacht dargestellt werden. Abb.5 zeigt, dass die klimatischen

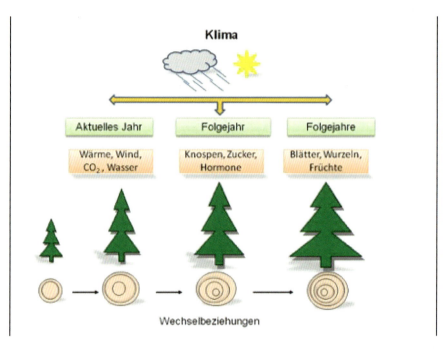

Abb. 5   Reaktionen des Baumes auf das Klima

Gegebenheiten in einem Jahr nicht nur Effekte auf die Jahrringbreite im selben Jahr haben, sondern sich die Witterung während des Bildungsjahres auch auf die Jahrringe der Folgejahre auswirkt.

Der Zustand des Baumes vom Vorjahr beeinflusst demnach auch immer den entstehenden Jahrring. Der Einfluss zeigt sich in der Ausbildung der Knospen, des Zuckers, der Wachstumshormone, aber auch im Wuchs der Blätter, Wurzeln und Früchte. Der Jahrring widerspiegelt demzufolge das klimatische Geschehen vergangener Zeiten und jenes des Wachstumsjahres. Die Holzwachstumsperiode ist sehr schwer zu bestimmen, da der Teilungsbeginn durch Dendrometer schwierig festzustellen ist. Nach F. Schweingruber (1983) wird der Wachstumsbeginn als der Zeitpunkt betrachtet, in welchem erste Teilungen des Kambiums vorkommen. Jeder Jahresring entspricht dem Wachstum des Xylems während einer Vegetationsperiode. Diese periodische Tätigkeit des Kambiums beruht auf dem natürlichen jährlichen Klimawechsel (Jahreszeitwechsel, Regen- und Trockenperioden). Im mitteleuropäischen Raum verfällt das Kambium etwa Ende August in einen den Winter über andauernden Ruhezustand.

Es werden demnach keine neuen mehr Zellen gebildet. Das Ende ist erreicht, wenn auch die zuletzt gebildeten Zellen ausdifferenziert sind. Mit der Wiederaufnahme im Frühjahr setzt ein stürmisches Wachstum des Frühholzes ein. Das Kambium produziert demnach wieder Zellen, die zu verhältnismäßig dünnwandigen Holzzellen werden und in erster Linie der Wasserführung dienen. Innerhalb weniger Wochen ist bereits das gesamte Frühholz gebildet, d.h. ca. zwei Drittel des gesamten Jahrrings sind einen Monat nach Wachstumsbeginn bereits vorhanden. Danach verlangsamt sich das Wachstum entscheidend. Die innerhalb der folgenden Monate entstehenden Zellen werden hingegen zunehmend dickwandiger und enger (Spätholz) und tragen zur Festigkeit des Holzkörpers bei. Charakteristisch für die Regionen mit gemäßigtem Klima ist demnach, dass zu Beginn der Zellteilungsphase (Frühsommer) mehr Teilungen erfolgen als am Ende (Herbst). Danach setzt die Kambiumtätigkeit wiederum aus. Die Wachstumszeit für einen kompletten Jahrring ist von Art zu Art unterschiedlich. Eine Fichte benötigt für die Ausbildung eines Jahrrings kaum mehr als einen Monat, bei einer Tamariske in einem Flusslauf in der Sahara dauert es dagegen elf Monate. In beiden genannten Fällen entsteht jedoch jeweils nur ein Jahrring. Der oben beschriebene Vorgang kann heutzutage nur durch das Nadeleinstichverfahren zeitlich bestimmt werden. Bei dieser Technik wird eine dicke und stumpfe Nadel ins Xylem gestochen und sofort wieder herausgezogen. In einer späteren Betrachtung der Mikroschnitte kann man auseinander gedrängte Zellreihen, die Kavernen, ca. 2-3 mm über der Einstichstelle erkennen. Mit diesem Verfahren kann man aufschlüsseln, wann welche Zellen sich in der Teilung befinden. Unter dem Mikroskop sind sie dann leicht deformiert dargestellt und man kann sie so von normal geformten Zellen abgrenzen. Der Anfang bzw. das Ende der Teilungen kann allerdings nicht klimatisch definiert werden, da die unterschiedlichsten Faktoren auf den Beginn der Zellteilungsperiode wirken.

Die mikroskopische Untersuchung der Jahrringe
Durch die mikroskopische Untersuchung eines Jahrrings erhält man bedeutende Erkenntnisse über die genetischen Besonderheiten des vorliegenden Materials. Ausschlaggebend dafur sind die genetischen Faktoren, welche die Grundstruktur eines Jahrrings bestimmen. Jedes Teileelement der anatomischen Grundstruktur wird durch die herrschenden ökologischen Einflüsse in seiner Größe und Zellwanddicke modifiziert. Der Wechsel von wachstumsfördernden und -hemmenden Faktoren innerhalb der Wachstumsperiode verursacht insbesondere bei Nadelhölzern Dichteschwankungen, die Ausdruck variierender Zellgrößen und Zellwanddicken sind. Einige Änderungen ergeben sich jedoch bei der qualitativen Zusammensetzung des Gewebes, den Anordnungsprinzipien und der individuellen Zellwandstruktur. Daraus resultierend hat jedes Holz seine genetische Identität, welche „in kleinen (25x), mittleren (100x) und stärkeren Vergrößerungen (400x) zum Ausdruck kommt." Stellt man beispielsweise ein Mikroskopfoto einer Buche dem einer Gemeinen Kiefer gegenüber, so kann man in vielerlei Hinsicht Unterschiede ausmachen. Die Zellstruktur des Holzes der Nadelbäume zeigt einen sehr einheitlichen Aufbau. Nadelholz besteht fast ausschließlich aus Tracheiden, die sich lediglich in Form und Funktion unterscheiden. Die Gemeine Kiefer zeichnet sich durch das Vorhandensein von kleinen Harzkanälen mit dickwandigen Epithelzellen aus (Abb.5). Die holzanatomischen Charakteristika sind in den radialen Zellwandstrukturen festgelegt.

Abb. 6   Vergleich der mikroskopischen Holzanatomie einer Eiche (links) und einer Gemeinen Kiefer rechts)

Die unterschiedliche Dichte des im Frühjahr bzw. Frühsommer gebildeten, hell erscheinenden Frühholzes und des im Sommer/Spätsommer gebildeten, wesentlich dunkleren Spätholzes, erlaubt die einfache Erkennung von Jahrringen. Die Zellstruktur der Laubhölzer unterscheidet sich hingegen von jener der Nadelhölzer vor allem durch das Vorhandensein deutlich sichtbarer Gefäßzellen, durch einen hohen Anteil an Parenchymzellen in Längsrichtung sowie durch festigende Fasern. Daraus ergibt sich bei Laubhölzern eine höhere Variabilität in der Jahrringstruktur. Die großen Gefäße können wie bei der Eiche in regelmäßigen Reihen im Frühholz angeordnet sein (ringporiges Holz) oder sich mehr oder weniger gleichmäßig über den Jahrring verteilen (zerstreutporiges Holz).

Betrachtet man den Bohrkern unter schwachen Vergrößerungen, so werden eine Fülle von Erscheinungen sichtbar, die bedeutend für die Auswertung des Bohrkerns sind. Diese resultieren aus den auf den Baum wirkenden Umwelteinflüssen, welche stetig verschiedene Wachstumsreaktionen hervorrufen.

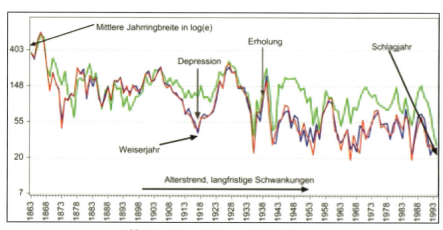

Abb. 7   Interpretation von Jahrringkurven

Für die Auswertung der Bohrkerne sind insbesondere folgende Merkmale von praktischer Bedeutung:

- die Ereignisjahre
- Abrupte Zuwachsveränderungen (kontinuierlich zu- oder abnehmende Jahrringbreiten)
- Spätholzanteile
- Dichteschwankungen
- Unvollständig ausgebildete Jahrringe
- Druckholz, Zugholz
- Überwallung von Verletzungen

Im Folgenden soll insbesondere auf die ersten beiden Merkmale eingegangen werden, da diesen besonderen Erscheinungen innerhalb der Aufarbeitung und Auswertung der Proben eine besondere Rolle zukommt. Sie gelten als Anzeichen für bedeutende klimatischen Veränderungen bzw. Extremereignisse. Als Ereignisjahre werden auffallende Jahrringe innerhalb einer kürzeren Zeitperiode bezeichnet.
Wie in Abb. 7 deutlich wird, kann es positive und negative Ereignisjahre geben, die sich in unterschiedlich breiten Jahrringen äußern können. Besonders schmale Jahrringe sind Ausdruck negativer Wachstumsbedingungen und werden demnach als negative Ereignisjahre bezeichnet
Klimatische Bedingungen, die sich negativ auf das Jahrringwachstum auswirken können, sind in den gemäßigten Breiten beispielsweise geringe Temperatur- und Niederschlagsverhältnisse.
Ferner können allerdings auch ungleich starke Spätholzanteile ein Anzeichen für Ereignisjahre sein. Treten mehr als drei Ereignisjahre in einer bestimmten Zeitdauer auf, so ist dies ein Hinweis auf eine abrupte Zuwachsänderung. Da Jahrring und Spätholzbreiten arten- und standortspezifisch sind und auch im Baum selbst variieren, sind insbesondere die Ereignisjahre und die abrupten Wachstumsveränderungen charakteristisch und ökologisch bedeutsam. Wie auch bei den Ereignisjahren können kurzfristige Zuwachsveränderungen ein Ausdruck von Erholung oder Reduktion sein. Wachstumsreduktionen können z. B. durch Brände, Wachstumserholung durch Auflichtung verursacht werden.
Beide Wachstumsphasen, wie in Abbildung 7 zu sehen ist, sind jedoch meist nur in alten und langsam wachsenden Bäumen zu erkennen, da jene während ihrer Lebensdauer vielen Umwelteinflüssen ausgesetzt sind.
Bei dem vorhergehenden Merkmal wurde von einer sehr abrupten Veränderung ausgegangen, welche sich in einem relativ kurzen Zeitraum vollzieht. Im Gegensatz dazu sind die kontinuierlich zu- oder abnehmenden Jahrringbreiten in großen zeitlichen Räumen zu betrachten, denn diese sind Ausdruck von Alterung und Bestandsdynamik.

Untersuchungsmethodik und Untersuchungstechnik

Die Entnahme einer Probe kann an verschiedenen Objekten wie z. B. am lebenden Baum, aus Gebäuden und aus subfossilem Holz vorgenommen werden. Dementsprechend unterscheidet sich auch die Entnahmetechnik. Für die Probenentnahme am lebenden Baum gibt es unterschiedliche Zuwachsbohrertypen. Sie unterscheiden sich in Durchmesser und Länge der Bohrkerne. Mithilfe eines Gewindes an der Spitze des Bohrers kann verhältnismäßig leicht in den Baumstamm gebohrt werden. Hierbei wird das Holz an der Außenseite des Bohrers weggedrängt, wodurch nur der nicht gepresste Kern in das Rohr des Bohrers eindringt. Die Innenwand des Zuwachsbohrers ist konisch und öffnet sich nach hinten. Hat man die gewünschte Bohrtiefe erreicht, so schiebt man von der Rückseite des Bohrers eine Metallzunge zwischen den Kern und die Innenwand, bis sich die Metallzunge an der Spitze des Bohrers mit dem Kern verkeilt. Mit einer linksseitigen Drehung des Bohrers wird der Kern im Inneren des Baumes abgebrochen und herausgezogen. Da die äußeren Jahrringe für die Datierung des Baumes entscheidend sind, kann man auch eine Bohrstütze nutzen, die ein gerades Eindringen des Bohrers in den Stamm gewährleistet. In Abhängigkeit von der Beschaffenheit des Materials zieht man Kerne mit einem Durchmesser zwischen 5 und 15 mm.

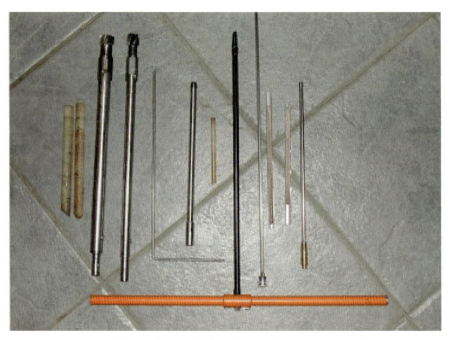

Abb. 8   Verschiedene in der Dendrochronologie eingesetzte Bohrer

Die entnommenen Bohrkerne werden noch baumfeucht mit einem Bleistift beschriftet und anschließend für einige Tage in einer stabilen, wasserdurchlässigen Hülle aufbewahrt.

Bei subfossilem Holz wird im Normalfall durch das Absägen von Stammscheiben mithilfe einer Motorsäge die Probe entnommen. Von verbauten Stämmen können auch Proben entnommen werden. Ist es nicht möglich, eine Querscheibe abzusägen, so wird das trockene Holz mit einem Fräsbohrer angebohrt. Verbunden mit der Probenentnahme werden Fotos von den angebohrten Bäumen gemacht. Für die Jahrringbreitenanalyse müssen die Jahrringgrenzen klar erkennbar herauspräpariert werden. Um dies zu erreichen, sind einige Vorarbeiten am Material notwendig. Bei gut erhaltenem Material werden mit einer scharfen, festen Rasierklinge oder einem Rasiermesser Messtrecken entlang von Radien geschnitten. Eine andere Möglichkeit ist die Nutzung von Schleifpapier mit abnehmender Korngröße zum Schleifen von Streifen entlang der Radien. Eine Nachbehandlung der angeschliffenen Stellen mit Vaseline oder Nagellack lässt die Zellen mit letzter Klarheit hervortreten. Weiche Kreide hat sich im Zuge dessen als Kontrastverstärker bewährt, da der feine Kreidestaub besser in die Poren gerieben werden kann und so die Jahrringe noch deutlicher zu erkennen sind. Ist das Probenmaterial aufgeweicht oder abgebaut, so müssen auf der rauen Oberfläche mit einer Rasierklinge Flächen entlang der Radien glatt angeschnitten werden. Holzkohlen stellen bei der Präparierung wiederum eine Besonderheit dar, da es sich nicht um festes Holz handelt, sondern um sehr brüchiges Material. Um den störenden Einfluss der Beschaffenheit des Holzes auf den Präparierungsprozess so gering wie möglich zu halten, kann man poröse Stücke gleich vor Ort mit heißem Paraffin übergießen und so stabilisieren. Auf größeren Querbrüchen kann man anschließend die Jahrringe gut erkennen und messen. Die Datierung von Holzproben beruht auf dem jährlich unterschiedlichen Wetter, also den Ausschlägen von Jahr zu Jahr. Langfristig verändern sich mit unserem Klima auch die grundlegenden Wachstumsbedingungen unserer Bäume. Diese Veränderung zeichnet sich im längerfristigen Trend im Hintergrund ab. Erst bei einer sehr gedrängten Zusammenfassung sehr vieler Daten über einen längeren Zeitabschnitt wird diese Entwicklung sichtbar. Das Wachstum der Kiefer ist überwiegend vom Niederschlag geprägt. Die bevorzugten Standstandorte können die Feuchtigkeit nicht lange halten. Es überwiegen daher kurzfristige Effekte. Grundsätzlich zeigt sich eine zunehmende Trockenheit. Dies hängt jedoch nicht nur am Klima, sondern auch an der Aufforstung bevorzugt trockener und für die Landwirtschaft weniger geeigneter Standorte mit Kiefern seit etwa 1700. Die Eiche ist für Sommertrockenheit und Lufttemperatur empfindlicher. Ihre Kurve hat eine engere Beziehung zum Grundwasserstand, weil Eichen eher auf Böden mit stabilerem Wasserhaushalt wachsen. Ab 1200 zeigt sich ein deutlicher Anstieg. Die Ursache dafür liegt sowohl im Klima, als auch in vielfältigen Stauanlagen (Havelstau, Mühlenstau usw.) bei gleichzeitiger Auflichtung der Landschaft durch den hohen Holzverbrauch der Stadt- und Dorfgründungen im 13. Jahrhundert.

Die Einsatzmöglichkeit dieser Technik ist aufgrund der Reduzierung des ökologischen Informationsgehaltes des Jahrrings und der Beschränkung auf das Endprodukt der kambialen Aktivität stark eingeschränkt. Es wird deutlich, dass die Jahrringbreiten nicht in allen klimatischen Gebieten für dendroklimatologische Zwecke brauchbar sind. Jedes optische Gerät ist in der Lage, den Jahrring durch eine auf 0,1 mm genaue Abbildung messbar zu machen (vgl. Abb. 9).

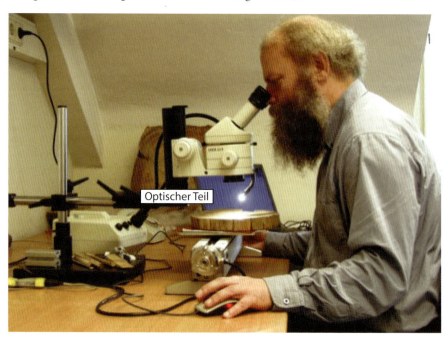

Abb. 9   Messplatz

Weiterführende Literatur zur Dendrochronologie:
Thorsten Westphal, Karl Uwe Heussner (2016): Kleiner Leitfaden für den Umgang mit Holz für dendrochronologische Altersbestimmungen. München

---

Die gesamten Schritte von der Probenaufbereitung bis hin zur Datierung werden so rationell wie möglich vorgenommen. Die Werte werden digital erfasst. Ein entsprechendes Programm erlaubt die Erstellung von Grafiken und speichert die Werte in einem für die Weiterverarbeitung geeigneten Format ab. Diese Zahlenwerte sind die Grundlage für den sich anschließenden statistischen und grafischen Vergleich von Reihen untereinander und mit den Chronologien auf dem Computer. Dementsprechend ist für das Prinzip der Jahrringbreitenmessmaschinen charakteristisch, dass es jeweils einen optischen Teil, einen registrierenden Teil und einen Auswertungsteil gibt. Das Vermessen der Jahrringe für Untersuchungen zur Altersbestimmung und Klimaentwicklung erfolgt in der Regel an einem Querschnitt der Probe. Die präparierte Probe wird unter einem Stereomikroskop unter zehnfacher Vergrößerung mit einer Genauigkeit von 0,01mm vermessen. Bei modernen digitalen Arbeitsplätzen liegt die Probe auf einem elektronisch gesteuerten Gleitschlitten unter dem Mikroskop. Die Jahrringgrenzen können so exakt angesteuert werden. Die Messgenauigkeit liegt hier im Bereich von wenigen hundertstel Millimetern. Bei Kunstobjekten kann man die Messungen direkt auf der Oberfläche der Probe mit Hilfe von speziellen Lupen benutzt. Desweiteren können auch Computertomographien bzw. Röntgenaufnahmen für die Auswertung angefertigt werden(vgl. Abb.10). Derartige Proben werden dann eher mit einer entspreneden Bildauswertung auf dem Computer ausgemessen.

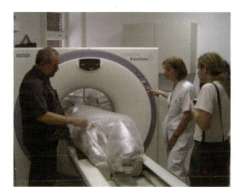 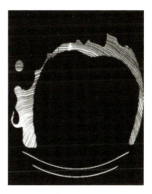

Abb. 10   „Der Bischof von Havelberg" im Computertomographen und das Ergebnis der Untersuchung (rechts)

Abb. 11   Auch aus solchen Holzproben können klimatische Informationen gewonnen werden.

Ein kurzer Überblick über die Entstehung Rügens

Rügen ist die größte Insel Deutschlands mit einer Größe von 976 km² und gehört zum Bundesland Mecklenburg-Vorpommern.

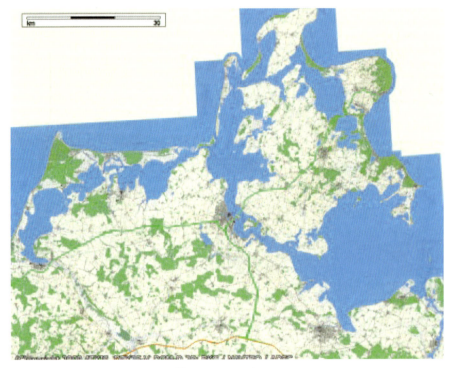

Abb. 12   Die Insel Rügen

Die Insel Rügen ist das Ergebnis glazialer Morphogenese und holozäner Küstenformung. Entscheidend für die heutige Gestalt der Insel Rügen war die Weichseleiszeit. Nach dem Abschmelzen des Inlandeises entstanden die großen pleistozänen Inselkerne Wittow, Jasmund, Granitz, Mönchgut, Zicker, Thiessow und der Zentralteil der Insel. Die Inselkerne waren nicht immer miteinander verbunden. Unter dem Einfluss glazialer und holozäner Prozesse entstanden zwischen den einzelnen Teilen Verbindungen in Form von Nehrungen. In Süd- und Westrügen finden wir eine weite Grundmoränenlandschaft vor. Der östliche Teil mit der Kreideküste von Jasmund stellt eine Endmoränenlandschaft dar. Die höchste Erhebung dieses Endmoränenzuges ist der Rugard mit 100 m in der Nähe von Bergen.

Die tiefsten Teile der Grundmoränenlandschaft werden von dem Bodden eingenommen. Ehemalige Toteisfelder stellen heute ausgedehnte Moorniederungen dar.

Abb. 13   Der Königsstuhl auf Jasmund

Küstennahe Strömungen veränderten die Landschaft. Diese Prozesse dauern heute noch an. Durch die küstenparallelen Strömungen wurde Material transportiert. Die Folge dieses Transportes war, dass sich zunächst Haken formten, die im weiteren Verlauf zu großen Nehrungen anwuchsen. Die entstandenen Nehrungen verbinden die einzelnen Inselkerne. Die Schaabe verbindet den Inselkern Wittow mit dem Jasmund. Die Granitz und der Jasmund werden durch die Schmale Heide verbunden. Die Baaber Heide im Süden der Insel Rügen verbindet die Granitz mit Mönchgut. Der Große Strand verbindet Mönchgut mit dem Zicker und dem Thiessower Haken.

Abb. 14   Der Alte und Neue Bessin auf Hiddensee im Hintergrund der Bug/Rügen

Den geologisch ältesten Teil der Insel Rügen bilden die Kreidefelsen der Stubbenkammer. Die Gletscher des Pleistozäns haben die weichen Kreidesedimente gefaltet und in Schollen zerbrochen. Ein markantes Merkmal für den Inselkern Jasmund ist der Wechsel von Geschiebemergel und Kreide. Er stellt eine Stauchendmoräne dar.

Abb. 15   Inselkern Jasmund mit der Kreideküste

Abb. 16   Die Feuersteinfelder bei Mukran 2013

Weiterführende Literatur zu Rügen und Mecklenburg – Vorpommern:
Reinhard Lampe und Sebastian Lorenz (2010): Eiszeitlandschaften in Mecklenburg-Vorpommern. Exkursionsführer zur 35. Hauptversammlung der Deutschen Quartärvereinigung DEUQUA e.V. und der 12. Jahrestagung der INQUA PeriBaltic Working Group in Greifswald/Mecklenburg - Vorpommern 2010, GEOZON, Greifswald

Historische Analyse von Wetter, Witterungsschwankungen, anderen Ereignissen und deren Ursachen

Die Menschen im Mittelalter und in der Frühen Neuzeit hatten ein großes Interesse an extremen Wettererscheinungen, Naturereignissen und anderen Phänomen. Gelehrte hielten häufig diese Ereignisse in Chroniken fest, um sie an nachkommende Generationen zu überliefern. Die extremen Wettererscheinungen wurden aus ihrer subjektiven Sicht niedergeschrieben. Mit der Erfindung des Buchdrucks im 15. Jahrhundert kam es zu einer weiteren Verbreitung des Wissens über das Klima und Wetter. Durch den Buchdruck war es möglich geworden, größere Teile der Gesellschaft zu erreichen.
Das Wetterbüchlein von Reymann von 1505 gilt als das älteste meteorologische Buch in deutscher Sprache. Dieses Buch enthält Bauernregeln, die von der Landbevölkerung stammen.
Für eine Erhebung von meteorologischen Daten sind Messgeräte notwendig. Ein wichtiges Datum war die Erfindung eines Flüssigkeitsthermometers 1611 durch Galileo Galilei. 1654 begannen in Florenz und Pisa die ersten systematischen Messungen der Lufttemperatur. 1643 gelang es Toricelli den Luftdruck zu messen. Ab 1649 wurde der Luftdruck mit Hilfe von Barometern in Schweden, Italien und Frankreich gemessen.
Eine einheitliche Erfassung und Auswertung von meteorologischen Daten erfolgte zum ersten Mal 1780. Grundlage der Erfassung war ein einheitliches Instrumentarium. Zu diesem einheitlichen Instrumentarium gehörten zwei Thermometer, ein Barometer, ein Hygrometer und eine Deklinationsnadel. Die Messungen sollten täglich um 07.00, 14.00 und 21.00 Uhr erfolgen. Neben diesen Messungen wurden auch phänologische und nosologische Beobachtungen gemacht. Zu diesem Messnetz gehörten 39 Stationen, u. a. Berlin, Düsseldorf, in Frankreich u.a. Dijon, Marseille, in Skandinavien u.a. Kopenhagen, Stockholm. Die Daten von den einzelnen Stationen wurden gesammelt in den Ephemeriden veröffentlicht (vgl. Abb. 17, 18). Möglich wurde dies durch die von Kurfürst Karl Theodor von Bayern und Pfalz gegründete „Societas Meteorologica Palatina", auch Mannheimer Meteorologische Gesellschaft genannt.
Mit der Gründung von meteorologischen Stationen war die Verwendung von meteorologischen Daten möglich. Am 01. Juli 1853 wurde die meteorologische Station in Putbus Rügen eingerichtet. Sie ist eine der ältesten meteorologischen Station in Norddeutschland. Diese Station wurde durch das Königl. Preuss. Meteorlog. Institut in Berlin als Station II. Ordnung gegründet. 1936 existierte eine meteorologische Station in Kloster auf Hiddensee. Am 01. Juli 1946 wurde die Wetterbeobachtungsstation Arkona eingerichtet. Von 1914 bis 1945 wurde die Wetterbeobachtung in Arkona von der Kriegsmarine durchgeführt. Bei der Station handelte es sich um eine Marinesignal- und Wetterstation. Die Wetteraufzeichnungen der Station Arkona gingen in den letzten Kriegstagen verloren.

Seit dem 01. August 1946 werden neben den üblichen Wetterbeobachtungsprogrammen auch phänologische Beobachtungen sowie Sondermessprogramme wie z. B. Messungen der Nebelfrostablagerungen in 2m und 5m, der Höhe des bodennahen Ozons durchgeführt. Die Wetterstationen Arkona und Putbus werden vom Deutschen Wetterdienst betrieben.

Das Wetterstudio auf Hiddensee wurde 1998 von Jörg Kachelmann gegründet und befand sich am Anfang auf dem Hochland in der Nähe der Gaststätte „Klausner“. 2005 zog das Wetterstudio in ein neues Gebäude im Hafen von Kloster. Auf der Insel gibt es drei Messstation: Dornbusch (seit 1998), Dünenheide und Vitte. Das Wetterstudio ist ein Teil der Cumulus-Media GmbH.

EPHEMERIDES
SOCIETATIS METEOROLOGICAE
PALATINAE.
OBSERVATIONES
ANNI 1789.
MANHEIMII
EX OFFICINA NOVAE SOCIETATIS TYPOGRAPHICAE
MDCCLXXXXIII

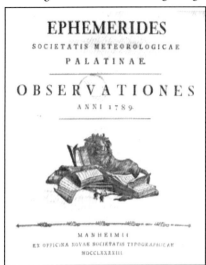

Abb. 17 Deckblatt der Societas Meteorologica Palatina 1789

SIGNORUM METEOROLOGICORUM NOBIS USUALIUM EXPLICATIO.

OBSERVATIONES
MANHEIMENSES
Januarius

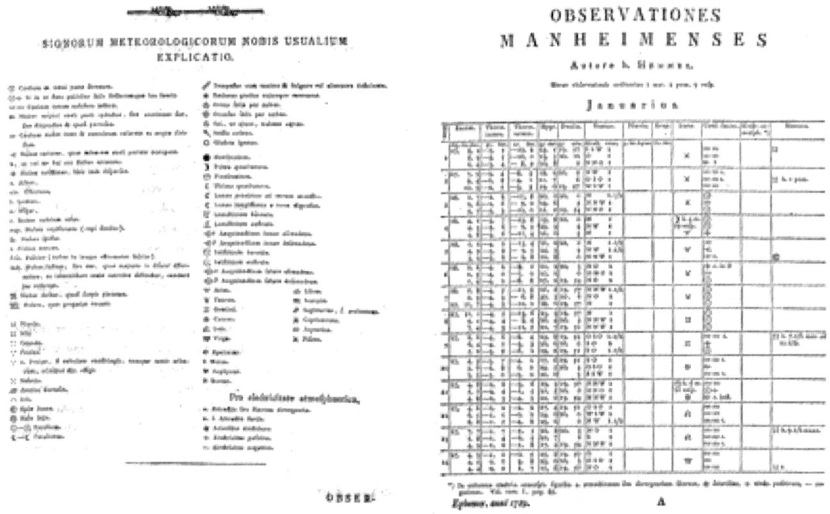

Abb. 18 Wetterbeobachtung von Mannheim Januar 1789

Materialbeschreibung und Auswertung

Unser Wetter und Klima ist einem stetigen Wechsel unterworfen. Entsprechend vielfältig sind die Überlieferungen zu besonders beeindruckenden Ereignissen. Uns interessiert hier die Frage: Welche Ereignisse hat es auf Rügen in historischer Zeit überhaupt gegeben und wie spiegeln sie sich im Wachstumsmuster der Bäume wider. Wir bleiben in diesem Rahmen bewusst bei der unmittelbaren Beziehung zwischen Jahrringbreite und Umweltereignis, um die direkte Reaktion der Bäume auf die wechselnden Bedingungen und den stetigen Wechsel des Wetters unmittelbar deutlich werden zu lassen. Das Referat Naturwissenschaften des Deutschen Archäologischen Instituts in Berlin verfügt über ein umfangreiches Material an Jahrringkurven. Dieses Material wurde in den vergangenen Jahrzehnten erarbeitet und umfasst verschiedene Holzarten aus Deutschland, Europa und anderen Gebieten der Erde. Somit bot sich die Möglichkeit, einen umfassenden Vergleich mit den Witterungsverhältnissen anzustellen. Bei diesem Vergleich sollte es um die klimatische Deutung besonders charakteristischer Erscheinungen im Jahrringaufbau gehen. Für die Untersuchungen haben wir uns auf die Hauptfaktoren Temperatur und Niederschlag gestützt. Natürlich war es nicht möglich, die seit dem 11. Jahrhundert zurückreichenden Jahrringkurven mit umfangreichem meteorologischen Zahlenmaterial zu vergleichen. Um diesen Vergleich doch durchführen zu können, nutzten wir historische Quellen. Die Darstellung von Witterungsereignissen auf der Grundlage historische Quellen hat eine lange Tradition. So veröffentlichte Hennig (1904) einen Katalog bemerkenswerter Witterungsereignisse von ältesten Zeiten bis zum Jahre 1800. C. Weikinn (1958, 1960, 1961,1963) stellte in seinen Büchern Informationen zur Witterungsgeschichte Europas von der Zeitenwende bis zum Jahre 1750 zusammen. Informationen über strenge Winter in Europa findet man z. B. bei Hellmann (1917), Easton (1928), Kratochwill (1940), H. H. Lamb (1989), Ch. Pfister (1999). R. Glaser (2011) oder W. Behringer (2011) haben historische Quellen zur Darstellung der Klimageschichte genutzt.

K. Bernhardt und C. Mäder (1987) haben z. B. die bemerkenswerten Witterungsereignisse seit dem Jahr 1000 statistisch ausgewertet. Grundlage ihrer Auswertung war der Hennigsche Katalog mit bemerkenswerten Witterungsereignissen aus dem Jahr 1904. Das Ergebnis ihrer Auswertungen zeigen die Abb. 19 und 20. Sie gliederten ein Mittelalterliches Klimaoptimum, eine Kleine Eiszeit und Übergangsperioden aus. Die einzelnen Abschnitte wurden auf die Eichen- und Kiefernchronologie übertragen.

H. Flohn (1949) hat sich mit Klimaschwankungen der letzten 1000 Jahre und ihren geophysikalischen Ursachen beschäftigt und dabei folgende Zeitabschnitte mit Merkmalen ausgegliedert. In den Abb.21 und 22 wurden diese Zeitabschnitte auf die Eichen- und Kiefernchronologie übertragen.

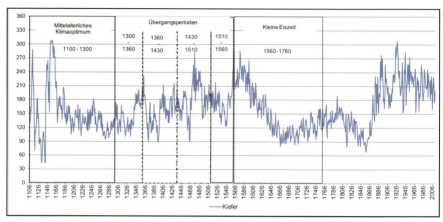

Abb. 19 Kiefernchronologie (in 1/100 mm) von Rügen mit den Zeitabschnitten von Bernhardt und Mäder (1972)

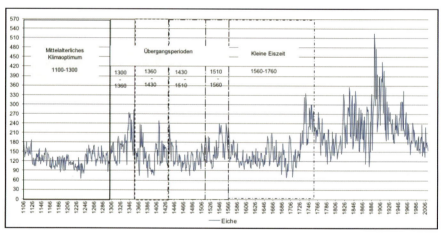

Abb. 20 Eichenchronologie (in 1/100 mm) von Rügen mit den Zeitabschnitten von Bernhardt und Mäder (1972)

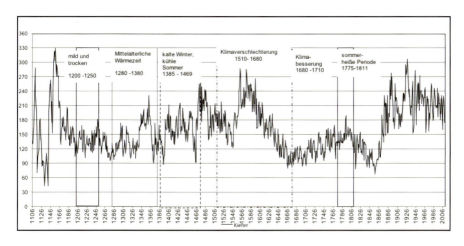

Abb. 21   Kiefernchronologie (in 1/100mm) von Rügen mit den klimatischen Zeitabschnitten von H. Flohn (1949)

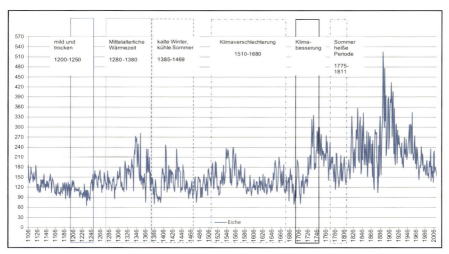

Abb. 22   Eichenchronologie (in 1/100 mm) von Rügen mit den klimatischen Abschnitten von H. Flohn (1949)

Mit Hilfe der sehr umfangreichen Jahrringchronologien von Kiefern und Eichen und den historischen Quellen konnten für die Insel Rügen und Umgebung bestimmte Zeitabschnitte ausgegliedert werden. Grundlage für die Ausgliederung der einzelnen Zeitspannen war die Eichenchronologie, da Kiefern stärker auf Niederschlag reagieren. Am Ende der Eichenkurve ist kein Trendausgleich durchgeführt worden. Im Einzelnen wurden folgende Zeitspannen ausgegliedert: 1106 – 1199, 1200 – 1380, 1381 - 1570, 1571 - 1740, 1741 bis zur Neuzeit.

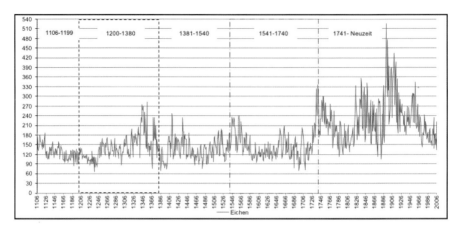

Abb. 23   Eichenchronologie (in 1/100 mm) von Rügen mit den Zeitabschnitten

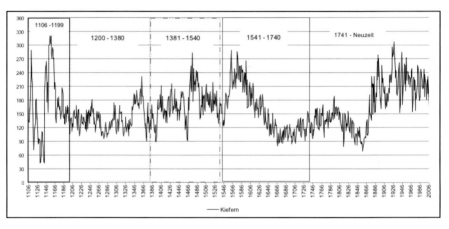

Abb. 24   Kiefernchronologie (in 1/100 mm) von Rügen mit den Zeitabschnitten

Um Informationen über das Wetter, Witterungserscheinungen und andere Naturereignisse aus der Vergangenheit zu finden, wurden Memorabilienbücher, Schul- und Stadtchroniken, Zeitungsartikeln und andere Formen retrospektiver Berichte verwendet. Die Auswertung des historischen Materials von 1044-1900 umfasst einen Zeitraum ohne instrumentelle Aufzeichnungen.

Die hier aufgeführten Quellen stellen kein lückenloses Bild der Witterungsgeschichte dar.

Die Abb. 25 zeigt einen Ausschnitt aus dem Tagebuch eines vorpommerschen Pastors im Großraum Anklam-Ueckermünde. Dieser Ausschnitt soll auch die Schwierigkeiten zeigen, die es beim Lesen und bei der Transkription gab.

Abb. 25 Ausschnitt aus dem Tagebuch eines vorpommerschen Pastors im Großraum Anklam-Ueckermünde

Je stärker diese extremen Witterungserscheinungen auftraten, umso häufiger und ausführlicher wurde darüber berichtet, wie das Beispiel der Überschwemmung von 1342 zeigt. Dieses Ereignis verdeutlicht aber auch folgendes: Um die Zuverlässigkeit der Überlieferungen zu sichern, war es unbedingt notwendig, mehrere Quellen auf ein und das gleiche Ereignis zu überprüfen, wie das folgende Beispiel ebenfalls zeigt. Die Johann Berckmann Stralsundische Chronik berichtet über ein sehr großes Hochwasser 1242. Die Chronik ist in Niederdeutsch zur Zeit Luthers verfasst worden.

> Item im jare 1242 baldt na S. Michell do vell dar so groth schne, datt de telge vann benn bomenn spletenn; in bem 3. bage barna fell ein groth regen, baraff wortt so groth eine sindtfluth, datt be lude vp benn dorperenn vordrinckenn wolbenn mitt erem quete; se mostenn vp be hilden farenn vor ber schnefloth vele, vehe vorbranck en vnbe nemen groten schaden.

Bald nach St. Michael viel großer Schnee, so das die Zweige von den Bäumen absplittern. Danach kam ein so großer Regen welcher mit dem tauenden Schnee eine Sintflut verursachte, in welcher viele Leute auf den Dörfern ertranken.

Das Datum dieses Ereignisses wurde im Anhang der Chronik auf 1347 korrigiert. Die Auswertung der historischen Quellen, wie z. B. der Stralsundischen Chroniken A und B, zeigen, dass das Gebiet um und auf Rügen von diesem Hochwasser 1242 nicht betroffen war.

Ein Vergleich mit anderen Chroniken zeigt aber, dass die Korrektur auf das Jahr 1347 nicht stimmen kann. Die Chroniken berichten übereinstimmend, dass dieses Ereignis 1342 stattgefunden hat.

> *Gegen das Ende des Winters oder erst im April trat noch strenge Kälte ein, nicht nur von dem nun schmelzenden Schnee entstand eine ungewöhnliche Überschwemmung, wie zu Zeiten Deucalions (Anon.Leob.Chron.), sondern auch im Verlauf des Sommers gab es Überschwemmungen in allen Gegenden; sie schienen nicht bloss durch Regenwetter entstanden sondern das Wasser drang aller von den Gipfel Orten aus dem Boden, und stürzte von den Gipfel der Berge, so dass Gegenden wo sonst kein Wasser gewohnt war, von demselben bedeckt war. (Chron. Martin) Man fuhr zu Schiff über die Mauern von Cölln, aller Orten wurden Brüken weggerissen, z.B. in Würzburg, Frankfurt, Dresden, Frankendorf, Waizendorf, Bebenberg, auch Erfurt stand am 21. Juli ganz unter Wasser. (Add. ad. Lambert Schaffnab.) Bey Straubing lief das Wasser über die Brüke, (Comp.Chron. rer. Boic). (Schnurrer, S. 318)*

Auch bei A. Pilgram (1788) wird die Überschwemmung auf das Jahr 1342 datiert. Hier heißt es:

> *Ein Jahr voll Regen und Ueberschwemmungen, besonders im Sommer. Vitodur. große Überschwemmungen im Julius. An. Francof. wegen der ungemein häufigen Regen erfolgte das folgende Jahr eine große Hungersnoth in Deutschland. Vitodur. (Pilgram, S. 127)*

Es ist davon auszugehen, dass das große Hochwasser von dem Berckmann in der Stralsundischen Chronik berichtete auch 1342 stattgefunden hat.

Im Mittelalter wurden u. a, Politik, Familienangelegenheiten, Wettergeschehen und Naturkatastrophen in Memorabilienbücher, Tagebücher bzw. Hauschroniken festgehalten wie das Beispiel „Das Hausbuch des Herren Joachim von Wedel auf Schloss Krempzow und Blumberg Erbgesessen" zeigt. (Bohlendorf 1882)

> *Itztgedachter kaiser hält bald auf einander zwo reichstage zu Trier und Cöln (1512) alda unter andern die heilsamen edicta: vollsaufen, fluchen und schwören zu unterlassen, promulgiret. Wie aber dieselben in acht gehabt und gehalten werden, giebt (gott besseres) der augenschein, also daß dieser laster dasieder mehr zugenommen, daß man sieht, und wol sagen mag: Quod non licet acrius urit. Extract aus dem reichs-abschiede drin die übermaß des sauffens verbothen. (Bohlen, S. 39-40)*

> Reichstage waren Versammlungen der Reichsstände des Heiligen Römischen Reiches. Zu den Reichsständen gehörten geistliche und weltliche Fürsten, Prälaten, Grafen, Vertreter von Ritterorden, Freie Städte und Reichsstädte.

Die jahreszeitlichen Veränderungen weisen in diesen Quellen oft einen stereotypen Charakter auf, wie z. B. sehr strenger Winter oder heißer Sommer. In den Chroniken wurde auf die Stärke und das Ausmaß der Zerstörung infolge der Stürme hingewiesen. Die Erwähnung von Dürren ist mit Fehlen von Wasser und den damit verbundenen Ernteausfällen verknüpft. Dieses Ereignis verband man mit Hunger und dem Sterben. Die Hungersnot wird mit einer schlechten Ernte und ungünstigen Witterungsverhältnissen verknüpft. Daneben erscheint in den historischen Quellen das Wort Pest. Nach E. Fr. v. Boeselager steht dieses Wort für Seuchen verschiedener Herkunft.

Bei der Auswertung dieser historischen Materialien war es auch unbedingt wichtig, auf die Kalenderreform zu achten, um die Ereignisse richtig einordnen zu können. Bis 1528 galt der julianische Kalender. Merkmal des julianischen Jahres war es, dass es gegenüber dem Sonnenjahr um 11 Minuten und 14 Sekunden zu lang war. Die Folge war eine zunehmende Abweichung vom Sonnenlauf. So betrug im 14. Jahrhundert die Abweichung schon mehr als sieben Tage. Ein weiterer Grund war, dass das Osterdatum nicht mehr richtig bestimmt werden konnte, da es vom Datum des Frühlingsanfangs und vom Datum des Frühlingsvollmondes abhing.

1582 wurde der gregorianische Kalender durch Papst Gregor XIII. eingeführt. Ein Merkmal des neuen Kalenders war eine verbesserte Schaltregel. Volle Jahrhunderte sind nur Schaltjahre, wenn sie durch 400 teilbar sind. So war 1900 kein Schaltjahr, dagegen 2000 ein Schaltjahr. Im gregorianischen Kalender wurden 10 Tage unter Beibehaltung der Wochentagfolge übersprungen. So folgte auf Donnerstag, den 04. Oktober 1582, direkt Freitag, der 15.Oktober 1582. In den konfessionell gemischten Gebieten Deutschlands es kam zu einem umständlichen Nebeneinander von julianischem und gregorianischen Kalender.

In einem weiteren Schritt wurde die Anzahl der extremen Witterungserscheinungen in 50-jährigen Zeitabschnitte 1100 - 1150 bis 1851 - 1900 zusammengefasst und den Jahren 1150, 1200 bis 1900 zugeordnet. Angaben zum Herbst bzw. Frühling waren in den historischen Quellen dagegen nur spärlich zu finden (vgl. Abb. 26, 27). Unter dem Begriff Ereignisse wurden Sturmfluten, Pest, Hungersnot, Teuerungen von Lebensmitteln, Heuschrecken- und Mäuseplage zusammengefasst.

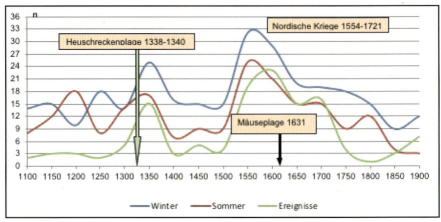

Abb. 26   Anzahl der verwertbaren Berichte über Winter und Sommer und von Ereignissen (Sturmfluten, Pest, Hungersnot, Teuerungen von Lebensmitteln, Heuschrecken- und Mäuseplagen) für aufeinanderfolgende 50 – Jahresintervalle (Kurve geglättet)

Angesichts des Fehlens von Messdaten erfolgte in einem zweiten Schritt eine Einteilung der Winter bzw. Sommer in kalt, warm, trocken und feucht. Diese Einteilung konnte vorgenommen werden, da in den historischen Quellen entsprechende Angaben vorlagen. Durch die Kennzeichnung der Sommer in trocken, feucht, kalt oder warm konnten darüber hinaus Informationen über Vegetationsentwicklung, Ernteverlauf und Feuchteverhältnisse gewonnen werden.

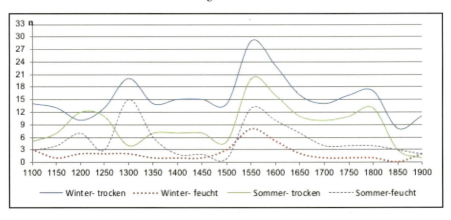

Abb. 27   Anzahl der ausgewerteten Berichte über Temperatur- und Feuchteregime der Winter und Sommer für aufeinanderfolgende 50 Jahresintervalle (Kurve geglättet)

So wird im „Hausbuch des Herren Joachim von Wedel auf Schloss Krempzow und Blumberg Erbgesessen" über das Pfingstfest 1502 berichtet:

> „Im pfingst-fest ist eine ungewöhnliche kälte und frost entstanden, daß an vielen örten vögel in der sampt baum- und feld-früchten erfroren; so dann am 22 und 29 Juni hagel als ganß eier groß, so fenster und dächer neben den üblichen früchten ganz zerschmettert, gefallen, auch grausam wetter, donner und blitz mit zuschlagen. Drauff grosse ergiessung der wasser, viele heuschrecken, und eine unglaubliche menge raupen sich merken lassen, welches unter den menschen groß hunger und sterben erwürckt." (Bohlen, S. 14).

Um die historischen Daten mit den Jahrringchronologien vergleichen und grafisch darstellen zu können, wurden die extremen Witterungserscheinungen in Winter und Sommer mit Indexwerten gekennzeichnet. So wurden bei den Wintern milde (1), kalte (-1), harte (-2) und sehr strenge (-3) unterschieden. Beim Sommer erfolgte eine Unterteilung der Feuchtigkeit in feucht (-0,5) und der Trockenheit in trocken (-1,5) und sehr trocken (-2,5) (vgl. Abb. 28).

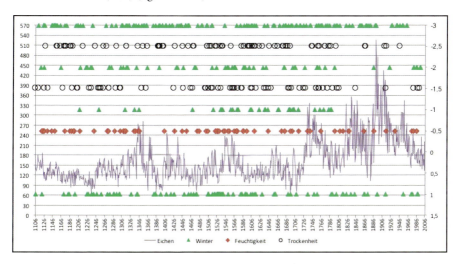

Abb. 28   Eichenchronologie (in 1/100 mm) mit extremen Witterungserscheinungen

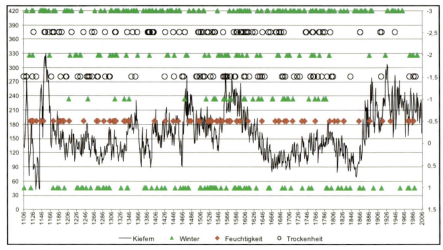

Abb. 29 Kiefernchronologie (in 1/100 mm) mit extremen Witterungserscheinungen

Wetter, Witterung zwischen 1044 – 1199, der Versuch einer Erklärung

Der Schwerpunkt der Betrachtung liegt auf den Witterungserscheinungen, den Extremereignissen, ihrer Widerspiegelung in den Jahrringreihen und ihren Ursachen. Die Einteilung der Zeiträume bei den Eichen- und Kiefernchronologien entspricht nicht der geschichtlichen Entwicklung der Insel Rügen. Die geschichtliche Entwicklung Rügens haben D. Knapp, S. Wichert und F. Petrick sehr ausführlich beschrieben (siehe weiterführende Literatur). Bei der Beschreibung der Witterungserscheinungen werden auch einige wichtige geschichtliche Ereignisse beschrieben.

> **Weiterführende Literatur zur Geschichte der Insel Rügen:**
> Fritz Petrick (Hg): Rügens Geschichte von den Anfängen bis zur Gegenwart in fünf Teilen. Putbus 2008-2013.

Die Auswertung der Chroniken ergab, dass sie ungleichwertig und wenig verlässlich sind, je weiter man die historischen Ereignisse zurück verfolgt. So sind die Angaben kalter oder milder Winter nicht direkt untereinander vergleichbar. Um diese Ungleichheit auszugleichen, machte Flohn (1949) den Vorschlag, dass man alle kalten, harten, strengen und milden Winter auszählt. Anschließend berechnet man den Anteil der milden Winter an der Gesamtsumme, da die milden Winter erheblich seltener sind. Bei dieser Berechnung werden die normalen Winter nicht berücksichtigt. Liegt der Anteil über dem Mittel dann überwiegen die milden Winter, liegt er unter dem Mittel dann überwiegen die kalten Winter.

Der Zeitraum zwischen 1044 und 1199 ist geprägt durch drei kalte, vier harte, 28 strenge und neun milde Winter. Die Berechnung ergab, dass der Anteil der milden Winter bei 20,9% lag. Somit dominierten die kalten Winter Die Verteilung dieser Winter zeigt ein differenziertes Bild.

Der Zeitraum zwischen 1044 und 1099 ist geprägt durch 12 strenge Winter, die zwischen 1057 und 1079 mit Ausnahmen von 1068, 1070 und 1074 auftraten. Neben den strengen Wintern, ist der Zeitraum durch fünf feuchte und sechs trockene und sehr trockene Sommer geprägt.

Zwischen 1100 und 1199 wurden 16 strenge Winter beschrieben. Eine Phase strenger Winter (8) trat zwischen 1144 und 1164 (Ausnahme 1156) auf. Ab 1182 bis 1199 fanden sich keine weiteren Eintragungen über kalte, harte bzw. strenge Winter.

Den 13 feuchten Sommern stehen 23 trockene und sehr trockene Sommer gegenüber. Fünf feuchte Sommer traten zwischen 1121 und 1126 auf. In der zweiten Hälfte des 11 Jahrhunderts gab es zwischen 1165 und 1177 mit Ausnahme von 1172 und 1174 sehr trockene Sommer. (s. Tabelle im Anhang)

Die germanischen Stämme zogen im Verlauf der Völkerwanderung im 5. und 6.Jh. weitgehend nach Westen ab. In der 2.Hälfte des 7.Jh. wanderten slawische Stämme von Osten her ein. Etwa gleichzeitig gründeten Wikinger von Norden her an ausgewählten Orten Handelsstützpunkte im gesamten südlichen Ostseeraum und weit darüber hinaus. Ab dem 7. Jahrhundert wurden Rügen und das umliegende Küstengebiet zwischen den Flüssen Recknitz und Ryck von den Ranen besiedelt. Die Ranen errichteten eine politische Struktur, welche die Geschichte des Ostseeraumes und auch des umgebenden Festlandes der Obodriten im Westen und der Liutizen im Süden für die nächsten Jahrhunderte entscheidend mitbestimmte. Helmold von Bosau (1120 – 1177) berichtete in seiner Slawenchronik: *„Die andere, weit größere Insel gegenüber den Wilzen die Ranen oder Rugianen, ein tapferer Slawenstamm, der als einziger einen König hat."*

Im Raum zwischen Barth - Jasmund-Gristow wurden zahlreiche Burgen und Tempel errichtet. Von den zahlreichen Tempelanlagen erlangte die Tempelburg Arkona auf der Insel Rügen, die dem Gott Svantovit geweiht war, die größte Bedeutung. Der Ort Ralswiek am südlichsten Punkt des Großen Jasmunder Boddens war ein bedeutender Handelsplatz (vgl. Abb. 30).

Abb. 30   Schloss Ralswiek mit Freilichtbühne

Karte 1   Das alte Rügen mit alten Namen, die neuen Namen stehen in der Klammer

Das Jahr 1044 wird als ein *harter Winter mit viel Schnee beschrieben, es folgte ein nasser und unfruchtbarer Sommer. (Gronau, S. 18)* Henning erwähnte in seinem Katalog *bemerkenswerte Witterungsereignisse eine ungeheure Sturmflut an der Ostsee 1044.* Die „Große Sturmflut Seeland" wird immer mit dem Untergang der legendären Stadt Vineta im Zusammenhang gebracht. Die Jahre 1045 und 1047 sind gekennzeichnet durch kalte Winter mit viel Schnee, die Sommer waren verregnet. Die Jahre 1052, 1053, 1054 werden als unfruchtbare Jahre angemerkt. (Gronau, S. 19)
Dagegen war der Winter 1056 äußerst mild. (Schnurrer 1823)

1057 hatten wir wieder einen kalten Winter mit viel Schnee. Der Winter 1059 war sehr streng und lange dauernd. (Schnurrer, S. 208) Im Jahr 1060 folgte schon wieder ein sehr kalter Winter, in welchen Kälte und Schnee so übermässig waren, dass viele Menschen zu Grunde giengen... (Schnurrer, S. 209, Gronau, S. 19) Der Sommer 1060 war ein feuchter, unfruchtbarer Sommer, auch herrschte in diesen dem vorhergehenden und den beyden folgenden Jahren, an manchen Orten Pest und Hunger. Der Winter 1063 war sehr kalt, besonders war die Kälte und der Schnee gegen Ende März. Aber auch noch um die Mitte April trat wieder solche Kälte mit Schnee ein, dass Vögel und Vieh getödtet wurden, auch die Bäume.....litten. (Schnurrer, S. 210)

Gronau (1794) berichtet über diesen Winter, dass Mitte April große Kälte mit tiefem Schnee auftrat und viel Schaden verursacht wurde.
Das Jahr 1067 zeichnete sich durch die strenge Winterkälte aus, die auch sehr lange anhielt, im Sommer entstand dadurch eine anhaltende Dürre. (Gronau, S. 18) Der Sommer 1068 war kühl und sehr feucht. Ein sehr harter Winter soll es 1069 gewesen sein. *Heinrich der Vierte konnte mit seinem ganzen Kriegsheere über die zugefrorne Flüsse und Gewässer setzen. Der Winter 1070 war sehr gelind. Beide Jahre waren sehr unfruchtbar. (Gronau, S. 20)* 1074 wird über einen strengen Winter berichtet. (Gronau, S. 20) Die Jahre 1076, 1077 und 1079 sind durch kalte und strenge Winter charakterisiert. Die Winter 1076 und 1077 zeichneten sich durch ihre Länge aus. So dauerte der von *1076 vom 1. Dezember bis Mitte des Aprill. Es folgte ein nasser und kühler Sommer. Der Winter 1077 war nur etwas kürzer. Er reichte vom 26. November bis 19. Merz. Es fiel auch eine große Menge Schnee. (Gronau, S. 20) Der Sommer 1083 war ungewöhnlich heiß und dürre .(Gronau, S. 21) Der Sommer 1090 war heiss und dürre. Auch dieses Jahr war unfruchtbar, daher die Theurung und der Mangel zunahmen. (Gronau, S. 21) Die Große Nässe machte das Jahr 1092 abermahls zu einem unfruchtbaren und theuren Jahre, wozu auch die Menge Schnee, der noch im April fiel, und die darauf folgende Kälte vieles beitrug. (Gronau, S. 21)*
Die Jahre 1094 und 1098 waren sehr feuchte Jahre mit viel Regen. Mit dem Jahr 1095 fingen die unfruchtbaren Jahre an, die bis zum Ende dieses Jahrhunderts angehalten haben sollen. (Gronau, S. 22)

Ein harter strenger und lang anhaltender Winter kennzeichnen die Jahre 1099, 1100 und 1101. In diesen Jahren kam es zu Hunger, Mangel und Theurung. (Gronau 1794) 1107 gab es einen sehr heißen Sommer, der auf einen sehr gelinden Winter folgte. (Gronau, S.23)

Die günstige geographische Lage der Insel und die ranische Flotte waren die Grundlage ihrer Macht. Dänemark, das zu dieser Zeit das politische, wirtschaftliche und militärische Zentrum im Ostseeraum war, versuchte bis ins 12. Jahrhundert mehrfach, militärisch die Ranen zu unterwerfen.

Schon die Lage Rügens gegen die dänischen Inseln –man sieht bei heiterem Himmel von den äußeren Küsten der Länder Witteow und Hiddensee mit unbewaffnetem Auge Moen-bürgt nämlich dafür, daß Rujaner und Dänen mit einander in Berührung gekommen sein werden, seit man das sie trennende Meeer durchschiffte, von dem ja schon Einhard und Alfred nähere Kunde hatten. (Fabricius, 1. Band, S. 13)

Die zahlreichen Reste von Burgwällen auf der Insel Rügen künden von den kriegerischen Auseinandersetzungen zwischen dem achten und 12. Jahrhundert. Zu diesen Anlagen gehörten neben Arkona (vgl. Abb. 31, 32), Anlagen auf dem Rugard, die Garzer Burg, die Herthaburg auf der Halbinsel Jasmund (vgl. Abb. 33), die Wälle auf dem Hengst bei Sassnitz und auf der Halbinsel Thiessow und die Schanze von Venz bei Trent.

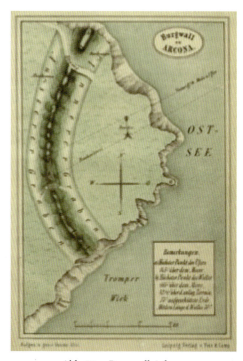

Abb. 31   Burgwall Arkona

Abb. 32   Reste der Burganlage Arkona mit Burgwall und Ausgrabungen 2013

Abb. 33   Reste der Herthaburg auf der Halbinsel Jasmund

Der Obodritenfürst Heinrich führte mit Unterstützung der Dänen zahlreiche Feldzüge gegen die Ranen. Da die Insel Rügen auf Grund ihrer strategischen Lage sehr schwer zu erobern war, nutzten sie extreme Witterungsereignisse, wie z. B. das Jahr 1113/1114 für ihre Angriffe.

> *Wir sehen daher in einem bestimmten Fall, als um das Jahr 1113 Heinrich der Fürst der westlichen Wenden mit einer Armee über das Eis nach Rügen marschirt war, den Hohenpriester die Verhandlungen mit ihm führen, durch die er sich endlich bestimmen ließ, gegen Zahlung einer für die damaligen Zeit beträchtlichen Geldsumme von 4400 Mark das Land wieder zu räumen**. (Fock, Bd 1, S. 33)*

F. Schnurrer (1823) berichtet über einen außerordentlich strengen Winter 1113.
A. Pilgram (1788) schriebt über diesen Winter *„Die Größe der Kälte, und die Menge des Schnees waren in diesem hindurch Winter außerordentlich".* In den Aufzeichnungen von Gronau (1794) wird über den Winter 1113 berichtet, *...dass die Größe der Kälte sowohl als die Menge des Schnees war in diesem Winter außerordentlich, noch im May fielen so starker Schnee, daß die Aeste der Bäume zerbrachen. Der Sommer 1113 wurde, als aber außerordentlich heiss, so dass sich Bäume entzündeten...* beschrieben. (Schnurrer, S. 232) *1118 hielt die Kälte sehr lange an, man fand noch anfangs Junius Eis, und d. 14 April war ein starkes Nordlicht zu beobachten. (Gronau, S. 23)* Der Winter 1121 war sehr mild und windig, es folgte ein feuchter Sommer. (Gronau 1794) Weitere Feldzüge fanden u. a. 1123 und 1124 statt. In seinem Werk „Geschichte Rügens – von der ältesten Zeit bis zur Gegenwart" berichte Wendler (1895) über weitere Versuche.

> *„Er brachte ein großes Heer aus Slaven, Sachsen und Holsten zusammen und zog mit demselben die Peene entlang nach Wolgast (1123). So zog Heinrich dann an das Meer, nördlich von Wolgast an die Mündung der Peene. Damals war der Zwischenraum zwischen der pommerschen Küste und Mönchgut noch nicht so breit wie heutzutage, denn das Heer konnte von hier die rügensche Küste liegen sehen. Es hatte stark gefroren, Eis bedeckte weithin die See, und kühn wagte man den Übergang, „die der große Werkmeister gebaut hatte". Den ganzen Tag dauerte der Marsch über Eis und Schnee, beim Dunkelwerden erst betrat man den Boden Rügens, das heutige Mönchgut. Da rüstete sich Heinrich zu einem zweiten Winterfeldeinzug und der Herzog Lothar von Supplinburg, der spätere deutsche Kaiser, schloss sich ihm als Bundesgenosse an (1124). Wieder war man glücklich über das Eis nach Rügen gekommen, aber kaum hatte man sich dort drei Tage mit Plündern aufgehalten, als der Frost sich legte, und mit Mühe und Not erreichte das Heer über die morsche Brücke das Festland wieder."*

Der Winter 1124 war sehr hart und langwierig, kaum fingen die Bäume im May an zu blühen, der Sommer war sehr regnicht, am Ende desselben aber fiel große Hitze ein. Gewitter waren häufig. Die Ernte aber sehr schlecht. (Pilgram, S. 126, Schnurrer, S. 235, Gronau, S. 24) Die Ernte fiel, die Hirse und Erbsen abgerechnet, schlecht aus. (Schnurrer, S. 235) Eine grosse Kälte herrschte auch im Winter 1125, und es kamen desto mehr Menschen um, als wegen Mißwachses im vorigen Jahr auch Hunger herrschte. Man wusste also damals schon, dass die Fische Luft nothwendig zum Athemen brauchen. Die Aale krochen ins Heu. (Schnurrer, S. 235)

1125 war der Sommer war äusserst nass. und in Teutschland gieng die Bienenzucht beynahe aus. (Schnurrer, S. 235) 1126 war der Winter abermahls hart und das Frühjahr spät, noch im May fanden sich starke Fröste ein, der Sommer kühl, feucht und windig; überhaupt ein schlechtes und theures Jahr. (Gronau, S. 24, Schnurrer, S. 256)

1127 wird über einen kalten Winter und trockenen Sommer berichtet. (Schnurrer 1823) Eine strenge Winterkälte trat 1128 auf. Eine große Hitze und Dürre im Sommer trat 1130 auf. 1134 war ein feuchtes Jahr mit viel Regen. Auch im Jahr 1136 fehlte es an Hitze nicht. (Gronau 1794) *1144 hatte(n) einen strengen und stürmischen Winter, einen kühlen regnichten und windigen Sommer. (Gronau, S. 26, Schnurrer, S. 240)* Der Winter 1148 war streng. (Gronau 1794) 1150 wird über einen sehr strengen anhaltenden Winter, viel Gewitter, Mangel an Erd- und Gartenfrüchten berichtet. Auch sah man mehrere Nordlichter. (Gronau, S. 26) Der Winter 1151 wurde als ein harter Winter beschrieben. Ein kühler und feuchter Sommer mit viel Regen verursachte hin und wieder Überschwemmungen. *1155 die Winterkälte war sehr streng, und Mangel und Theuerung nahm zu. (Gronau, S. 26)* 1157 war ein sehr harter und anhaltender Winter, noch im März fiel eine große Menge Schnee, worauf eine ungewöhnliche Kälte folgte. (Gronau 1794) *Der Sommer 1157 war sehr heiß, auch fehlte es nicht an Stürmen, Donner und Hagelwettern. Man sahe verschiedene Nordlichter,… (Gronau 1794)* Das Jahr 1164 war durch einen strengen Winter charakterisiert, der… äussert kalt und lang andauernd war. (Schnurrer, S. 246)

In der Geschichte Rügen spielen die Chroniken „**Gesta Danorum**" des Saxo Grammaticus und die „**Knýtlinga Saga**" eine wichtige Rolle. Das Besondere der Gesta Danorum" besteht darin, dass der Verfasser Saxo (um 1150 – um 1220) Vertrauter des Bischofs Absalon von Roskilde (1158 – 1191) war. Absalon von Roskilde war auch Erzbischof von Lund (1178-1201) und nahm an den Feldzügen nach Rügen teil.

Die Eroberung der Arkonaburg erfolgte am 15.06.1168 durch die Dänen. Die Zerstörung des Heiligtums der Ranen durch den dänische König Waldemar I. und seinen Berater und Heerführer, den Bischof Absalon von Roskilde, war ein gravierender Einschnitt in der Geschichte der Ranen.

Weiterführende Literatur zur Geschichte Arkonas:
Fred Ruchhöft (2010): Die Burg am Kap Arkona – Götter, Macht und Mythos. Schwerin

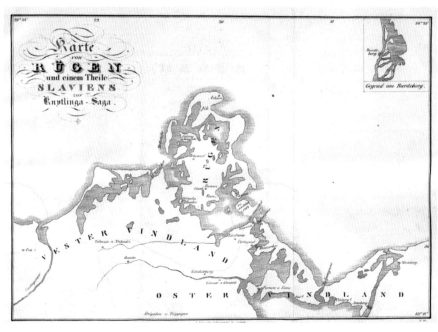

Karte 2   Rügen vor der Eroberung Arkonas

Abb. 34   Bischof Absalon von Roskilde und Erzbischof von Lund

Es war am Pfingsttage des Jahres 1168, als eine große Flotte der Dänen, Mecklenburger und Pommern an der Küste Wittows landete. Nicht blos der König Waldemar, die pommerischen Herzöge Bogislaw und Kasimir und der Mecklenburger Fürst Pribislaw befanden sich bei dem Heere, auch der Bischof Berno von Schwerin und Absalon von Roskilde (vgl. Abb. 32) hatten sich eingestellt. Man wollte diesmal (nicht blos erobern, sondern auch das Land zum Christentum bekehren. An der Wurzel wollte man das rügensche Slaventum angreifen, darum rückte das Herr sogleich vor Arkona, denn Absalon meinte mit Recht , daß nach dem Fall dieses regligiösen Mittelpunktes das übrige Rügen sich um so leichter unterwerfen werde. (Wendler, S. 59)

Bereits in die vierte Woche lagen die Verbündeten vor den Wällen Arkonas, schrecklich plagte sie die Hitze und Dürre, die in diesem Jahre außerordentlich stark war; noch nicht war die geringste Bresche gelegt kein Erfolg war bis jetzt abzusehen. Da trat plötzlich ein Ereignis ein, das mit einem Schlage die Katastrohe herbeiführte. (Wendler, S. 60) Da bemerkt einer der Buben in der Erdmasse vor dem Thore neben dem hölzernen Thurm einen tiefen Spalt, derinfolge der anhaltende Dürre entstanden war. Rasch entschlossen eilt er durch den trockenen Graben hindurch und klimmt in die Höhlung hinein. Die Schläfrigkeit und Sorglosigkeit der rügenschen Wachen eermöglicht dies. Jetzt holt er Stein und Zunder hervor. DasHolz des Turmes ist ausgedorrt, leicht fängt es Feuer. Eben fährt ein Wagen mit Stroh ins Lager. Man wirft ihm ein Bund nach dem anderen zu, er stopft es in den Spalt hinein bald flackert die Flamme hoch auf und ringelt sichan dem Turme empor. (Wendler, S. 61) Doch unbemeistert fressen die Flammen weiter, einen glühenden Krater gleich Arkona. Aller Heldenmut ist vergebens, das Schicksal der Festung ist besiegelt. (Wendler, S. 62)

Abb. 35   Svantevit war der oberste Gott der Ranen auf Rügen (Moderne Skulputur aus Holz auf dem Burggelände)

Durch die Zerstörung wurde die territoriale als auch die religiöse Eigenständigkeit der Ranen beendet.

Es kam zur Christianisierung der Insel unter Jaromar I. Es entstand das Fürstentum Rügen. Der Ranenfürst Jaromar I. († 1218) wurde Vasall des dänischen Königs. Das Fürstentum war ein dänisches Lehen.

> **Lehen, Lehnswesen, Lehenswesen, Feudalwesen** sind politisch-ökonomische Systeme der Beziehungen zwischen Lehnsherren und belehnten Vasallen. Oberster Lehnsherr war der jeweilige König oder Herzog, der Lehen an seine Fürsten vergab.

Zum Fürstentum gehörten die Insel Rügen sowie der südwestlich Rügens gelegene Festlandsbereich. Dieses Gebiet reichte bis zum Fluss Recknitz. Die südliche Grenze bildeten die Flüsse Trebel und Ryck. In den Zeiten seiner größten Ausdehnung erstreckte es sich bis zur Peene. Die dänische Herrschaft führte zu Veränderungen im Fürstentum Rügen. So kam es zur Gründung der Klöster in Bergen 1193 oder 1199 in Hilda, heute Eldena. Eine weitere Folge der dänischen Herrschaft war die Gründung neuer Städte.

1165 gab es einen harten Winter und heißen Sommer, daher die Fruchtbarkeit, wegen der anhaltenden Dürre, nur geringe war. Der Sommer 1171 war außerordentlich heiß. Der Winter 1172 war sehr mild. (Gronau 1794) *1173 wird über einen sehr heißen und trocknen Sommer, welchem Mißwachs und Theurung folgten, berichtet. (Gronau, S. 28)* Der Winter 1174 war sehr streng, der Sommer kühl und regenreich. 1176 war ein sehr heißer und trockner Sommer, so auch *1177 welches sich über dem durch starke Winde auszeichnete. Der Winter 1179 wird als ein sehr harter lange anhaltender Winter mit ungewöhnlich tiefen Schnee, der bis in den April liegen blieb beschrieben .Im Frühjahr war großer Mangel und Theurung. Im Sommer gab es schwere Gewitter und Hagelwetter.* Der Winter 1182 war überaus gelinde. (Gronau, S. 28) Der Winter 1186 wird als der mildeste Winter, den es je in Mitteleuropa gab, beschrieben.

> *Der Winter des Jahres 1186 war unerhört mild, im Januar blühten die Bäume, im Februar hatten schon die Früchte in Grösse von Hasel-Nüsse oder Vogel Eyern angesetzt. Im May war Erndte und im August Herbst. (Schnurrer, S. 254, 255) Andere Quellen berichten über den so außerordentlich gelinden Winter, daß die davon ertheilte Nachrichten allen Glauben überstiegen, daß z. E. im Januar die Bäume sollen geblüht haben, im Februar Früchte angesetz -die Vögel gebrütet haben, im May die volle Ernte, und im Julius die Weinernte gewesen senn soll-das will mir nach dem gegenwärtigen Verhältnisse der Witterung durchaus nicht einleuchten, ob es gleich mehrere Chroniken Schreiber bestätigten-Vielleicht hat man nach einzelnen, sonst seltenen Fällen das allgemeine bestimmt. (Gronau, S. 28, 29)*

Das Frühjahr 1187 *war sehr rauh und kalt, die Kälte hielt fast bis in den Junius an, noch d. 11 May fiel tiefer Schnee; daher große Theurung und Hungernoth entstand.* (Gronau, S. 29) Die Jahre 1188 und 1189 zeichneten sich durch einen sehr heißen und trocknen Sommer aus. (Gronau 1794)

Dagegen wird das Jahr 1190 als ein *sehr nasses Jahr, und ein kühler Sommer mit viel Donner- und Hagelwetter beschrieben.* (Gronau, S. 29) 1192 hatte einen sehr heißen Sommer, worauf im August sehr kühle Witterung folgte. Der Sommer 1194 war heiß und dürre, auch thaten starke Hagelwetter hin und wieder großen Schaden. (Gronau, S. 29) In diesem Jahre 1196 war ein sehr feuchter und kalter Sommer, welcher auch 1197 noch nicht nachließ. Der Winter 1198 war sehr gelind. Der Januar, Februar und Merz angenehm, April und May aber regnicht und kalt. (Gronau, S. 30)

Wie sich diese Ereignisse in der Eichenchronologie widerspiegeln, zeigt die Abb. 36. Neben zyklischen langfristigen Schwankungen zeigen sich deutliche Depressions- und Erholungsphasen. Neben diesen Ausschlägen gingen auch stark belegte Maxima und Minima in die Bewertung mit ein. Dem Diagramm ist zu entnehmen, dass eine Zuwachsphase zwischen 1106 und 1123 gegeben hat. Danach setzt eine Verschlechterung der klimatischen Bedingungen ein, die zu einem Rückgang führen wie der lineare Wachstumstrend zeigt.

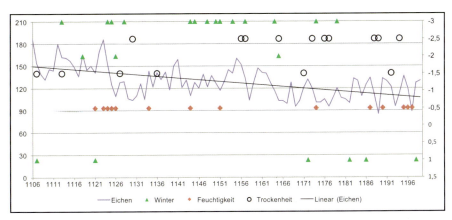

Abb. 36   Eichenchronologie(in 1/100mm) mit extremen Witterungserscheinungen und linearer Wachstumstrend für den Zeitraum von 1106-1199

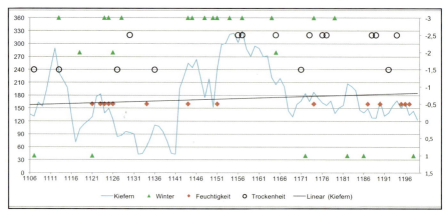

Abb. 37 Kiefernchronologie mit extremen Witterungserscheinungen und linearer Wachstumstrend für den Zeitraum von 1106-1199

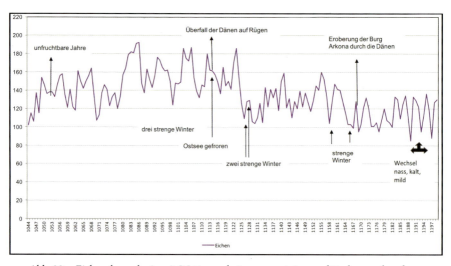

Abb. 38 Eichenchronologie mit Wettererscheinungen, einigen politischen und anderen Ereignissen von 1044 - 1199

Wetter und Witterung während der mittelalterliche Warmphase 1200 und 1380

Das 1168 entstandene Fürstentum Rügen existierte bis in die mittelalterliche Warmphase (1325) hinein. Die mitteralterliche Warmphase darf man sich nicht so vorstellen, dass in dieser Phase das Wetter durchgängig warm und trocken war.

Das mittelalterliche Klimaoptimum/Warmphase war eine warme Epoche. Die Jahresmitteltemperatur war in Europa 1 bis 1,5 Kelvin höher als heute.

Wie die Chronologien zeigen, ist dieser Zeitabschnitt durch ein starkes Wachstum gekennzeichnet, (Abb. 37, 38).
Innerhalb dieser Phase traten 25 trockene und sehr trockene Sommer auf, aber es wird auch über strenge und harte Winter berichtet. Während der mitteralterlichen Warmphase traten vier kalte Winter, 13 harte, 28 strenge und 17 milde Winter auf. Der Anteil der milden Winter in diesem Zeitraum stieg auf 26,2 % (1044 - 1200 20,9 %). Einige dieser Witterungsereignisse hatten überregionale Bedeutung wie die Allerheiligenflut 1304, 1307 oder 1309 oder der Winter 1323/24, in dem die Ostsee komplett zugefroren war.
Die Verteilung dieser Winter ergab folgendes Bild: Das Jahrhundert von 1200 -1300 hatte 10 strenge Winter. Charakteristische sind die harten und strengen Winter zwischen 1200 und 1216, sowie zwischen 1224 und 1226. Zwei harte und ein strenger Winter traten zwischen 1234 und 1238 auf. Von 1276 bis 1292 wurden drei harte und zwei strenge Winter beschrieben. Im Zeitraum von 1300 bis 1380 gab es 23 harte und strenge Winter. Diese traten zwischen 1316 und 1335 sowie zwischen 1352 und 1378 auf. Von den 17 milden Wintern fielen allein 12 auf den Zeitraum zwischen 1200 und 1299.
Die Anzahl der trockenen und sehr trockenen Sommer stieg von 19 auf 25 an. Der Zeitraum zwischen 1200 und 1299 zeichnete sich durch 16 trockene und sehr trockene Sommer aus. Eine Besonderheit waren die vier feuchten Sommer. (s. Tabellen im Anhang)
Ein besonderes Merkmal stellt der Zeitraum zwischen 1300 und 1380 mit neun sehr trockenen Sommern dar. Die Jahrzehnte von 1300 - 1380 hatten 12 feuchte Sommer, dabei fiel die Phase zwischen 1310 und 1316 mit sechs feuchten Sommern auf.
Durch die feuchten und trockenen bzw. sehr trockenen Sommer kam es zu Missernten, und einer Verteuerung und einem Mangel an Lebensmitteln.
Der Winter 1204 *war sehr kalt und langwierigen dass,...die Saat im Winter und Frühling sehr darunter gelitten haben. (Schnurrer, S. 261)* Der Sommer war heiß und trocken. Der Winter 1205 war sehr hart. *Der Sommer war auf gleiche Weise troken, wie im vorigen Jahr. Mißwachs und Mangel. (Schnurrer, S. 265)* Ein wichtiger Punkt in der Entwicklung des Fürstentums war die Gründung der Stadt Stralsund.

Im Jahr nach Christi Geburt 1209 gründete Fürst Jaromar der erste von Rügen unter Dänischer Hoheit die Stadt Stralsund, um durch sie das Fürstenthum Rügen diesseit der Meerenge, besser gegen die Pommerschen Herzoge zu schützen. Den Namen hat die Stadt, die übrigens mit deutschen Colonisten bevölkert wurde, von der Meerenge, woran sie liegt (Sund), und von der nahen Insel Strale, die jetzt Dänholm heißt empfangen (Fabricius, S. 1)

1209 war der Winter anhaltend und strenge, der Sommer feucht, voll Donnerwetter und Platzregen, daher Ueberschwemmungen und ein fast allgemeiner Mißwachs entstanden. (Gronau, S. 30) Die Winter 1210, 1211 und 1216 zeichneten sich durch sehr große Kälte und viel Schnee aus. (Gronau 1794)

Folgen einer ungewöhnlichen Trokenheit, waren im Jahr 1217 nicht nur über Spanien und Teutschland verbreitet sondern herrschten auch in Syrien in den sonst fruchtbarsten Gegenden, so dass das Heer der Kreuzfahrer dadurch sehr in Verlegenheit gerieth. (Schnurrer, S. 270)

1224, 1225 und 1226 waren die Winter streng und anhaltend. Die Folgen *waren eine schlechte Ernte, daher Mangel und Theuerung folgten. (Gronau, S. 31, Schnurrer, S. 273)* Dagegen war der Winter 1227 mild, aber sehr feucht und regenreich. (Gronau 1794, Schnurrer 1823)

Der Stralsunder Anzeiger veröffentlichte im Januar 1896 eine Wetterstatistik. In dieser wird über einen milden Winter im Jahr 1229 berichtet. Darin heißt es, dass es *1229 keinen Winter gab und zu Weihnachten blühten die Veilchen. Der Sommer 1231 war kalt und feucht mit fast beständigen Regen. (Gronau, S. 32)* Die Winter der Jahre 1234 und 1236 waren außerordentlich hart und streng, die Kälte hielt lange an.

So wird über den Winter 1234 berichtet, dass man die *Kaufmanns-Güter nach Venedig auf dem Eis brachte, und nicht nur die Weinstöke und Olivenbäume, sondern bey Ravenna sogar ein Fichtenwald zu Grunde gieng. (Annal Colm. Riccobald., Schnurrer, S. 283)* Der Slawenfürst Wizlaw I. verlieh dem Fischerdorf Stralow am Strelasund am 31. Oktober 1234 das Lübische Stadrecht.

Nach einem gelinden und feuchten Winter 1237, war der folgende Winter 1238 sehr streng. (Gronau S. 32, Schnurrer, S. 284)

In der Winterstatistik des Stralsunder Anzeigers heißt es weiter, dass 1241 die Bäume im März blühten und im Mai gab es Kirchen.

1250 erhielt Greifswald das Stadtrecht. Die Gründung der Städte und der Klöster veränderte die Struktur des Gemeinwesens. Zunehmend wurden deutsche Handwerker und Kaufleute in das Land geholt.

Die Städte der Ostseeküste wie Stralsund (1234), Rostock (1218) oder Greifswald schloßen sich dem Lübischen Recht an.

> Im **Lübischen Recht** wurden die Rechtsvorstellungen aus dem Westfälischen mit dem Holsteiner Landrecht vereinigt. Im Bereich des Seerechts nahm man die im Ostseeraum vorgefundenen Grundregeln aus der Zeit der Wikinger und der Gotländischen Genossenschaft in Visby auf.

Die Folge dieser Entwicklung war, dass das slawische kulturelle Element verschwand. Die Jahre 1243 und 1244 waren sehr trockene und unfruchtbare Jahre. (Gronau 1794, Schnurrer 1823) Der Winter 1248 war mild, *vom Merz bis April war es dagegen sehr kalt. (Schnurrer 1823)* Im Jahr 1252 traten mehrere Spätfröste auf, danach setzte eine große Trockenheit ein, die bis in den Juli reichte. (Schnurrer 1823) 1253 lag ungewöhnlich viel Schnee. Die Jahre 1252 und 1253 werden auch als unfruchtbare Jahre beschrieben. So wird berichtet,

dass man in den Donau-Gegenden nicht einmal Saamen zur Einsaat hatte, und auch der Wein durch einen heftigen Frost am 25. April so wie der Ertrag der Bäume zu Grunde gegangen war. (Schnurrer, S. 288) Im Sommer 1255 trat eine anhaltende Dürre auf und die Folge war eine schlechte Ernte. (Schnurrer, S, 289, Gronau, S. 33)

Der Winter 1258 war mild. Der Sommer war heiß und trocken, die Ernte nicht sonderlich gut. (Gronau 1794)
Das Jahr 1263 zeichnet sich durch große Hitze und Dürre aus. (Gronau 1794)

1268 hatte einen sehr gelinden warmen Winter und zeitiges Frühjahr, der Sommer war sehr heiß und trocken. (Gronau S. 34) Der Winter 1269 war äusserst strenge, …, sondern auch von der Insel Gothland bis zur schwedischen Küste war die See gefroren und passirbar. (Dänische Jahrbücher., Schnurrer, S.293) Auch im Winter 1270 war die Kälte sehr hart und strenge, und hielt bis spät im Frühling an. Der Sommer war heiß und trocken. (Gronau, S. 34, Schnurrer, S. 293)

Das Jahr 1272 war ein regenreiches. *Der Winter 1273 war außerordentlich gelind, ein zeitiges Frühjahr und ein heißer Sommer. Die Chroniken berichten, dass dieses Jahr ein sehr fruchtbares Jahr war. (Gronau 1794, Schnurrer 1823)* Dagegen war der Sommer 1275 feucht und kühl. Dieses Jahr wurde als ein unfruchtbares Jahr beschrieben. (Gronau 1794, Schnurrer 1823) Einen kurzen aber strengen Winter gab es 1276.

Die Hitze im Sommer war groß. Über den Winter 1277 wird berichtet, dass es ein harter Winter mit tiefen Schnee, der auch im Merz sehr häufig fiel. Der Sommer war wiederum sehr heiß und trocken, sonst aber war es ein herrliches und fruchtbares Jahr. (Gronau, S. 35) Auch 1278 war ein fruchtbares und gesegnetes Jahr. Der Winter war gelinde. (Gronau, S. 35 Schnurrer, S. 295) Das Jahr 1280 wird als ein fruchtbares Jahr gerühmt. Es war so wohlfeil, daß ein Maaß Weitzen 2gr. 8 Eier 1 pf. und 4 Heringe auch 1 pf. galten .(Gronau, S. 35)

1281 wird über einen kalten und anhaltenden Winter berichtet. Der Sommer war feucht. Auch der Winter 1282 war hart und schneereich.

> *1287 waren im Winter die Bäume neu belaubt. 1289 war der Winter außerordentlich gelinde. Man fand um Weihnachten Feldblumen, und im Februar blühten die Erdbeeren. (Gronau, S. 36, Schnurrer, S. 300)*

Der Winter 1292 *war sehr hart und strenge besonders in den nordlichen Gegenden, so daß man von Jütland nach Norwegen über das gefrorne Categat reisen konnte. (Gronau, S. 37, Schnurrer, S. 300)* Der Sommer 1294 war extrem trocken. *Alle Quellen und Flüsse versiegten, das Vieh musste man aus Mangel an Futter tödten, selbst die Blätter an den Bäumen vertrokneten. (Schnurrer, S. 301)*

> *1295 kam es zur Teilung von Pommern in die Herzogtümer Pommern –Stettin und Pommern-Wolgast. 1295 war ein außerordentlich gelinder und warmer Winter, nach der Mitte des Aprils aber kam noch viel Schnee und Frost. (Gronau, S. 37, Schnurrer, S. 301) Außerordentliche Gelindigkeit und angenehme Frühlingswitterung zeichneten den Winter des Jahres 1301 aus. (Gronau, S. 37) Der Winter 1302 war sehr gelind, bis auf einige wenige Tage, an welchen die Kälte streng war und desto größeren Schaden that. Der Sommer war kalt und naß, und daher unfruchtbar. (Gronau, S. 38)*

Nach einem harten, langen Winter 1303 gab es einen ganz ungewöhnlichen heißen Sommer, fast ohne Regen.

Das Sturmhochwasser 1304, 1307 oder 1309

Die Küste der Ostsee hat in Folge von Sturmhochwasser große Veränderungen im Laufe der Geschichte erfahren. Diese Sturmhochwasser treten in mehr oder weniger regelmäßigen Perioden auf. Steigt der Pegelstand vom 100 cm oder mehr über Normalmittelwasser, so spricht man von einem Sturmhochwasser.

> **Sturmhochwasser** ein durch Sturm mit auflandigen Winden bzw. ungünstigen Strömungen auftretendes Hochwasser in Meeresbereichen, in denen der Tidenhub keine große Rolle.
> **Sturmflut** ein durch Sturm mit auflandigen Winden erhöhter Tidenstrom.

Von diesen zahlreichen Naturereignissen zwischen dem 14. Jahrhundert und 1900 sind 33 bedeutendere überliefert. Nach G. Krüger (1911) sind das sechs schwere Sturmhochwasser pro Jahrhundert. Sie treten bis auf wenige Ausnahmen nur im Winterhalbjahr (November – Januar) auf. Eine Ausnahme war das Sturmhochwasser im August 1989. (Hupfer 1992) Es besteht ein Zusammenhang zwischen den Tiefdruckgebieten und ihren charakteristischen Zugbahnen über Skandinavien und der Ostsee. Diese Tiefdruckgebiete führen zu stark anhaltenden Nordostwinden über der zentralen Ostsee. Die Folge ist, dass sich bei solchen Wetterlagen das Wasser an den südlichen Küsten der Ostsee staut. An der Ostsee dominieren die Effekte von Vorfüllung und Seiche (der Schwapp oder der Badewanneneffekt).

Ein solches extremes Sturmhochwasser war die Allerheiligenflut. Bei der Allerheiligenflut handelte es sich um ein Sturmhochwasser, das die südwestliche Ostseeküste, insbesondere den vorpommerschen Raum, in Mitleidenschaft gezogen hat. Das genaue Datum dieses Ereignisses ist nicht gesichert. Historische Quellen geben den 01. November 1304, den 01. November 1307 bzw. den 01. November 1309 an. Die Stralsundische Chronik des Johann Berckmann († 1560) datiert dieses Ereignis auf den Allerheiligentag (01. November) 1304.

> Item jm jare 1304 vmme alle gabes hilligenn, weyede so einn groth stormwindtt, nicht gehortt bi minschenn thiden, bome vth der erbenn, dorpe, molen vmme, vnnd makede so groth water vmme ditt landt, dat datt Nyedep vthbrack; vnnd dar de van Eikere plegenn eren weitenn tho seyen vp benn Rubenn vnnd thoganbe van dem einenn lande vp datt ander, dat waß water.

Quelle: Berckmann 1124 bis 1560, S. 4

Nach der Stralsundischen Chronik B fand das Sturmhochwasser ebenfalls 1304 statt.

> **Eyn grot storm.**
> Na gades bort 1304 jar do wegede vp so grot enen wynt to ener tiid, also dat he grote starke torne umme wegede unde grote wyntmolen unde grote huse unde grote bome ute der erben. unde do brack of dat nye dep ersten uth.

Quelle: Stralsundische Chronik B, S.17

Dagegen behauptet die Stralsundische Chronik A, dass dieses Ereignis 1307 stattgefunden hat.

> 15 Anno dni 1307 do weigede ydt so mechtich enen wynt, dat bome, molen, buwete, thorne, huße dale fullen. unde do brack ock dat nyge deepp uth.

Quelle: Stralsundische Chronik A, S. 3

In der Pommerschen Heimatkunde Band 2„ Die Geschichte der Insel Rügen" in 2 Teilen wird dieses Sturmhochwasser auch auf das Jahr 1304 datiert.
Grümbke (1819) berichtete über dieses Ereigniss wie folgt:

> Des folgenden Jares hirnach ist ein sehr gewaltig Stormwint gewest, der allenthalben bey der Ostsehe viel Kirchen, Torme und Heuser niddergeworffen hat. Derselbig hat das Land zu Rhugen vom Rhuden abgerissen und daselbst eine newe Durchfhart gemacht, die man das newe Tieff nennet, welchs²⁾ den vom Sunde zu grossem Profeidt geschehn ist. Dan nachdem der Gellen durch viel Storms, auch der Hollender Ballast schir versenckt was, also das man mit schweren Schiffen nicht dadurch khomen khonte, hette die Stat mussen verterben, so sie ditz Tieff nicht bekhomen hetten.

Gaebel, S. 241

Auch die pommerschen Jahrbücher erzählen von einem schrecklichen Orkan, der aber viel später, nemlich zu Anfang des 14ten Jahunderts, nach einigen im Jahre 1302, nach Klempzens Chronik 1303, nach Buggenhagen und Kanzow 1304, nach Mierälius und anderen 1308 Oder 1309 das überfallen, viele Ueberschwemmungen und Verheerungen angerichtet und das sogenannte Neue Tief eröfnet haben soll, obwohl die Abweichungen in der Angabe der Jahreszahl das Ereigniß zweifelhaft machen und noch bedenklicher der Umstand ist, daß die Roßkilder Matrikel von 1294 , die doch alle damalige Kirchspiele Rügens genau angiebt, nichts von den in diesem Orkan untergegangenen seyn sollenden beiden Kirchspielen Ruden und Carven weiß.

Weiterführende Literatur zum Mönchgut und zum Neuen Tief :
F. W. Dwars (1956): Die Geomorphologische Entwicklung der Halbinsel Mönchgut (Dissertation) Greifswald

F. W. Dwars (1958): Der angebliche Landzusammenhang zwischen Rügen und dem Ruden in historischer Zeit und die Entstehung der Einfahrten am Ostrand des Greifswalder Boddens. In. Balt. Stud. N.F. 45

In all diesen Chroniken wird von einem starken Sturm berichtet, durch den zahlreiche Häuser und Kirchen zerstört wurden.

Die zwei Stralsunder Chroniken und Bugenhagen berichten von keiner angeblichen Landverbindung zwischen der Halbinsel Mönchgut und dem Ruden. In den Unterlagen findet sich auch kein Hinweis auf die Entstehung des Neuen Tiefs.
Das Neue Tief soll im Ergebnis dieses Sturmhochwassers entstanden sein. Bei dem Neuen Tief handelt es sich um eine 3 bis 4 Meter tiefen Rinne durch die Greifswalder Boddenrandschwelle zwischen Rügen und dem Ruden.
Johannes Bugenhagen definiert in seinem im 16. Jahrhundert erschienenen Buch „Pomerania", das Neue Tief als neuen Schifffahrtsweg bzw. als bedeutende Einfahrt. Dagegen wird in den folgenden Chroniken des 16. Jahrhunderts von Johannes Berckmann, und Nicolaus von Klemptzen über angebliche Landverbindung geschrieben. So schreib Thomas Kantzow in seiner Chronik von Pommern in hochdeutscher Mundart herausgegeben von G. Gaebel (1908) über dieses Ereignis wie folgt:
Die Auswirkungen des Sturmhochwassers wurden in den Chroniken des 17. und 18. Jahrhunderts meist übertrieben und zum Teil falsch dargestellt. Ein Beispiel dafür ist Albert Georg Schwartz, der den Landverlust am Ruden nachweisen wollte und vom Untergang von zwei auf diesem Land gelegenen Dörfern berichtet. Grundlage seiner These war eine von Gottlieb Samuel Pristaff erhaltene Urkunde. Diese wurde erst in der zweiten Hälfte des 19. Jahrhunderts als Fälschungen erkannt.

Die Wirtshäuser auf der Ostsee

1305 war ein harter und sehr langer Winter. Alle Flüße Deutschlands waren so dick überfroren, daß man darüber reisen konnte. An vielen Orten gebrach es, wegen der Länge des Winters an Lebensmitteln, Viehfutter und Holz. Den ersten May fiel noch dicker Schnee.

Die Auswertung der Aufzeichnungen ergab, dass die Ostsee zwischen 1306 und 1365 mehrmals zu gefroren war.

1306 war der Winter streng aber nicht lang anhaltend. Auf der Ostsee aber lag vierzehn Wochen lang zwischen allen schwedischen, und dänischen Inseln dickes Eis. (Pilgram, S. 92) 1310 war der Winter strenge und hart, der Sommer kühl und regnicht, daher Mangel und Theurung folgten. (Gronau S. 38) Der Sommer 1312 war sehr feucht, mit viel Regen, Hagel und Donnerwetter, wodurch die Fruchtbarkeit sehr verhindert wurde. (Gronau, S. 38) Der Sommer 1313 war kühl und feucht, daher abermahls Mangel und Hungersnoth, aber wüthete die Pest so ungewöhnlich in Deutschland, daß kaum der dritte Theil der Menschen übrig blieb, und ganze Flecken und Dörfer völlig ausstarben. Dagegen hatten wir 1314 kalten Winter und einen sehr kühlen, feuchten Sommer, Mangel und Hunger waren die Folgen davon. (Gronau, S. 39) Das Jahr 1315 verzeichnete eine ungewöhnliche Nässe und fast beständiger Regen, daher es sehr unfruchtbar war, und Hunger und Pest viele

Menschen hinwegrafften. Der fürchterliche Hunger dieses elenden Jahres wird durch folgenden Denkvers angezeiget: Ut lateat nullum tempus famis, ecce CVCVLLVM!

Von May bis in den Winter ununterbrochenes Regenwetter. (Schnurrer, S. 311) Diese beyden Landplagen ließen auch 1316 noch nicht nach wozu der harte und strenge Winter viel beytrug. (Gronau, S. 39)

Weitere strenge Winter waren 1317 (angeblich der kälteste Winter des Jahrzehnts). Die Stralsundische Chronik B berichtet über eine Dürre 1317, die zu einer Verteuerung der Lebensmittel führte.

> **Ene dure tiid.**
>
> Na gades bort 1317 jar do was de dureste tiid, de je ghewesen heft sodder gades bort.

Quelle: Stralsundische Chronik B, S. 17

Und des folgenden Jahres (1318) ist im Lande zu Pommern und Rugen so große Teurung gewest, daß man ein Schiffpfund Mehls welches bei zween oder drei Tonnenmachet, vor zwei lotige Mark Silbers hat keufen mussen, und ist derhalben viel Volkes vor Hunger gestorben. Und zu dieser Zeit ist eine sehr guete Munze im Lande gewesen, denn achtehalb genge Mark (5hielten eine lotige Mark 5) Silbers, und funf Schilling6) hielten ein Lot Silbers. (Gaebel, S. 250)

Der harte Winter 1318 *verursachte wiederum Theurung und Mangel. (Gronau, S. 39) 1319 hatten wir wieder einen harten Winter und Ueberschwemmungen längs der Ostsee. (Berliner Jahrbuch Meker in Schnurrer, S. 312)* Der Winter 1322 war sehr streng. (Schnurrer 1823)

Ein besonders strenger und langer Winter trat 1323/1324 auf. Wie in der „Johann Berckmanns Stralsundische Chronik" zu entnehmen ist, konnte man über die Ostsee nach Dänemark laufen.

> **Anno 1323** do was de **groteste winter**, vnd was dat water so hart gefraren, dat me auer yß mochte gahn in Dännemarken, vnd her webber van dem einen lande tho deme anderen. Dat warede wol 11 wecken langk. Dat geschach in dem mante, de dar iß geheten de horning.
>
> * Anno 1324 iß en **sehr hart winter** gewesen, wie thovorne nicht gehöret, ock hernamals nicht geschehen; denn, wie etliche schriuen, iß im hornung solck iß gewesen, dat men hebb vth Danemark hieher vnd van hier webber in Danemark öuer iß reisen können.

Quelle:Berckmann, S. 162 Anmerkung: Hornung – Februar

Ein ungewöhnlich kalter und strenger Winter. Die Ostsee gefror so stark, daß man Wirthshäuser darauf errichtete, und darinnen übernachtete. Der Sommer war schön und warm, und gerieth der Wein besonders am Rhein sehr gut. (Gronau, S. 40) Darnach im Jahr 1323 ist bei der Ostsehe ein großer Winter gewest, also daß die Sehe zwischen Denemarken und Pommern ganz ist uberfroren gewest, welches man sunst zu keinen Zeiten hat mehr gehoret. Und hat solch Eis zehen Wochen gestanden, und mittler Zeit hat man Hutten auf das Eis gebauet und Essen und Drinken darin vorkauft und also aus Pommern in Denemarken und (10von dar wiederumb in Pommern10) wie aufm Lande gereiset, welches wohl scheinet schier11) ungleublich zu sein. Aber es ist so oft hin und wieder angezeichnet, daß mans(12nicht wohl nicht12) gleuben kann. (Gaebel, S. 252)

Über die Dauer der Eisdecke gibt es unterschiedliche Angaben. Gaebel (1908) berichtete, dass das harte Eis 10 Wochen dauerte. Bei Johann Berckmanns Chronk wird von einer Dauer von 11 langen Wochen gesprochen.

Auch in anderen Chroniken wurde über diesen strengen Winter berichten. *1323 konnte man sechs Wochen lang per Schlitten über die Ostsee gelangen und fand unterwegs Verpflegungsstationen auf dem Eis. (Ostsee-Zeitung 15.12.2011) Ein sehr kalter und merkwürdiger Winter. Acat Lips.Tholaldo. Das gothische Meer (Ostsee) gefror so stark, daß man darauf Wirthshäuser errichtete, und darinnen übernachtete Lancell. (Pilgram, S.92)*

Der Wallfahrtsort Zudar

Das endgültige Ende der Slawen auf Rügen markierte der Tod von Witzlaw III. 1325. Das war auch das Ende für das rügischen Fürstentums. Aufgrund von Erbverträgen gewannen die Herzöge von Ponmmer-Wolgast das Fürstentum Rügen.
Der Turm der Nicolai-Kirche in Stralsund stürzte 1366 ein.

1333 war ein sehr trocknes Jahr, daher Mangel und Theurung entand. (Gronau, S. 40, Schnurrer, S. 314) 1334 war der Winter sehr strenge, und hielt lange an, noch im Aprill fiel ein sehr tiefer Schnee, der 5 Tage liegen blieb, daher man folgenden Vers machte: Arboribus magnam dat nix inopina ruinam. Er that zwar den Bäumen großen Schaden, ..., übrigens aber war eine sehr reiche Kornernte. (Gronau, S. 41) 1335 war ein sehr feuchtes Jahr, die Folge war das Getreide noch die Trauben zur Reife kommen konnten.... (Schnurrer, S. 315)

Das Frühjahr 1338 war sehr rauh und kalt, noch am 30 April fiel ein Fushoher Schnee. Uebrigens war es ein sehr fruchtbares Jahr, es würde an allem in Ueberfluß gewesen seyn, wennn nicht eine unzählige Menge Heuschrecken in diesem und fol-

genden Jahr (1339) hin und wieder sehr großen Schaden verursacht hätten, obgleich dieses letzere einen sehr kalte Winter hatte. Der Wein gerieth vortrefflich. (Gronau, S. 41)

Der Winter war anfänglich bis nach Weihnachten sehr gelinde, aber d. 22 Februar 1340 fiel eine ungewöhnliche Kälte ein, die 5 Wochen anhielt. Diese grausame Kälte führte dazu, dass den Menschen Nasen Ohren Finger und Füße abfroren. Es war trotzdem ein fruchtbares Jahr. (Gronau, S. 41, Schnurrer, S. 317)

1340 erhielt die Stadt Stralsund große Besitzungen auf Rügen. Der Adel der Insel Rügen verpfändete z. T seine Güter. Über die Jahre 1341 und 1343 wird berichtet, dass die Winter sehr gelinde gewesen sein sollen,

daß man die Feldfrüchte an manchen Orten abmähen müssen, damit sie nur nicht ganz verdürben. Dagegen war der Sommer sehr kühl und naß mit vielen Hagel und Donnerwetter, weshalb Mangel und Unfruchtbarkeit entstand. (Gronau, S. 42) Der Winter 1344 dauerte von November bis in den Merz mit ununterbrochener Strenge und meist heitern Tagen fort, ohne daß der Anfangs gefallene Schnee auftauete. Man konnte von Stralsund nach Dänemark über das gefrorne Meer hinübergehen. Der Sommer war heiß und trocken. (Gronau, S. 42) Der Sommer 1346 war kühl und feucht, schon d. 13. September fiel ein so starker Nachtfrost ein, daß die Trauben am Weinstock verdarben. Darnach im Jahre 1347 ist im Winter (1so groß ein1) Schnee im Lande zu Pommern gewest, daß er durch seine Schwere und Große ganze Beume zurissen und darnach so groß Wasser gemacht hat, daß alle Heuser in Stedten und Dorfern, so etwas niedrig gelegen, seind unter gar vull geworden und die Leute etliche Wochen oben auf dem Boden haben wohnen mussen, dadurch vieles Vieh vortrunken und hernach große Teurung und folgends ein großes Sterben daraus gekommen. (Gaebel, S. 278) 1347 gab es auch einen feuchten kühlen Sommer, so daß die Früchte zu keiner rechten Reife kamen, im Anfang Oktobers fiel bereits eine Menge Schnee. Es war daher ein sehr unfruchtbares Jahr welches Hunger und Pest verursachte. (Gronau, S. 42) 1346 bis 1350 kommt die Pest nach Pommern und Stralsund. 1348 Verheerungen durch den Schwarzen Tod. (Berckmann, S. 331)

Ein Viertel bis ein Drittel der Bevölkerung wurde bis zum Jahrhundertende Opfer der Pandemie. Die Folge dieser Pandemie war auch, dass ein Viertel bis ein Drittel des Siedlungslandes wüst wurde. Es kam zum Verfall der Getreidepreise und zur Verarmung der Landbevölkerung.

> Als **Schwarzer Tod** wird die große europäische Pandemie von 1347 bis 1353 bezeichnet. Dieser Pandemie fielen ein Drittel der damaligen europäischen Bevölkerung (ges. 25 Mill. Menschen) zum Opfer.

Ein Holzschnitt von Hans Holbein dem Jüngeren macht deutlich, dass diese Pandemie alle Schichten der damaligen Bevölkerung und Stände erfasste.

Abb. 39   Holbein d. J.: Totentanz. VIII. Der König

1352 hatten wir einen sehr heißen Sommer und große Trockenheit, daher Mangel und Theurung entstand. Der Winter war sehr streng. (Gronau, S. 43, Schnurrer, S. 335)

Nach Abschluss der beiden Rügenschen Erbfolgekriege kam das ehemalige Fürstentum Rügen 1354 an Pommern-Wolgast und wurde damit Teil des Heiligen Römischen Reichs.

1355 war ein feuchtes Jahr, besonders von Februar bis in den May, vom May aber bis Oktober desto trockner. Einen sehr kalten Winter hatten wir 1356, in welchem sich im Februar starke Donnerwetter den anhaltender Kälte einfanden. (Gronau, S. 43) Der Frühling 1358 war ein sehr kalter und trockener. (Gronau, S. 47) 1360 wird über eine strenge Winterkälte berichtet. Der Winter 1362 war sehr kalt, aber außerordentlich trocken, fast ohne allen Schnee oder Regen. Im Sommer gab es viele und starke Gewitter. 1363 fing die starke Winterkälte um Weihnachten dieses Jahres an, und dauerte bis zum Merz, welches die große Menge Heuschrecken, welche in diesem Jahr (1363) viel

Schaden verursachet hatten, tilgte. (Gronau, S. 44) 1365 hatte abermahls einen sehr harten und langen Winter. Das Jahr 1366 war sehr trocken. (Schnurrer, S. 342)

Bereits 1289 hatte man angefangen, nach einem heute nicht mehr bekannten Jasmunder Ort auf Rügen zur Wallfahrt aufzurufen, bei welchem sich ein von einem Weibe beiseite gebrachter Leib Christine befinden sollte, der sich in blutiges Fleisch verwandelte. (Heyden, S. 194)

Rügen hatte Schaprode und Zudar als berühmte Wallfahrtsorte, deren Besuch fast dem Roms in seiner Wirkung und Verdienstlichkeit gleichgestellt wurde. Die Inselkirche von Zudar wurde im späten Mittelalter (1370) durch ein wundertätiges Marienbild berühmt und damit zu einem Wallfahrtsort, vergleichbar mit dem französischen Wallfahrtsort Lourdes. Die Kirche wurde erstmal 1318 urkundlich erwähnt und hat mit dem heutigen Bild der Kirche wenig zu tun. *Der hölzerne Turm der Kirche wurde 1665 fertiggestellt (vgl Abb. 40, 41). Bei der Wallfahrtskirche St.Laurentinus handelt es sich um eine gotische Kirche. Sie besitzt ein Langhaus und Chor mit einem runden Triumphbogen.*
Eine Reise nach Zudar stand in Norddeutschland halb so hoch im Kurs wie eine Pilgertour nach Rom zum Sitz des Papstes. (Rudolph, S. 277) *Ist man zweimal nach Zudar gefahren, dann war man alle Sünden los. Im Jahre 1372 geriet ein Schiff mit Pilgern, die nach Rügen unterwegs waren, in einen schweren Sturm; 90 Stralsunder, meist Frauen und Kinder, ertranken. (Heyden, S. 194)*

> Anno 1372 do wolden vhele fruwen vp den Zuder fahren; dar was groth afflath thogelecht, eine halue römische reise, vnd dar quam ein wedder vnd groth storm vp, vnd dar vordruncken althomaln veell persohnen, wol in die 90 persohnen, jung vnd oldt, browen, kinder, ammen vnd megede, beide rick vnd arm. Darna wardt dat afflath wedder gelecht, wente dar schach groth schade.

Quelle: Berckmann, S. 163

Durch den Untergang eines Pilgerschiffs 1372 im Sund wurde der Nimbus des Wallfahrtsortes zerstört. Die Wunderkraft von Zudar und der Glaube der Menschen ging damit verloren, *„also wardt dett afflath wedder gelecht, wante dar schach groth schade."*

Abb. 40   Die Zudarer Wallfahrtskirche St. Laurentinus

Im Jahre 1508 zog eine Pilgergesellschaft von 150 Wallern von Stralsund zu Schiff nach St. Jago de Compostella; unterwegs geriet sie in ein Gefecht mit den Engländern, das sie siegreich bestand, da sie Geschütze an Bord hatte. Fürsten und Edelleute aber pilgerten gern ins heilige Land. Berühmt geworden ist die Fahrt Bogislaw X. nach Palästina 1497. (Heyden, S. 195) Mit den Wallfahrtsorten wurde, wie das folgende Beispiel aus Stralsund zeigt, auch betrogen.

> *In St. Marien tropfte nach 1500 eines Tags aus einem hölzernen Kruzifixus Blut. Bald stellten sich Wallfahrer in großer Menge ein. Viel Geld floß in des jungen Priesters Tasche, der an dem Altar den Dienst verrichtete. In aller Stille aber nahmen die Franziskaner, denen der Ruhm der Dominikaner, die in Marien amtierten, keine Ruhe ließ, eine Untersuchung des Wunderbildes vor und stellten Hühnerblut im Kruzifixus fest, das durch die Wurmlöcher des alten Holzwerkes floß. Es erfolgte eine schwere Vermaledeiung des unbekannten Täters von den Kanzeln der Stadt. Erst Jahre später klärte sich der Sachverhalt auf. Die Mutter jenes Priesters, der an dem Kruzifixus Dienst tat, hatte den Betrug angstiftet, um den mageren Bezügen ihres Sohnes aufzuhelfen. (Heyden, S .195, 196)*

Der Winter 1378 war sehr streng, und hielt lange an, daher Hunger und Theuerung. (Gronau, S.45) Der Herbst und Winter 1380 waren äußert mild. (Schnurrer 1823)

Im Folgenden soll insbesondere auf einige Ereignisjahre und abrupte Zuwachsänderungen eingegangen werden. Ab 1200 bis 1280 ist eine ständige Zunahme der Jahrringbreite bei Kiefern zu verzeichnen. Von 1299 bis 1320 bleibt die Jahrringbreite auf einem hohen Niveau, die mittelalterliche Warmphase erreichte ihren Höhepunkt.

Abb. 41   Altar der Wallfahrtskirche St. Laurentinus

Mittelalterliche Kirchen auf Rügen

Die meisten Inseln bilden einen abgeschlossenen Lebensraum, ihre Bewohner gelten landläufig als eigenwillig – und wie steht es dann um ihre Baukunst? Rügen macht als eigenständige Kulturlandschaft keine Ausnahme, dem Besucher springen sowohl landschaftliche Vielgestalt als auch die kleinteilige Besiedlung auf. Der klassische Landesausbau, mit dem die hochmittelalterliche deutsche Ostsiedlung das ostelbische Festland geprägt hat, hat hier kaum Fuß gefasst, eher wähnt man sich in Skandinavien oder dem Baltikum. Die Besonderheit seiner Siedlungsgeschichte führte zu einem eigenständigen Forschungsprojekt an der Universität Leipzig, in dessen Rahmen die Verfasser den größten Teil der Inselkirchen erstmalig dendrochronologisch untersuchen konnten. Aus dem Mittelalter haben sich 30 Sakralbauten auf Rügen einschließlich Hiddensee erhalten.

Der Kirchenbau hat hier bereits mit dem Beginn der Christianisierung im 12. Jahrhundert begonnen, nachdem im Jahre 1168 die Jaromarsburg von Arkona und damit auch das „heidnische" Swantewit-Heiligtum zerstört worden war. Der älteste erhaltene Sakralbau steht in Bergen, hier errichtete der Rügenfürst Jaromar I., nunmehr ein Vasall des dänischen Königs, ab etwa 1180 seine Palastkirche (Ohle/Baier) oder Missionskirche (Holst) – mit einer dreischiffige Basilika mit Querhaus, an diesem Seitenkapellen mit apsidialem Schluss und einer großen Mittelapsis, im Westen war ursprünglich wohl ein breiter Riegelturm geplant. (Abb. 42)

Abb. 42   Bergen, Ansicht der Marienkirche aus der Luft, von Südwesten.

Im Inneren zeigt die Kirche noch heute bedeutende romanische Wandmalereien. Nach ihrer sukzessiven Vollendung im ausgehenden 12. bzw. beginnenden 13. Jahrhundert erfuhr die Kirche mehrere Brände und eingreifende Veränderungen, die zum heutigen Erscheinungsbild geführt haben. Insbesondere ein Brand in der Mitte des 14. Jahrhunderts hatte eine ebenso eingreifende wie zeitgemäße Veränderung zur Folge, als die ehemalige Basilika zu einer Stufenhalle umgewandelt wurde. In einer Periode geringer Waldbestände nach dem wirtschaftlichen Höhenflug des 13. Jahrhunderts, vor allem auf dem Festland und insbesondere in seinen Städten, bot diese Bauform gleichzeitig eine Raumvergrößerung und optimalen Einsatz auch kürzerer Bauholzlängen für ein Hallendach. Im Winter 1368/1369 und dem Folgewinter wurden die einheimischen Eichen geschlagen, also steht die Kirche seit 1370 unter einem großen, einheitlichen Dach. Erst später folgten Anbauten wie der nördlich des Turmes, in dem einer der beiden Rügener Bildsteine vermauert ist, die einen Mann mit Trinkhorn zeigen.

Die Bergener Marienkirche wurde noch im 12. Jahrhundert zu einer Klosterkirche des Benediktinerinnen-Ordens umgewandelt und steht sicher nicht zu Unrecht am Beginn der erhaltenen Rügener Baugeschichte. Dazu hat nicht zuletzt ihre offenkundig „dänische" Architektursprache beigetragen, die sich von bedeutenden Backsteinbauten im Mutterland herleiten lässt. Es gab in der Frühgeschichte der Christianisierung aber zumeist überall Holzbauten als erste und schnell zu errichtende Gotteshäuser. Auch wenn sie fast nirgends erhalten oder nachweisbar sind, lässt sich das aus zahlreichen Analogiefällen erschließen. Während archäologische Untersuchungen in Kirchen der Insel bislang fehlen, so kann die Bauforschung an den aufgehenden Gebäuden so manche Lücke füllen. So überraschten vor einigen Jahren auf der Halbinsel Wittow zahlreiche wiederverwendete Eichenhölzer im Chordach der St. Georg-Kirche von Wiek. (Abb. 43)

Abb. 43   Wiek, St. Georg. Zweitverwendetes, profiliertes Holz eines aufwendigen Vorgängerbaues aus den 1190er Jahren

Reste aufwändiger Profilierung und vergangener Holzkonstruktionen verweisen auf einen herausgehobenen Bau, der nach Ausweis der dendrochronologischen Voruntersuchung am Ausgang des 12. Jahrhunderts errichtet wurde (1195 ±10d) und etwa zwei Jahrhunderte gestanden haben muss, bevor der heutige Steinbau seinen Platz einnahm. Eine eingehende Untersuchung dieser Befunde steht noch aus. Ein Sakralbau ist die wahrscheinlichste Erklärung, Vergleiche wird man wohl in Skandinavien suchen müssen. Die Kiefern aus den spätgotischen Dächern über Chor und Schiff (einem imposanten Hallendach) verweigerten sich trotz mehrfacher Beprobung bislang einer Datierung, ebenso wie die Eichen des mittelalterlichen freistehenden Glockenturmes. Auch das ist ein Resultat der geographischen Eigenheiten Rügens!

Die Backsteinbauten der Frühzeit finden sich im Umfeld kleinadliger Herrschaftszentren und stehen relativ vereinzelt vor der großen Kirchenbaukonjunktur auf der Insel, die im Gegensatz zum Festland erst relativ spät in der zweiten Hälfte des 14. Jahrhunderts Fahrt aufnimmt. In angemessenem Abstand zur Bergener Marienkirche Jaromars entstehen im 2. Viertel des 13. Jahrhunderts die wunderbaren Basiliken von Altenkirchen und Schaprode, in Sagard ein Saalbau mit eingezogenem Chor. Auch wenn letzterer spätgotisch ersetzt wurde, das Allerheiligste wurde immer zuerst errichtet, bevor auch die Gemeinde vom Holzbau in das Backsteinschiff umziehen konnte. In Altenkirchen fanden sich noch zweitverwendete Teile des alten Chordaches und konnten dessen Fertigstellung in die Zeit um das Jahr ±1246 datieren. (Abb. 44)

Abb. 44   Altenkirchen, Ansicht von Südosten

Stilistische Merkmale wie Gesimsprofile oder auch die Rautenblenden zeigen hier bereits eine baukünstlerische Durchmischung von dänischer und festländischer Architektursprache, wie man sie bei frühen Dorfkirchen der küstenländischen Ostsiedlung findet. Das Langhaus ist mit einer Fertigstellung um das Jahr ±1262 nur unwesentlich jünger und zeigt bereits deutliche Merkmale frühgotischer Einflüsse wie die lanzettförmigen Fenster des Obergadens, der ursprünglichen Lichtzone des Mittelschiffs. Im Dach darüber haben sich noch einige Gebinde und Zweitverwendungen der spätromanischen Konstruktion erhalten, die u.a. noch Hinweise auf die Bauweise der ehemals flachen Bretterdecke geben. (Abb. 45)

Abb. 45   Altenkirchen, Blick in das Langhausdach mit Gespärren von 1262d, bei den je zwei Punkten an Sparren und Sparrenknecht handelt es sich um die Reste von historischen Floßbindungen

Darüber hinaus finden wir hier den frühesten Nachweis für Flößerei im südlichen Ostseeraum! Einige Sparren zeigen deutlich die Floßbohrungen mit den Resten einer sogenannten Wiedenbindung, also der traditionellen Floßbindung, wie sie noch bis in das 20. Jahrhundert hinein verwendet wurde. Vermutlich hatte man die einheimischen Eichen gemeinsam mit beispielsweise wesentlich schwimmfähigeren Kiefern

entlang der Küste bzw. über den Großen Jasmunder Bodden transportiert.
Ähnlich wie in Bergen entschloss man sich in Altenkirchen, in der 2. Hälfte des 14. Jahrhunderts, das Langhaus in eine zeitgemäßere Stufenhalle umzufunktionieren und einzuwölben. Etwa zur gleichen Zeit, um das Jahr ±1360d, herum mag der freistehende Glockenturm entstanden zu sein. (Abb. 46)

Abb. 46   Altenkirchen, freistehender Glockenturm um 1360, Ansicht von Südosten

Die freistehenden Holztürme, die nur sehr vereinzelt in Ostseeküstennähe von Vorpommern bis Holstein auftauchen, sind im Übrigen auch ein sichtbares Zeichen des früheren dänischen Einflusses, denn im Gegensatz zu jenem Kulturraum finden sie sich im Binnenland üblicherweise im Westen der Gotteshäuser. Überhaupt galten diese in weiten Teilen Mitteleuropas verbreiteten großen, bretterverschalten Ständerbauten bis vor wenigen Jahren als „barocke Nottürme" aus Zeiten nach dem Dreißigjährigen Krieg und konnten erst durch umfangreiche bauhistorische und dendrochronologische Forschungen von diesem Stigma befreit werden. Es ist davon auszugehen, dass diese Türme ursprünglich das Landschaftsbild prägten und erst sukzessive über die Jahrhunderte durch steinerne Türme oder neuzeitliche Glockenstühle auf den Kirchhöfen ersetzt wurden.

Doch zurück zu den frühen Backsteinbauten: Schaprode im Nordwesten kann auf eine vergleichbare Baugeschichte zurückblicken wie Altenkirchen, jedoch ohne dass wir eines romanischen Holzes hätten habhaft werden können (Abb. 47).

Abb. 47   Schaprode, St. Johannes, Ansicht von Südosten

Das ehemals basilikale Langhaus wandelte sich in spätgotischer Zeit zu einer Stufenhalle um und kam um 1391 unter ein Dach aus Kiefern (Fälldatum 1390d), das Chordach wurde um 1519 in Eichenholz erneuert (Fälldatum 1518d). Auch in Sagard hat sich kein Holz mehr aus der Frühzeit erhalten, hier zeigt sich die romanische Vorgeschichte des Langhauses nur noch an seiner alten Nordwand. Der flachgedeckte Saalbau aus der Zeit kurz nach Mitte des 13. Jahrhunderts ist hier durch reich gestaltete Blenden zwischen den erhaltenen Rundbogenfenstern verziert, die gut erhaltenen Befunde unter dem Dach eines späteren Anbaues sind vom Dachboden aus erreichbar. Zu diesem geräumigen Kirchenschiff gehörte natürlich auch ein älterer Chorbau, den man sich entsprechend den Chören von Altenkirchen und Schaprode vorstellen kann, doch bis auf Abbruchspuren und den Triumphbogen ist nichts mehr erhalten. Der heutige Chorbau stammt aus dem 15. Jahrhundert.
Während auf dem festländischen Teil des Fürstentums Rügen die Entwicklung rasant voranschritt, so dass innerhalb weniger Jahrzehnte die Grundlage der heutigen Siedlungsstruktur mit zahlreichen Dörfern, Klöstern und Städten – insbesondere dem wirtschaftlichen „Herz" Stralsund – entstand und dieser prosperierenden Situation

zahllose hervorragende Kirchbauten zu verdanken sind, findet dieser „Bauboom" auf der Insel keine Entsprechung. In den 1280er Jahren entstehen gleichzeitig die großen rechteckigen Choranlagen in Gustow und Vilmnitz ungefähr, aber in unterschiedlicher Dekorsprache (Abb. 48).

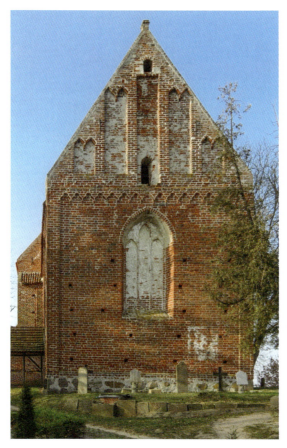

Abb. 48   Gustow, Ostfassade des Chores von 1289d

Die Gustower Kirche befand sich unter dem Patronat der Familie von der Osten, die auf dem Festland begütert war und deren Aktivitäten auch die Kirche von Groß Mohrdorf und auch ihrem noch heute erhaltener Stadthof in Stralsund zuzuordnen sind. Mit beiden teilt sich Gustow die frühe Verwendung des Dreipaßfrieses und eine strenge frühgotische Architektur – die Stralsunder Kramerkompanie kam nach Dendrodaten im Jahre 1286 (1285d), (importierte Kiefern des mittleren Odergebietes) unter Dach und der Chor der Gustower Kirche 1290 (1289d). In Vilmnitz stand der Rügenfürst selbst hinter dem Chorneubau, entsprechend hoch erhebt sich dieser. Hier hatte sich jedoch leider kein ursprüngliches Holz mehr aus der Bauzeit erhalten. Später wurden auch anstatt der geplanten Hallenlanghäuser an beide Chöre langgestreckte Backsteinsäle angefügt.

Vermutlich kurz darauf, etwas vor 1300, entstand mit dem Chorbau in Rappin ein wahres Unikat, ein Mischbau aus Backstein und Feldsteinquadern, der sich nach außen durch ein Schachbrettmuster auszeichnete (Abb. 49).

Abb. 49   Rappin, St. Andreas, Ansicht von Südosten

Auch wenn die oberen Mauerpartien im 15. Jahrhundert abgebrochen und mitsamt den Fenstern schlichter in Backstein erneuert wurden, beweisen der zeittypische hohe Sockel und die Priesterpforte mit Kämpferwulst und Nase im Spitzbogen ihre frühere Entstehung. Der freistehende Glockenturm wurde in dieser Form um 1635 errichtet, folgte damit aber einem älteren Vorgänger, der um 1626 eingestürzt war.

Im frühen 14. Jahrhundert kommen zwei „backsteingotische" Chorneubauten hinzu, zum einen in Rambin (ein Kieferndach mit geflößten Kiefern von 1322d) und Gingst, aus etwa derselben Zeit. Gemeinsam ist ihnen u.a. die Verwendung des Viertelstab-Formsteines, der anschließend im Küstenland keine Verwendung mehr findet. Dies ist auch ein Indiz dafür, dass vermutlich Teile der Dorfkirche von Trent (Nordwand des Langhauses, Chor?) auch noch aus dem frühen und nicht erst aus dem späten 14. Jahrhundert stammen könnten.

Wenn bislang fast ausschließlich die ersten Steinbauten behandelt wurden, dann nur deshalb, weil wir kaum etwas über die ersten Holzbauten wissen, die mancherorts bis in die Neuzeit hinein als Gotteshäuser dienten. Einige Abdrücke älterer Dächer zeugen zwar in mehreren Kirchen von Vorgängerbauten, doch ohne Bodenforschung (geophysikalische Prospektionen, Archäologie) ist nur die Tatsache gewiss, dass es sie gegeben haben muß – in Ausnahmefällen ist vielleicht auch einmal ein massiver Vorgängerbau nicht auszuschließen. Anders stellt sich das in Landow dar, wie es sich bei unseren Untersuchungen 2004 überraschend zeigte: Hier versteckt sich in einem massiven Bau der Backsteingotik ein Fachwerkbau, und zwar die bislang älteste nachgewiesene Fachwerkkirche Mitteleuropas! (Abb. 50)

Abb. 50   Landow, Blick nach Südosten mit den freigelegten Resten der älteren Fachwerkkirche von 1312d

Nachdem das Gotteshaus zu Ende der DDR-Zeiten aufgegeben und damit dem Verfall preisgegeben war, bröckelte im Inneren der Putz ab und es zeigten sich eingemauerte Bauhölzer. Tatsächlich ist in der Backsteinkirche eine ältere Fachwerkkirche verborgen. Vergleichbare Befunde sind auch in anderen Bauten erhalten, so in der Güstrower Gertrudenkapelle oder der Burg Klempenow. Während das Holz dort aus dem 15. Jahrhundert stammte, übersprangen die Dendrodaten hier ein ganzes Jahrhundert: Im Winter 1312/13 wurden die einheimischen Eichen geschlagen, das Fachwerkgefüge ist so altertümlich verzimmert, wie man es sonst nur noch in den wenigen hochmittelalterlichen Fachwerkhäusern Mittel- und Süddeutschlands findet.

Historisch handelt es sich dabei wohl um die ausdrücklich als „neu" bezeichnete Kirche, der nova ecclesia in der Vogtei Rambin, die im Jahre 1314 bei der Aufnahme fürstlicher Hebungen zwischen den Siedlungen von Ralow und Zarnovitze (wohl

Wüstung Zarnkevitz) erwähnt wurde. Ähnlich wie bereits in Gustow haben wir es hier wohl mit einem Resultat der Osten'scher Aktivität zu tun, die hier eine ritterschaftliche Pfarrei von der Mutterkirche in Rambin abgespalten hatte.

Ähnlich der Entwicklung auf dem nordostdeutschen Festland kam es auch auf der Insel Rügen zum weitgehenden Erliegen der Kirchenbauaktivitäten. Zwischen etwa 1323 (Rambin) und der Jahrhundertmitte ist auf der Insel keine Baumaßnahme nachweisbar. Für das Festland werden mehrere Faktoren dafür verantwortlich gemacht, u.a. das klimatisch schwierige zweite Jahrzehnt des 14. Jahrhunderts (vgl. die klimatologischen Untersuchungen in diesem Band), eine Wirtschaftsflaute, die den Getreideabsatz über die Ostseehäfen einbrechen ließ, oder die weitgehende Übernutzung des Landes (vollständige Abholzung). Für das 1325 ausgestorbene Fürstentum Rügen kamen zudem die Erbfolgekriege mit den Mecklenburgern hinzu, die zu verheerenden Schäden auf dem festländischen Teil des nunmehr pommerschen Fürstentums geführt hatten. Während für das Festland eine langsame Erholung ab der Jahrhundertmitte in den Dendrodaten der Kirchenforschungen und Stadtkerngrabungen ersichtlich wird, blühte jetzt der (Stein-) Kirchenbau auf der Insel erst so richtig auf. Veranschlagt man jede Baumaßnahme als einzelnes Ereignis, verdoppelt sich die Menge der erhaltenen Bauwerke von Jahrhundert zu Jahrhundert. In der Regel gelang nur ein Steinbau innerhalb einer Generation, ob nun Chor, Schiff oder Turm – letzterer wuchs aufgrund des großen Bauvolumens häufig in zwei oder drei Bauabschnitten empor. Bis zur Reformation entstanden, nach heutiger Überlieferung, so etwas mehr als 80 mittelalterliche „Bauphasen" auf der Insel. Gemeinsam mit kleineren Kapellen, die am Ausgang des Mittelalters verbreitet vorkamen, und mit Abbrüchen zugunsten jüngerer Kirchenbauten waren es selbstverständlich noch einige mehr – doch stehen die erhaltenen Kirchen durchaus repräsentativ für die Rügener Architekturlandschaft des Mittelalters.

Nach der Mitte des 14. Jahrhunderts manifestiert sich die (stral-) sundische Architektur als dominante Architektursprache auf der Insel. Die großen Hansestädte der Ostseeküste hatten inzwischen zu eigenständiger Stadtkultur gefunden, die über die wandernden Handwerker und Künstler in das Umland getragen wurde. Stralsund war und ist das Tor zur Insel Rügen, die wirtschaftlichen Verflechtungen waren bis in die Neuzeit sehr eng. Viele Stralsunder Kaufleute hatten Besitzungen auf der Insel bzw. diverse Handelsbeziehungen. Maurer, Ziegler und Zimmerleute oder Bildschnitzer, Faßmaler und Goldschmiede – sie alle lebten in der Stadt, arbeiteten für sie und exportierten ihre Werke und Ideen nach Nah und Fern.

Zweifellos steht die Stralsunder Marienkirche an der Spitze der baukünstlerischen Entwicklung dieser Zeit. Die radikale Reduktion der filigranen gotischen Stabarchitektur auf ein Spiel aus Räumen und Flächen ist die Meisterleistung einer spätgotischen Bauweise, die sich nach der Mitte des 14. Jahrhunderts entfaltet und von Stralsund aus die Pfarrkirchen des Umlandes maßgeblich bestimmt, so auch auf der Insel Rügen. Auffallend ist dort der zumeist schmucklose, nüchterne Stil der Backsteinkirchen, sei es in Samtens, Patzig, Neukirchen oder Lanken-Granitz. Gelegentlich begegnet uns der „sundische Bogen", eine winkelig geschlossene Variante des Spitzbogens, wie er besonders prägnant an der Stralsunder Marienkirche auftritt. Auf Rügen finden wir ihn beispielsweise an den Langhäusern von Rappin oder von Garz. (Abb. 51)

Abb. 51   Garz, St. Petri, Ansicht des Langhauses mit den markanten Fenstern von Süden

Eine weitere Eigenheit der Insel ist die Vorliebe für die langgestreckten, zweijochigen Choranlagen mit geradem Abschluss, wie sie auf dem Festland eigentlich um 1280 in besonderer Mode sind (z.B. Laage i. M., Brandshagen). Auf Rügen gehören sie allesamt der Hoch- und Spätgotik an (Rambin, Lancken-Granitz u.a.).

Die Dachwerke sind in dieser Zeit fast ausnahmslos aus Kiefernholz verzimmert und als Kehlbalkendächer mit Kreuzstreben konstruiert. Bemerkenswert ist dabei jenes von Bobbin, dieser weithin sichtbaren Wegmarke, wo wenige Jahre hintereinander kurz nach 1357 Chor und Langhaus in auffallend dekorativer Qualität errichtet wurden (Abb. 52).

Über dem Langhaus existierte eine der seltenen Holztonnen unter einem ursprünglichen Dachwerk des Mittelalters, für welches das Bauholz wieder einmal herangeflößt worden war. Anders als in Altenkirchen oder Rambin wurde hier aber eine modifizierte Flößerbindung verwendet, mit einem zusätzlichen Holznagel, wie sie aus den Einzugsgebieten von Elbe und Oder bekannt ist. Vermutlich werden die Kiefern vom vorpommerschen Festland (Ückermünder Heide?) gestammt haben.

Dort, wo kein Kiefernholz verwendet wurde, sind die Eichen zumeist astig und weitringig, schwieriges Holz für Bau und Dendrochronologie (z.B. Groß Zicker). Doch auch die Kiefern weisen große Unterschiede in ihren Wuchsmustern auf der Insel auf (Abb. 53).

Abb. 52   Bobbin, St. Pauli, Chordach von 1357d, Blick nach Osten

Abb. 53   Patzig, St. Margarethen, Detail des Kieferndachwerks von 1426d über dem Langhaus, mit markanten Abbundzeichen (gereihten Macken)

So geben wir die Hoffnung nicht auf, eines Tages auch solche Dachwerke wie die von Wiek erfolgreich datieren zu können.

Insgesamt ist der Erhaltungszustand der Dachwerke auf Rügen sehr gut. Bis auf einige wenige haben sie dazu beitragen können, die mittelalterliche Baugeschichte der Insel aufzuhellen. Zahlreiche Holzmarken berichten von einem ausgedehnten Holzhandel im 14. und 15. Jahrhundert. Ihre genaue Bedeutung bedarf noch weiterer Forschungen.

Der Bauboom der Backsteingotik endet noch im 15. Jahrhundert, aus den Zeiten der Reformation sind hier wie auf dem Festland nur wenige Spuren erhalten. Geblieben ist eine bemerkenswerte kleine Architekturlandschaft auf dem Rügener Eiland, so vielgestaltig wie es selbst.

Weiterführende Literatur zu den Kirchen in Norddeutschland
Tilo Schöfbeck (2014): Mittelalterliche Kirchen zwischen Trave und Peene Studien zur Entwicklung einer norddeutschen Architekturlandschaft. Berlin

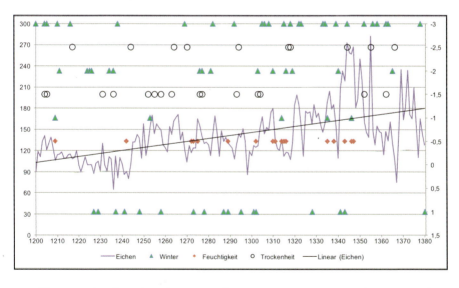

Abb. 54   Eichenchronologie (in 1/100mm) mit extremen Witterungserscheinungen und linearer Wachstumstrend für den Zeitraum von 1200 - 1380

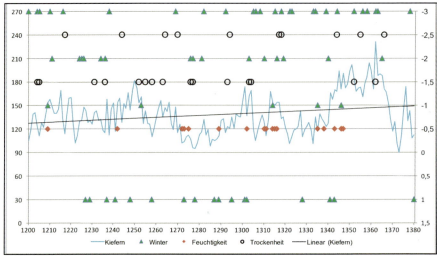

Abb. 55   Kiefernchronologie (in 1/100mm) mit extremen Witterungserscheinungen und linearer Wachstumstrend für den Zeitraum von 1200 - 1380

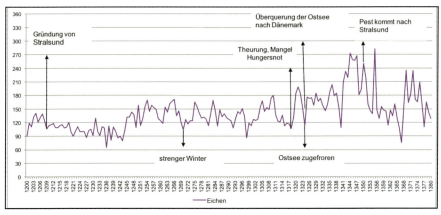

Abb. 56   Eichenchronologie (1/100mm) mit Wettererscheinungen, einigen politischen und anderen Ereignissen von 1200 - 1380

Die Witterungsverhältnisse in der Übergangsperiode zwischen 1381 und 1570

In dieser Übergangsperiode verfügen die ansässigen Adelsgeschlechter auf der Insel Rügen und der Insel Hiddensee über große Ländereien. Sie übten faktisch die Macht auf der Insel aus. Das Geschlecht derer zu Putbus stieg in dieser Zeit zum führenden Adelsgeschlecht der Insel Rügen auf. 1478 wurde Pommern-Wolgast mit Pommern-Stettin vereinigt. Rügen gehörte bis 1637 zu den Herzögen von Pommern-Wolgast.

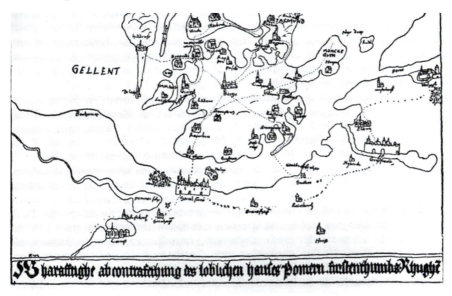

Abb. 57   Rügenkarte von 1522

Hinsichtlich der Witterungserscheinungen ergibt sich für die Übergangsperiode von 1381-1570 folgendes Bild: In den historischen Quellen wurde über acht kalte, neun harte, 36 strenge und 31 milde Winter berichtet. Daraus ergibt sich, dass der Anteil der milden Winter bei 36,9 % lag. Die 31 milden Winter verteilen sich wie folgt: Zwischen 1383 und 1399 gab es nur 3 milde Winter dagegen aber fünf strenge und einen harten Winter.

Das Jahrhundert von 1400 bis 1499 hat 10 milde Winter. Die Auswertung der strengen Winter ergab für diesen Zeitabschnitt eine zwischen 1432 und 1460 fast zusammenhängende Periode. Die strengen Winter führten auch dazu, dass die Ostsee in diesem Jahrhundert mehrmals zu gefroren war. Es wurde über vier feuchte, 16 trockene und sehr trockene Sommer berichtet. Dabei fallen die Abschnitte von 1400 bis1403 und 1472 bis 1474 mit vier bzw. drei sehr trockenen Sommern auf.

Bemerkenswert für die Übergangsperiode von 1381 - 1570 ist der Abschnitt von 1500 bis 1570 mit 19 milden Wintern. Das bedeutet, dass 48 % der milden Winter allein auf diesen Zeitraum entfallen. So wurde über den Zeitraum von 1526 bis 1540 über 11 milde Winter und über vier feuchte Sommer berichtet. Dieser Zeitraum wurde nur 1536, 1537 und 1539 durch kalte Winter unterbrochen.
Zwischen 1513 und 1515 gab es drei strenge Winter. Ab 1540 berichten die Chroniken über kalte und harte Winter, dabei überwiegen die harten Winter (7). Die Hälfte der feuchten Sommer (11) konzentriert sich auf einen Zeitabschnitt zwischen 1527 und 1570. Zwischen 1500 und 1570 gab es 22 trockene und sehr trockene Sommer, von diesen 22 fiel der größte Anteil auf sehr trockene Sommer. (s. Tabelle im Anhang)
1382 war der Chor der Marienkirche in Stralsund eingestürzt. Um den Schutt und die Steine fortzuschaffen,

> *boten die Bischöfe von Schwerin und Cammin einen großen Ablass aus für Alle, die sich an den Räumungsarbeit beteiligen würden, 40 Tage Ablaß für jeden fortgeschafften Stein. Das Mittel wirkte; natürlich gab es Viele, die um diesen Preis der Strafe ihrer Sünde ledig zu werden wünschten. Tags trugen die niederen, Nachts die höheren Klassen, die sich am hellen Tage nicht gern bei dieser Arbeit sehen lassen möchten, und nach drei Wochen war der Platz rein. (Fock Bd. III, S. 100, 101, Berckmann, S. 331)*

> *Der Winter des Jahres 1383 war so mild, dass man ihn für keinen Winter gelten lassen konnte. (Gassar). Der Winter 1384 war zu Anfang des Jahres sehr kalt, (chron. breve Aug.) aber gegen Fasten hin wurde es warm und blieb so mild, dass Wein und Korn schon am ersten May blühten. (Schnurrer, S. 350) Es war überhaupt ein sehr fruchtbares und besonders herrliches Weinjahr. (Gronau, S. 46) Schon im October trat Regenwetter ein, welches den ganzen Winter 1385 bis Ostern dauerte .(Schnurrer, S. 351) Hatten 1389 ein(en) sehr kalten Winter. (Gronau, S. 46) Die Jahre 1390 und 1391 zeichneten sich durch Trockenheit aus. (Schnurrer, S. 353) 1392 fiel kurz vor Michaelis ein starker Frost ein. Ueberhaupt war der ganze Sommer sehr kühl und naß, und eine schlechte Ernte. (Gronau, S. 46) Der Winter 1393 war so hart und anhaltend, daß die Ostsee zufror. Der Sommer war sehr heiß und trocken. Auch der Sommer 1394 war sehr heiß und trocken, jedoch ziemlich fruchtbar. Der Winter 1397 war außerordentlich gelinde und ein warmes Frühjahr, an der Ostsee wurde bereits im May gerntet. Ueberall war es ein sehr fruchtbares Jahr. (Gronau, S. 47, Schnurrer, S. 354) Die Kälte war in diesem Winter 1399 so streng und anhaltend, daß die Nordsee zufror. (Gronau, S. 47) Der Winter 1399 überaus streng, man habe von Dänemark nach Lübek auf dem Eis gelangen können. (Catteau Calville, Schnurrer, S. 354)*

> *Mit dem Antritt des neuen Jahrhunderts (1400), verkündet durch einen strengen Winter, welcher die See von Stralsund und Lübeck bis an Dänemarks Küsten mit Eis bedeckte. (Fock Bd III, S. 562) Der Sommer 1401 hatte fast immerwährenden*

Regen, und war daher sehr unfruchtbar das Jahr. (Gronau, S.47) Der Winter 1402 war wieder sehr kalt. (Schnurrer 1823) Dagegen hatten wir 1403 einen sehr heißen und trocknen Sommer, so daß Quellen und Bäche vertrockneten. (Gronau S. 47) In einer anderen Chronik wird der Sommer 1403 als sehr troken und unfruchtbar beschrieben. (Schnurrer, S.358) Darnach im Jahre 1403 ist im Lande Pommern und Wolgast und in andern Ortern umbher große Teurung gewest, also daß Leute und Vieh an Hunger gestorben seind und ein groß Sterben darauf gefolget. (Gabel, S. 315) Auch der Sommer 1404 war sehr feucht(er) und kühl, daher Mangel und Theuerung entstanden. (Gronau, S. 48) Den ganzen Sommer 1404 gab es Regen. Es reiften keine Früchte. (Schnurrer, S. 358) 1405 großes Sterben an der Pest. (Berckmann, S. 332) 1407 wird über einen langen Winter berichtet, der von Martini bis Lichtmeß ununterbrochen dauerte. (Gronau, S. 48)

Martini bis Lichtmeß umfasst den Zeitraum vom 11. November bis zum 2. Februar. Am Martini endete das Wirtschaftsjahr des Bauern. An das Gesinde (Knechte und Mägde) wurden die Löhne gezahlt. Die Knechte und die Mägde konnten auf den Märkten einen neuen Arbeitgeber suchen.

Über einen noch strengeren Winter wird 1408 berichtet.

Die Nordsee zwischen Dänemark und Norwegen fror völlig zu, desgleichen zwischen Gothland und Oeland (Dänemark), so daß die Wölfe aus einen Königreiche in das andere liefen. Der Winter dauerte von Anfang November bis in die Mitte des Februar, jedoch folgte ein schöner Sommer und recht fruchtbares Jahr. (Gronau, S. 48)

Der Winter 1409 wird als sehr mild beschrieben. In Stralsund w*ird von einer Theuren Zeit gesprochen. (Berckmann, S. 332)* 1416 war der Winter sehr kalt. (Gronau 1794) Über einen außerordentlich milden Winter wird 1420 berichtet.

So hatte das Getreide d. 7 april bereits Aehren, Rosen und Kirschen gab es d. 15 May, und d. 1. September gieng die Weinlese, das Jahr war überaus fruchtbar nur that d. 8 Junius ein starker Reif sehr großen Schaden. Der Sommer war sehr heiß. Auch der folgende Herbst war schön, und fast im ganzen Jahre ein beständiger Sommer. (Gronau, S. 49)

1421 war ein kalter Winter. *Die See zwischen Lübek und den dänischen Insel gefror wieder. (Schnurrer S. 366) Der Sommer 1426 war sehr heiss. Die Hize des Sommers fiel so unerträglich, dass mehr Menschen durch Hize als durch das Schwerdt der Feinde (Annal. Erph.) Auf diese Hize folgte ein äussert gelinder Winter 1427. Doch war es vor Neujahr in Deutschland und in Pommern so gelind, daß Bäume und Blumen blühten. (Gronau, S. 49, Schnurrer, S. 366)* Der Sommer 1428 war kühl und regenreich. 1429 wird über eine große Theurung in Stralsund berichtet. (Berckmann, S. 334) 1432 wird über einen harten Winter berichtet, der vom 19. November bis 25. Januar anhielt, und mit viel Schnee begleitet war. Worauf eine Theurung folgte, die einige Jahre anhielt. Das ganze Jahr war sehr feucht und regnerisch.

Auch im Winter 1433 wurde die Kälte im Januar so heftig, daß alle Flüsse zufroren, auch fiel eine ungeheure Menge Schnee. Doch war das Frühjahr sehr warm, der Sommer sehr heiß und trocken, im Oktober weheten heftige Stürme. Die Ernte war schlecht, und die daher entstandene Theurung hielt fast 6 Jahre an, welche alle ziemlich unfruchtbar waren. Auch der Winter 1434 hielt abermahls lange an, und war sehr streng, noch d 25 April fiel ungewöhnliche Kälte ein, welche großen Schaden verursachte. Die Ernte war schlecht und das Jahr unfruchtbar. (Gronau, S. 50)

Auch 1435 wird über einen harten Winter berichtet. Dieser Winter dauerte drei Monate und brachte viel Schnee mit. Ein weiterer strenger Winter trat 1438 auf. *Er dauerte fast bis in den May, der Sommer heiß und trocken, das Jahr ziemlich fruchtbar. Der Winter 1441 war sehr hart und dauerte von Martini bis Lichtmeß. (Gronau, S. 51)* 1442 wird über einen langen Nachwinter berichtet, der zu einer Verteuerung der Lebensmittel führte. (Berckmann, S. 336)

1443 brennt die Frankenmühle in Stralsund ab; die Kämmerer lassen dieselbe wieder aufbauen und den Frankengraben bis zum Stadtgraben aufräumen. Strenge Kälte, großes Unwetter, Unglücksfälle zur See. (Berckmann, S. 336) Der Winter 1443 war ein langer und harter Winter, schon d. 21 Oktober fiel häufiger Schnee; noch bis zur Hälfte May blieb es kalt, die Bauern mußten die Strohdächer abdecken, um nur dem Vieh einiges Futter zu verschaffen. Im Frühjahr waren große Überschwemmungen. (Gronau, S. 52)

1445 zerstört ein Großbrand das Kloster, die Kirche und den Ort Bergen. Dass der Brand nicht schnell gelöscht werden konnte, lag an der mangelhaften Wasserversorgung der Stadt. Bis ins zwanzigste Jahrhundert gab es in der Stadt Bergen nur vier Brunnen für die Versorgung der Einwohner mit Trinkwasser. Ein wichtiger Beruf in der Stadt Bergen war der bezahlte Wasserträger.
Der Sommer in diesem Jahr war sehr naß und kühl. Dagegen war der Sommer 1447 *so heiß und dürre, daß einige Wälder in Brand geraten seyn sollen. (Gronau, S. 52)*
Über einen harten Winter 1448 mit viel Schnee, Frost und Schnee um Ostern und Pfingsten berichteten Gronau 1794, Berckmann, S. 337.

1449 richtet ein großer Sturm viel Schaden an, besonders an der preußischen Küste. (Berckmann, S. 338) 1450 ein gesegnetes Jahr an Getreide und Fischfang. (Berckmann, S. 338)

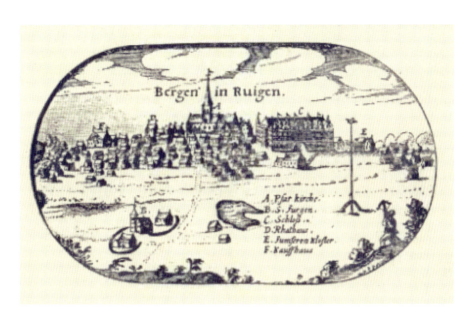

Abb. 58   Älteste Ansicht von Bergen auf Rügen. Nach der Lubinschen Karte (1610-1618)

So wie hundert Jahre früher, suchte auch jetzt im Jahre 1451 eine furchtbare Seuche den deutschen Norden heim, so daß in Stralsund von Pfingsten ab über 20000 (?) Menschen gestorben sein sollen, viele Häuser wüst standen, die Hufen unbestellt und die Ernte ungemäht blieben „wegen des Betens des Gesindes". An einem Tage sollen zuweilen aus jedem Kirchspiel in Stralsund anderthalbhundert Menschen begraben worden sein (Geschichte Rügen Teil 4).

> **Kirchspiel** Nach dem Etymologischen Wörterbuch der deutschen Sprache ist ein Kirchspiel ein Bezirk, in dem ein Pfarrer predigen und die kirchlichen Amtspflichten ausüben darf.

Ein Stralsunder Chronist berichtete über den Winter 1452,

dass man mit dem Pferdeschlitten von Stralsund nach Dänemark fahren konnte. 1453 war ein ungewöhnlich strenger Winter. Der Herbst und Winter 1456 waren sehr feucht und regenhaft, mit vielen Stürmen. Die Ernte war schlecht. (Gronau, S. 52) Der Winter 1458 war streng mit häufigem Schnee. Der Herbst war trocken, daß man nicht einsäen, oder vielmehr kein Saamen aufging, es war ein unfruchtbares Jahr. (Gronau, S. 53, Schnurrer, S. 9, Teil 2) Der Winter 1459 war so streng, daß die Ostsee zufror, und so anhaltend, daß es noch im May feucht und kalt blieb, und man sich kaum eines so kalten Mays jemahls erinnern konnte. Auch 1460 wird über einen sehr harten Winter berichtet. (Berckmann, S. 209)

> *** Anno 1460** is en sehr lang vnd hart winter gewesen, desgliken in langen jahren nicht gebacht is; benn, wie etlicke willen, is en so stark frost gewesen, dat men hefft könen reisen vth Prüssen hier in alle seestede, mit schleden vnd perden. Vnd dat idt ken geringe frost gewesen, kann menniglick hiruth ermeten, dat de duickvögel vth knapheit des waters sick nicht heben bergen könen; benn wenn waken wor gehauwen wurden, sind besuluen so vull gekamen, dat men vnderwilen en voder, anderwilen twe daruth fangen konnde (darna de waken grot weren), vnde sind hir so goden kops gewesen, dat men vm fastelabendt hefft enen ebber twe vmb einen penninck gekofft.

Quelle: Berckmann, S.209

Auch andere historische Quellen berichten über dieses sehr harten Winters, dass die Ostsee soll so stark zugefroren seyn, daß man zu Fuß und zu Pferde nach Dänemark und Schweden reisen konnte. Es waren sogar Fahrten nach Ostpreußen möglich. (OZ, S. 12, 15. 12. 2011) Die Donau soll vom 13. Januar bis 11. Merz gestanden haben, und am 13 April hat man noch nicht ackern können.

> Dagegen war der Winter 1461 sehr gelind, aber das Frühjahr kalt und regnicht mit häufigen Winde. (Gronau, S.53) 1464 wüthet die Pest. (Berckmann, S 340) 1466 wurde über einen weichen Winter und einen großen Sturm in Stralsund berichtet. (Berckmann, S. 341) Hatten 1468 einen ungemein heißen Sommer, noch im Aprill war tiefer Schnee gefallen, .der 6 Tage lang, aber keinen Schaden that. (Gronau, S. 54, Schnurrer, S. 12, Teil 2) Hatten wiederum einen sehr kalten Winter 1470, worauf ein heißer trockner Sommer folgte, der eben nicht fruchtbar war. (Gronau, S. 54, Schnurrer, S. 12, Teil 2) Dagegen war der Winter 1472 außerordentlich gelind. Die Dürre des Sommers verursachte Unfruchtbarkeit und Mangel. Der Winter 1473 war anfangskalt und streng aber nicht anhaltend, schon der Februar war außerordentlich gelind , der Sommer ungewöhnlich heiß und trocken, so daß viele Wälder in Brand gerathen seyn sollen. Der Sommer 1474 soll sehr heiß und trocken gewesen seyn. (Gronau S. 54, Schnurrer, S. 15, Teil 2)

Herzog Bogislaw X vereinigte zwischen 1472 und 1523 ganz Pommern unter seiner Herrschaft. Durch die zielstrebige Politik Bogislaw X. kam es zu einem deutlichen Aufschwung im Land. (Buske 1997)

Der Winter 1476 war außerordentlich kalt mit ungewöhnlich viel Schnee, die Teiche und Bäche froren bis auf den Grund, und viele Menschen und Thiere kamen vor Kälte um.

Abb. 59   Bogislaw X. „der Große" Bleistiftzeichnung

* Anno 1477 was en sehr hart winter van langem frost vnd velem schnee. De anfang disses frostes erhoff vngefehrlick 14 dage vor dem nyen jahre vnd erstreckede sick in de fofste weke na paschen, dat also de gantze frost wahrede schir in de 21 weken. Vnd folgede na dissem froste vp den sommer ene sehr gode tibt; denn dat schippunt mehl ward gekofft vmb 21 schill. sundisch, de schepell weiten vmb 5 schill., de gerste vmb 3½ schill., de rogge vmb 2½ schill., de hauer 2 schill.

Quelle: Berckmann, S. 213

Nach dem harte Winter 1477 gab es in Stralsund und Umgebung eine wohlfeile Zeit. (Berckmann, S. 341) Es gab genug Lebensmittel für die Bevölkerung und ausreichend Futter für das Vieh. 1478 war so außerordentlich gelind und warm, daß sich zwischen Weihnachten und man über die Wärme dieser Jahreszeit erstaunte. Nach einem sehr gelinden und nassen Winter 1480, war der Winter 1481 desto kälter und strenger, auch im Merz fiel strenge Kälte mit hohen Schnee ein. (Gronau, S. 55) Ein feuchte, regnichter und windiger Sommer 1485, und überhaupt unfruchtbar. (Gronau, S. 55, Schnurrer, S. 22, Teil 2) Der Winter 1490 war hart und streng, und der Schnee fiel Manns hoch. Allenthalben klagte man über Mangel und Theurung. (Gronau, S. 55) Der Winter 1491 war äußerst streng, es lag ungewöhnlich tiefer Schnee, noch im May schneyte es drey Tage lang. (Schnurrer, S. 28, Teil 2, Gronau, S. 56)

1497 und 1499 wird über einen großen Sturm in Stralsund berichtet. 1497 kommt es dabei zu Schäden an Brücken, 1499 geht ein stralsundisches Schiff mit Ladung und Mannschaft unter. (Berckmann, S. 342) Der Winter 1500 fing zwar kalt an,

allein a. 21 Dezember ging das Eis auf, und nachher blieb es mehrentheils gelind, übrings aber war es ein theures unfruchtbares Jahr. (Gronau, S. 56) Der Sommer 1501 war sehr kühl und nass, daher Mangel und Theurung. (Gronau, S, 56, Schnurrer, S. 53, Teil 2) 1502 soll eine solche Kälte geherrscht haben, dass Bäume und Feldfrüchte erfroren und sogar Vögel in der Luft als Eisklumpen abstürzten. (Ostsee-Zeitung 2006) In Hausbuch wird über das Jahr 1502 folgendes berichtet: Im pfingst-fest ist eine solche ungewöhnliche kälte und frost entstanden, daß an vielen örtern vögel in der lufft, sampt baum –und feld-früchten erfroren; so dann am 22 und 29 Juni hagel als ganß-eier groß, so fenster und dächer neben den überlichen früchten gantz zerschmettet, gefallen auch grausam wetter donner und blitz viel heuschrecken, und eine ungaubliche menge raupen sich merken lassen, welches unter den menschen groß hunger und sterben erwürckt. (Bohlen, S. 14) Der Winter 1503 war streng und lang. (Schnurrer, S, 55, Teil 2) Den Winter durch hat es immer glatteiset, daher viele Menschen zu verderb gerathen. Dem folgt ein heisser sommer, darinn sich viele wälder selbst anzünden, daraus grosser mißwachs des getreides, hunger und theurung entstanden, und weiter erfolgt daß bei solcher gelegenheit viel rauben und stehlen zugefallen. (Bohlen, S. 20, Gronau, S. 57) Der Winter 1504 war ein harter gewesen, und im früh-jahr treffliche überschwellungen der wasser, die grossen schaden gethan. Dem folget ein gar heisser dürrer sommer, darinn es fast in vier monaten nicht geregnet, welche theurunge hunger, auch vielen orten groß sterben zu wege bracht. (Bohlen, S. 28, Gronau, S. 57) Der Winter 1505 war gelind, der Sommer war dagegen nass. (Bohlen, S. 28, Schnurrer, S. 56, Teil 2) Im frühling 1506 sehr grosse sturm-winde und ungewitter, sonst ein warmer winter und heisser sommer gewesen. (Bohlen, S. 29)

Der Winter 1507 war außerordentlich gelind, darauf ein sehr fruchtbares jahr erfolget, daß man den Winspel rocken umb zwei gulden, den winspel gersten umb 1 thaler, habern umb 1 gulden eine tonne bier um 12 groschen und eine tonne wein 30 groschen kauffen können. (Schnurrer, S. 60, Teil 2, Gronau, S. 57, Bohlen, S. 30)

Wispel — Winspel, norddeutsches Getreidemaß. jetzt 1000 kg gerechnet, bis 1871: in Preußen 24 Scheffel = 1319,076 Lit, meistens mit Draufgabe von 1 und bei Hafer 2 Scheffel; in Mecklenburg Strelitz 24 alte Berliner Scheffel

Diese jahr 1509 hat einen hitzigen, dürren sommer geben, daß fliesse, brunnen und teiche ausgedorret. (Bohlen, S. 32) 1510-1511 Hansestädte Fehde mit Johann v. Dänemark; Schlacht bei Bornholm, zu der die drei sindischen Schiffe zu spät kommen; der großsprecherische Karsten Kruse wird gefangen, der tapfere Bukert bleibt, zwei Rathsherren entkommen. Die Dänen landen auf Rügen und verheeren der Stralsunder Güter; durch Gödeke's v. d. Osten Vorsicht werden die meisten (weit schwächern) Strals. Kriegsleute errettet. (Berckmann, S. 343)

1513 setzte schon im November ein so heftiger Winter ein, der heftigen Schneefall mitbrachte, dass es unmöglich war die Haustüren zu öffnen. Es fiel ein tiefer Schnee, der fast 5 Monat liegenblieb. (Gronau, S. 57)

Berckmann notierte für *das Jahr 1513 ein kalter Winter und tiefer Schnee. (Berckmann, S. 21)*

Item anno 1513 waß ein groth **h a r t t w i n t e r** vnd vell so groth ein schne vor alle gabes hilligenn, dat me beß morgens vth den hußen nicht gann konde; vnd, jn etlichen straten lach be sne manne hoch.

Der Sommer brachte viel Gewitter, Platzregen und Ueberschwemmungen. (Gronau, 1794) Merkmale des Jahres 1514 waren ein kalter Winter und ein heißer Sommer (Bohlen 1882, Schnurrer 1825, Gronau 1794). *1514 ein großer Sturm stürzt S. Jürgens Thurm in Stralsund nieder und richtet mannichfachen Schaden an. (Berckmann, S. 344) Der Winter 1515/1516 war hart mit viel Schnee. (Berckmann, S. 344)*
Das Jahr 1516 wurde wie folgt beschrieb:

ein warmer winter und sommer, groß gewitter, blitz, donner und hagel, so allenthalben schaden gethant. Bei der ostsee ein trefflicher grosser sturm und gewitter gewesen, welches an thürmen, hölzernen gebäuden, und in der see an schiffen unermeßlichen schaden gethan. In demselben sturm ist die zierliche hohe spitze auf sanct Nicolai–thurm zum Gripswalde (so itzt noch unerbauet) auch eine spitze von sanct Georgii-kirchen zum Sund neben vielen andern mehren herunter geschlagen. (Bohlen, S. 47, Gaebel, S. 103, Gaebel, Teil 2, S. 103)

1518 wird über einen harten Winter und über *hohen Schnee berichtet, der hindert den Gottesdienst in Stralsund. (Berckmann, S. 345)* 1520 ist die Blütezeit der wirtschaftlichen und bäuerlichen Verhältnisse. Durch Heirat verbanden sich reiche Bauern mit dem Adel, das Gesinde war dagegen *"übel dran"(Chronik von Sagard). Trotz des sehr gelinde(n) Winter(s) (Gronau, S. 58), war das Jahr 1521 ein gutes fruchtbares jahr, so wein und getreide eine gut nothdurff gegeben. (Bohlen, S. 71).*
1522 wird über einen weichen Winter und ein fruchtbares Jahr berichtet. (Berckmann S. 346)

Nach zwei fruchtbaren Jahren war der Sommer 1523 sehr hitzig mangel an Wasser eingefallen, übrigens brachte dieser Sommer viel Regengüsse und Donnerwetter .(Gronau, S. 58, Bohlen, S. 76) Das Jahr 1524 ist eine sehr grosse conjunction vieler himmlischen planeten gewesen, darauf umb pfingsten und trinitatis so grosse kälte erfolget, daß enten und gänse auf dem eise gehen können, dadurch alle sommer-früchte verdorben und feuerschaden sich begeben. Der Winter im Jahr des Bauernaufstandes 1525 war ein sehr grimmiger und folgends ein dürrer heisser Sommer. (Bohlen. S. 86) Nach einem milden Winter 1526, wird über den weiteren Jahresverlauf wie folgt berichtet: Es haben auch heuschrecken und andere unbekannte vögel an vielen ortern an dem getreide grossen schaden gethan, darauff theure zeit und hungersnoth erwachsenen. (Bohlen S. 90) 1528 wird über einen großen Sturm berichtet, der großen Schaden angerichtet hat. Darüber hinaus war es ein nasses Erntejahr. (Berckmann, S. 346) 1527 war ein milder Winter. Regen sehr häufig . Wegen der so unbeständigen Witterung kam fast Nichts zur Zeitigung und Vollkommenheit, die Bäume trieben immer nur Blätter und Blüthen, auch das Getreide kam nicht fort…(Schnurrer, S. 70, Teil 2)

Seit 1528 kam es durch unnatürliche Witterung zu Missernten in Pommern. (Pfarrchronik Zwilipp)

Der Winter 1529 wird als sehr gelinde beschrieben. (Berckmann, S. 347) Den gantzen Sommer (1530) neblig und kalt gewesen bis auf Bartholomäus (24. August), da man die stuben zu jeder zeit hitzen müssen. Wein getreide und baum–früchte seind ganz verdorben. Nach Bartholomäi (24 August) ist wiederum eine ungewöhnlich hitze, doch mit stetigem nebel und dunckler lufft eingefallen. (Bohlen, S. 98)

In der Pfarrchronik Zwilipp wurde über eine Hitzeperiode 1529 berichtetet, die bis Johanni (21. Juni) dauerte. Danach setzte Kälte, Regen und Nebel ein. 1530 setzte wieder eine erneute Hitze ein.
1531 wird über einen großen Sturm berichtet, der auf See großen Schaden angerichtet hat. (Berckmann, S. 347) Der Winter 1534 *war sehr kalt, der Sommer dagegen war sehr heiss, darin sich selbst wälder anzünden, wie denn auch viel feuerschaden und stürmisch. (Bohlen, S. 121, Gronau, S. 60)*

1533 - 1534 fanden Unruhen in den Seestädten, auch in Stralsund statt. Der Grund für diese Unruhen waren die Bierpreise. Das Bier hatte für die einfachen Menschen im Mittelalter eine große Bedeutung Es wurde am Morgen getrunken, mit Bier wurde die Suppe gekocht. Das Bier wurde in Gemeinschafts-Backhäusern gebraut. In diesen Häusern konnte man nach einer festgelegten Reihenfolge sein Bier selber brauen. Durch die steigende Zahl dieser Gemeinschafts-Backhäuser führten die Landesfürsten und auch die Städte, so auch Stralsund, eine Biersteuer ein. Das Bier hatte damals weniger Alkohol als heute und die Menschen tranken es in großen Mengen. Zwei Faktoren zeichneten das Bier im Mittelalter aus. Erstens war es sehr gehaltvoll und konnte einen Teil der Nahrung ersetzen und zweitens konnte minderwertiges Getreide verwendet werden, das es sonst verbrannt wurde.

Auf dem Landtag zu Treptow 1534 wurde Einführung der Reformation in Pommern beschlossen. Mit der Einführung der Reformation fiel der Grundbesitz der Klöster in Bergen und Hiddensee samt Inventar an den pommerschen Herzog.

Trotz des heißen, trockenen Sommers 1535 war das Jahr ein fruchtbares Jahr.

Die bisher vorgewesene theurung wird (gotlob) gemildert und durch gottes seegen in wolfeile zeit verwandelt. (Gronau, S. 60, Bohlen S. 124) Eine Wetternormalisierung setzte erst 1535. (Pfarrchronik Zwilipp) 1536 war ein kalter Winter und heisser Sommer. (Bohlen, S. 125) Ist ein sehr warmer winter (1537), daß umb weihnachten aus violen und andere kräuter in voller blüthe gestanden. (Bohlen, S. 127) Ein großer Sturm 1537 stürzt Hahn und Knopf der Marienkirche in Stralsund nieder (Berckmann, S. 349). Der Winter 1538 war sehr gelind, um die drey Könige waren die Felder voller Blumen. Von Martini bis Fasten 1538 war kein rechter Winterfrost; Weyhnachten rüstese man sich wieder zur Feld-Arbeit. (Schnurrer, S. 85, Teil 2, Berckmann, S. 348) Das Frühjahr war rauh und kalt, bis in den May Der Sommer war ungewöhnlich heiß und dürre. (Gronau, S. 60, Bohlen, S. 128) Diß jahr 1539 ist ein grimm-kalter winter. Ein heisser sommer folgt, der sehr gute weine in solcher menge geben, daß es an gefässen gemangelt, und ist ein eimer wein umb patzen verkauft. (Bohlen, S. 129) Der Herbst war nass und kalt. (Berckmann, S. 349)

1540 war um Weihnachten eine noch sehr warme gelinde Luft und gute Viehweide auf dem Felde, in der Mitte des Januars aber folgte noch eine strenge, lang anhaltende Kälte mit vielen Schnee. Berckmann (S. 349) berichtet über einen langen Nachwinter mit viel Schnee.

Der Sommer war sehr heiß und trocken und lustiger herbst, der wiederum nicht allein einen grossen ueberfluß an wein sonder auch an allerei baumfrüchten geben. Viel wälder haben sich vor der grossen hitz selbst angezündet, und grosse wässer ausgetrucknet. (Gronau, S. 61, Bohlen, S. 131, Schnurrer, S. 38, Teil 2) War ein sehr heißer und trockener Sommer 1541. (Gronau, S. 61, Berckmann, S. 349)

Das Jahr 1542 war sehr trocken. (Gronau 1794) Berckmann berichtete *über einen kalten Sommer und starken Schlagregen. (Berckmann, S. 350)* 1543 wurde über ein schweres Unwetter berichtet, bei dem der Blitz in den Marien-Kirchthurm einschlägt, das Feuer wird glücklich gedämpft .*(Berckmann, S. 351)*
Über das Jahr 1544 wird folgendes berichtet: *Starkes Fähreis auf dem Strome, Roggenpreise, Getreide und Bier theuer. (Berckmann, S.351)*

> Im heutigen Deutsch: „Im Jahre 1544 war ein großes starkes Eis auf dem Strome, wie es in 10 Jahren nicht gewesen ist, sodaß man aus allen Gegenden des ganzen Landes zu Rügen konnte mit 6 Pferden und voller Last hinüberjagen zu den (Stralsunder) Bügern in ihren Häusern. Da blickten die Träger sehr sauer, hatten keinen Verdienst, und alle Dinge waren teuer. Und kam so viel Korn und Gerste aus dem Lande, daß es unsäglich ist; war doch gleichwohl teuer — so machte die Gierigkeit und Abgunst teure Zeit."

Quelle: Rügensche Heimat, Jhg 10, Nr. 11,1933

Der Winter 1545 war so hart, daß die Ostsee zwischen Dänemark und Mecklenburg fest zufror. Der darauffolgende Sommer war feucht und kalt. (Gronau, S. 61) Langer Herbst und eine theure Zeit. (Berckmann, S. 352) Auf einen trocknen Herbst 1549 folgte ein milder und feuchter Winter. (Gronau 1794, Schnurrer 1825) Auf einen sehr milden Winter 1552, folgte ein feuchter, regenreicher Frühling. (Gronau 1794, Bohlen 1882) Es folgte ein nasser Sommer; fruchtbares Kornjahr; Großer Sturm und starke Gewitter. (Berckmann, S. 356)

> Ein grodt storm. Des dinrstedages na Nicolai Episcopi, do was hir thom Sunde j grot storm, dat dat water auer de bruggen ginck.

1558 berichtet Berckmann über einen großen Sturm in Stralsund mit großen Schäden (S. 357) am Turm der St. Jacobs – Kirche. Dieser Sturm richtet auch zu Lande und zu Wasser großen Schaden an; kalter und langer Winter; *theure Zeit. (Berckmann, S. 57)*

> Ein grodt storm. Des dinrstedages nha Septuagesima, do weide jdt so grot j storm, dat alle de bruggen uphor deme Sunde entwei quemen vnd etlicke dusent gulden ahn den schepen dede, vnd ock groten schaden ahn S. Jacobs torne, vnd donnerde vnd luchtede de gantze nacht auer.

Der Winter 1559/60 war dadurch charakterisiert, dass 1559 nichts vom Winter zu spüren war, erst im Februar 1560 setzte eine solche Kälte ein, dass Vieh und Geflügel erfroren. Der folgende Winter brachte für die Stadt Stralsund einen Winter mit sehr großer Kälte. Die Kälte dauerte über Ostern bis fast zu Pfingsten. Die Folgen waren, dass die Buchen, Eichen und Eschen erfroren und umstürzt.

Der Winter 1561 wird als ein grimmig-kalter beschrieben. (Bohlen, S. 195) 1562 gab es einen sehr zeitiger kalter winter, daß viel schiff in der see befroren, dem ein heisser sommer folgt. (Bohlen, S. 197) 1563 wird über einen schweren Sturm am 10. Februar berichte, der vier Tage anhielt.

Ein grodt storm. Des donnerdages uhor Dionisij do weide jdt so grot j storm, dat jdt groten schaden dede beide tho water vnd tho lande.

Quelle: Die Stralsunder Memorial Bücher, S.160

Durch den Nordischen Krieg 1563-1570 bekamen die Bauern auf Rügen mehr und mehr weltliche Grundherren. (Chronik Sagard)

Der Winter 1563 war sehr gelinde gewesen. (Gronau, S.63) Die Stralsunder Memorialbücher von Lindemann und Hannemann (1531-1611) berichten, dass 1564 sei so viel schnee im Winter und sehr viel regen im Frühjahr gefallen, dass davon der Damm des Voigdehäger Teiches bei Stralsund brach.

1565 war ein sehr kalter winter, daß das meer auf viele meilen erfroren. (Bohlen, S. 211) 1566 wird über einen großen Regen in Stralsund berichte.

Ein grodt regen. Des dinrstedages nha Bartholomei Apostoli do regende jdt einen groten regen und dede groten schaden in der stadt. (Die Stralsunder Memorial Bücher, S. 164, Teil 2) 1567 war ein heisser sommer und thut regen, hagel, donner und wetter allenthalben grossen schaden. Im Jahr 1568 trat eine so strenge Kälte auf, wie seit Menschengedenken. So erfroren allein in Stettin 18 Menschen. Das letzte Eis verschwand in Stralsund erst am 26 Mai. (OZ, S.12, 15.12.2011)

1569 wird über einen großer Winter berichtet,

der sich itzt zeitig und schon im November erhoben und folgendes jahr bis umb Matti aus beständig angehalten; ist eine treffliche kälte gewesen, daß viel menschen, vieh und vögel erfroren. (Bohlen, S. 223)

In dem Stralsunder Memorial Bücher von J. Lindemanns und G. Hannemanns (1531-1611, S.167) ist über diesen Winter zu lesen:

> Ein grodt land winter. Do fros de strandt tho up winachten und dat jys lach bet up den 26. Martij.

Das 1570 war eine treffliche nässe gewesen, also, daß gar selten den sommer und herbst durch ein tag veflossen, daß es nicht geregnet hätte, daraus grosse übergiessung der gewässer, mißwachs des getreides und endliche theurung erfolget. (Bohlen, S. 238) Die Stralsunder Memorial Bücher berichten, das am 9. Augusti do vill ein grot hagel, darjinne stunden minschen angefichte (S. 168).

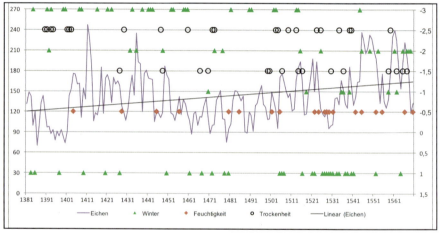

Abb. 60   Eichenchronologie (in 1/100mm) mit extremen Witterungserscheinungen und linearer Wachstumstrend für den Zeitraum von 1381 - 1570

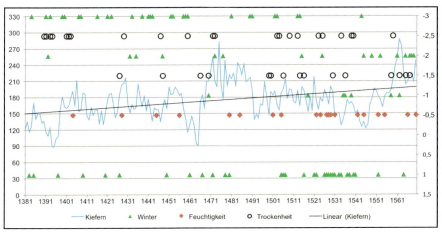

Abb. 61   Kiefernchronologie (in 1/100mm) mit extremen Witterungserscheinungen und linearer Wachstumstrend für den Zeitraum von 1381 - 1570

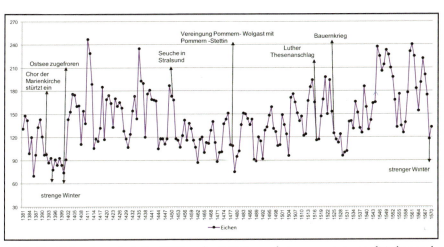

Abb. 62   Eichenchronologie (in 1/100mm) mit Wettererscheinungen, einigen politischen und anderen Ereignissen von 1380 - 1570

Naturcalamitäten und andere Ereignisse zwischen 1571 und 1740

Für das Herzogtum Pommern mit der Insel Rügen war diese Zeitspanne mit gravierenden Einschnitten und politischen Veränderungen verbunden.

> **Weiterführende Literatur** zur Geschichte Pommerns:
> Norbert Buske (1997): Pommern Territorialstaat und Landesteil von Preussen. Schwerin

Der Zeitraum von 1571 - 1740 war geprägt durch 21 milde, 16 kalte, 15 harte und 20 strenge Winter. Der Anteil der milden Winter in dieser Periode betrug 28,1 %.und somit dominierten in diesem Zeitabschnit die kalten Winter. Markantes Merkmal dieser Periode waren die Winter 1708/09 und 1740, die eine überregionale Bedeutung besitzen.

Betrachtet man die Zeitabschnitte von 1571 bis 1599, 1600 bis 1699 und 1700 bis 1740 im Einzelnen, so zeigt sich folgendes Bild: Der Zeitraum von 1571 bis 1599 ist durch sechs milde Winter gekennzeichnet. Zwischen 1584 und 1585 gab es zwei milde Winter. Daneben gab es zwei kalte, drei harte und sechs strenge Winter. Die feuchten Sommer traten zwischen 1572 und 1574 bzw. 1587 und 1588, bzw. 1595 auf. Das Jahrhundert von 1600 1699 war geprägt durch 13 milde, neun kalte, fünf harte und 16 strenge Winter. Eine Häufung der strengen Winter (7) ist ab 1670 zu verzeichnen. Bei den Sommern ergibt sich folgende Verteilung: Am Anfang und am Ende des Jahrhunderts traten sieben feuchte Sommer auf.

10 trockene und 14 sehr trockene Sommer prägten das Jahrundert. So gab es zwischen 1605 und 1607 trockene Sommer. Eine weitere trockene Phase gab es zwischen 1605 und 1625 mit einzelnen Unterbrechungen. Die Hälfte der sehr trockenen Sommer traten ab 1647 auf.

Der Zeitraum von 1700 bis 1740 war durch zwei milde, fünf kalte, fünf harte und sieben strenge Winter Winter geprägt. Betrachtet man die Verteilung dieser Winter, so zeigt sich, dass die kalten Winter von 1701 bis 1704 von drei harten Wintern 1705 bis 1707 abgelöst wurden. Danach dominieren die strengen Winter wie zum Beispiel 1708/09 und 1740. Bei den Sommern gab es nur einen sehr trockenen, zwei trockene und drei feuchte Sommer. (s. Tabelle im Anhang)

> *Schon im November begann der Winter mit unaufhörlichem Schneyen und dauerte bis Ende Februar eine so heftige Kälte, daß während dieser Zeit alle Flüsse gefroren blieben. (Schnurrer, S. 117, Teil 2, Gronau S. 65) Diß jahr, ein sehr kalter und tieffer schnee gefallen, darin viel menschen ,schaafe, vieh und vögel umbekommen, und ist wiederumb aufs vorjahr groß wasser erfolget, welches nicht wenig schaden gethan. (Bohlen, S. 240.)*

Es wird über *eine theure Zeit* und eine Sonnenfinsternis berichtet. (Die Stralsunder Memorial Bücher (2) S. 207)

Ob auch wol hier zu lande so gar wolffeile zeit denn weitzen und roggen 1 thaler, gersten 1 gulden, der haber ½ thaler golten, so ist doch gott lob, nicht so grosse noth gewesen, daß auch der allergeringste bettler hungers wegen sollte umbkomen sein. Sonst hat diese theurung lang angehalten und drei jahr oder länger gewähret. (Bohlen, S. 241)

Vitten auf Rügen

Der Fischfang, insbesondere der Heringsfang, spielte in der Ostsee und vor der Küste Rügens im Mittelalter eine bedeutende und abwechslungsreiche Rolle.
Im Zusammenhang mit dem Heringsfang vor der Küste Rügens entstanden zahlreiche Vitten.

> Vitte ist eine Niederlassung der Stadt im Ausland, in der Fisch angelandet, konserviert und gehandelt wurde. Die Vitte wurde in der Zeit des Heringsfangs von August bis Oktober, manchmal auch bis November, von Fischern, Kaufleuten und Gastwirten bewohnt.

In einer Urkunde vom 23. 05.1290 verlieh Fürst Wizlaw II. den Stralsundern das Recht und die Freiheit, im Gebiet des Fürstentums Rügen Vitten zum Zwecke des Herings- und Fischfangs zu errichten.
A. Haas (1931) berichtet, dass es zur Zeit des Mittelalters auf Rügen sieben Vitten gab. Es handelte sich um folgende Vitten:

1. Vitt, *neuerdings meist „Vitt auf Wiitow" oder „Vitt bei Arkona", früher in der Regel „ Grote Vitte", bei Wackenroder 1708 "Grossen –Vitte" genannt, liegt an der Ostküste der Halbinsel Wittow zwischen Goor und Arkona in einer tief eingeschnittenen Liete (schluchtartigen Einsenkung) des an 30 Meter hohen Ufers. (Haas, S. 35)*

2. Rusevase, Russevaze, *bei Lubin 1608 Rusevase, bei Wackenroder 1708 Russewase, lag nördlich von Putgarten und westlich von Arkona an der Nordküste der Halbinsel Wittow. Im fürstlichen Hebungsregister vom Jahre 1532 ist der Ort Provase genannt. (Haas, S. 36)*

3. Tresser Vitte, Lutte Vitte *oder auch einfach Vitte lag gleichfalls an der Nordküste von Wittow zwischen Nonnewitz und Barnkevitz. (Haas, S. 36)*

*4. **Vischerleger zu Drantzke** wird unter dieser Bezeichnung im fürstlichen Hebungsregister vom Jahre 1532 angeführt. Am Außenstrande von Dranske, etwa da, wo jetzt die Rettungstation unweit „Rehberger Ort" liegt, wird das mittelalterliche Dransker Fischerlager gelegen haben. Spätere Nachrichten darüber fehlen. Die drei zuletzt angeführten Vitten werden auch im fürstlichen Hebungsregister vom Jahre 1532 (Wolg. Archiv 72 Nr.130 im Stettiner Staatsarchiv) aufgezählt….(Haas, S. 37)*

*5. **Vitte auf Hiddensee**, eine noch jetzt vorhandene Ortschaft, liegt ungefähr in der Mitte zwischen Fähriensel und dem Gutshofe Kloster. Die Ortschaft ist ohne Frage aus einer Siedlung von Fischern entstanden, die sich zur Zeit des Heringsfanges einfanden; aus dem vorübergehenden Besuche entstand dann eine dauernde Siedlung (Haas, S. 37)*

*6.. **Vitte auf Jasmund** lag im Kirchspiel Sagard, südöstlich von dem Gutshofe Lanken und unweit der Küste, wie auf Lubins Karte vom Jahre 1608 und genauer auf Lubins Großer Karte von Pommern vom Jahre 1618 angegeben ist. Möglicherweise hat die Siedlung in der Liete gelegen, die der Grundbach am Ostrande des Wäldchens Dwasieden in das hohe Ufer eingesägt hat. Da die Ortschaft noch von Wackenroder im Jahre 1708 angeführt wird, kann sie erst im Laufe des 18. Jahrhunderts eingegangen sein. (Haas, S. 38)*

*7. **Vitte auf Mönchgut** lag nach Ausweis der Lubinschen Rügenkarte vom Jahre 1608 und ebenso auf der Pommernkarte vom Jahre 1618 am Außenstrande der Halbinsel zwischen Lobbe und dem Nordperd. Auf der Spezialkarte der Insel Rügen von Friedrich Hagenow ist dieser Ort noch eingezeichnet. Ebendort lag nach einer Urkunde vom 24. Januar 1295 die Ortschaft Wangherniz (d.i. Aalort, von slawisch angri Aal). Da diese Ortschaft in späterer Zeit nicht wieder erwähnt wird, so ist es nicht unwahrscheinlich, daß der ehemalige slawische Ortsname nach der Einwanderung der deutschen Kolonisten in den deutschen Namen Vitte umgewandelt wurde. Die Ortschaft, die vielleicht niemals sehr bedeutend gewesen ist, hat bis in die zweite Hälfte des 17. Jahrhunderts bestanden; durch die Sturmflut vom 7. Dezember 1663 ist sie zerstört worden. (Haas, S.38)*

Die Mitglieder der Hanse, wie Stralsund, Rostock, Stettin und Lübeck, besaßen daneben auch Vitten vorrangig in Schonen. Sie existierten seit Ende des 13. Jahrhunderts. Die Bedingungen für diese wurden zwischen Dänemark und der Hanse im Stralsunder Frieden (24.05.1370) vereinbart und festgelegt

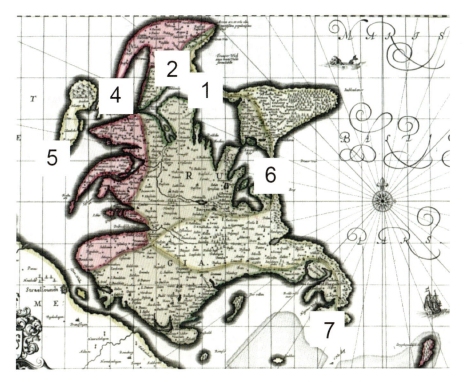

Abb. 63   Ausschnitt aus der Lubin Karte von Rügen (1608) mit den Vitten

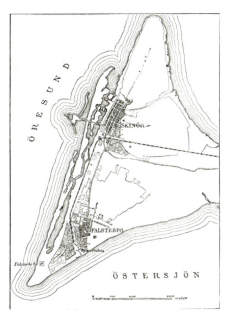

Die Bedeutung der kleinen Insel Falsterbo für den Heringshandel wird durch die Beschreibung von Fock deutlich (vgl Abb.64).

Abb. 64   Skanör mit Falsterbro um 1900

Vor Allem aber war es ein Punkt, auf den sie ihre volle Energie concentrirten; es war der Schonische Handel, der unter der Gunst der geographischen Lage von unseren Städten mit aller Betriebsamkeit ausgebeutet, lange Zeit hindurch eine ergiebige Goldquelle für sie gewesen ist. Auf der kleinen Halbinsel von Falsterbode, welche den südwestlichen Ausläufer von Schonen bildend, unmittelbar an der großen maritimen Verkehrstraße gelegen ist, welche die Ostsee mit der Nordsee verbindet, hatten schon im 13. Jahrhundert, wie früher gezeigt ist, unsere Seestädte ihre Vitten etablirt. Hier auf engem Raume war jeder Quadratfuß Landes zu Niederlagen und Handelsbuden benutzt, kaum daß man für Kirchen und Kirchhöfe nothdürftig Platz gewann. Den eigentlichen Mittelpunkt des Schonischen Handelsverkehrs bildete nach wie vor der Heringshandel; der eingesalzene, geräucherte oder gedörrte Fisch ward in enormen Quantitäten von dort verführt. Nach glaubwürdiger Berechnung wurden um 1368 von den Vitten der Wendischen Städte in Schonen nach noch vorhandenen Quittungen jährlich zwischen 30,000 und

40,000 Tonnen Heringe ausgeführt; und im Jahr 1393 belief sich die Heringseinfuhr allein in Lübeck von September bis Mai nachweisbar auf mehr als 5000 Tonnen, während daselbst die gesammte jährliche Einfuhr in neuester Zeit — zwischen 1855 und 1861 — nur zwischen 2600 und 4400 Tonnen geschwankt hat*). Wenn die Greifswalder Schonenfahrer-Compagnie drei Heringe in ihrem Wappen führte, so war dies nur die sinnbildliche Anerkennung der dominirenden merkantilischen Bedeutung, welche der Heringshandel hier erlangt hatte.

Weiterführende Literatur zum Ostseehering und Fischfang in der Ostsee:
Joh.Jak. Sell (1831): Über den starken Heringsfang an Pommers und Rügen Küstens im 12ten bis 14ten Jahrhundert. Aus dem Lateinischen übersetzt von D. E. H. Zober
Carsten Jahnke (2000): Das Silber des Meeres Fang und Vertrieg von Ostseehering zwischen Norwegen und Italien (12.-16. Jahrhundert) Köln, Weimar, Wien

Der Bankencrash

Der nun folgende Winter 1572 war noch feuchter, immer wechselte Schnee mit Regen, bis es in der Mitte Februar bey trüber Luft sehr kalt wurde. Der Sommer und Herbst waren gleichfalls feucht, (Schnurrer, S. 119, Teil 2) Der Zusammenbruch des Bankhauses Loitz 1572 erschütterte nicht nur Pommern, sondern halb Europa. Der Aufstieg des Bankhauses Loitz beginnt mit Michael I. Loitz. Er war an einer Vitte in Falsterbo beteiligt.

Um den Fisch haltbar zu machen, benötigt man große Mengen Salz. Hans II. Loitz steigt in den Salzhandel ein und knüpfte Kontakte zu Händlern in ganz Mitteleuropa. Unter seiner Leitung entwickelte sich die in Stettin ansässige Firma ständig weiter. Sie besaßen die wichtigsten Salzprivilegien zwischen Galizien und Dänemark. Neben dem Salzmonopol verfügten sie über das Waldwaremonopol für Litauen, die Bergbauprivilegien von Ungarn bis Preußen. Das Familienunternehmen besaß Außenstellen in Antwerpen, Kopenhagen, Kalmar, Hamburg, Lübeck, Leipzig, Fankfurt/Oder, Breslau, Prag und Krakau. Die zweite Säule des Familienunternehmens war der Getreidegroßhandel. Zur Firma der Loitz gehörte auch ein Bankhaus. *Oeffentliche Institute, Stiftungen und Private liehen gegen hohe Zinsen ihre Kapitalien hin; es galt für ein großes Glück, mit den L. (oitz) Geschäfte zu machen. (Bülow 1984)*

So lieh sich zum Beispiel Fähnrich Johann Friedrich, der spätere Herzog von Pommern und erster weltlicher Bischof von Cammin, für den Feldzug gegen die Türken Geld vom Bankhaus Loitz, um sich die notwendige Ausrüstung leisten zu können. Während des Livländischen Krieges stellte das Bankhaus in Danzig eine Flotte von Freibeuterschiffen für Polen bereit. (Braning 1997) Das Bankhaus Loitz machte viel Profit mit der Finanzierung von Kriegen.

> Der **Livländischer Krieg** 1558-1583 wird auch als Erster Nordischer Krieg bezeichnet. Bei diesem militärischer Konflikt ging es um die Vorherrschaft im Ostseeraum. Er fand zwischen Schweden, Polen-Litauen, Dänemark und Russland statt.

Die wirtschaftliche Expansion war auf das Salzmonopol in Mitteleuropa ausgerichtet. So war der Salzhandel auf der Oder komplett in der Hand der Loitz. Damit kein anderer Händler Salz nach Polen und Preußen bringen konnte, kontrollierte ein Kanonenboot vor dem Danziger Hafen.

Der Niedergang begann, als Dänemark den Salztransport durch den Großen und Kleinen Belt mit hohen Zöllen, den sogenannten Sundzoll, belegte. Diese hohen Zölle führten zu erheblichen finanziellen Verlusten.

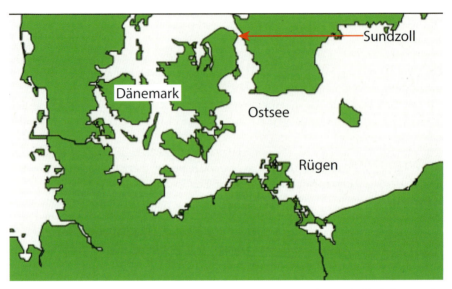

Karte 3 Zeigt die Stelle zwischen Schweden und Dänemark, wo der Sundzoll erhoben wurde

Der **Sundzoll** wurde von König Erik VII von Dänemark 1429 erhoben. Der Zoll bezog sich auf nicht dänische Schiffe. Er war eine wichtige Einnahmequelle der dänischen Krone und sicherte die Unabhängigkeit der dänischen Könige von Adel und Reichsrat.

Abb. 65 Der Sund 1726. Acht niederländische Schiffe. Auf der linken Seite sind Helsingorg und Landskrona zu erkennen, rechts die Kronborg in Helsingrog, im Hintergrund Kopenhagen

Entscheidend war aber eine Anleihe 1569, die Jacob von Zitzewitz (1507-1572) an den Vorgänger des polnischen König Sigismund vermittelt hatte. Die Anleihe betrug 100.000 Thaler.

Eine für jene Zeit bedeutende Anleihe, welche der König Siegesmund August von Polen zur Führung eines Krieges gegeg die Moscoviter bei den Pommerschen Fürsten machte, und die von den Gebrüdern Loitz negociirt war, scheint zuznächst die äußere Veranlassung ihres Bankerottes gewesen zu sein. (v. Hering, S. 90) Stephan Batory, der neue polnische König weigerte sich aber, diese Anleihe zurückzuzahlen.

Der bekannte Staatsmann von Pommern Jacob von Zitzewitz, der den Deal mit dem polnischen König eingefädelt hatte, wurde zum Verantwortlichen für den Verlust erklärt. Er wurde durch diesen Bankerott ruiniert und nahm sich am 10. März 1572 das Leben.

Die ausgebliebenen Zinszahlungen verursachten eine Panik und führten im Frühjahr 1572 zum Bankerott des Bankhauses. *Der Jammer der Getäuschten war grenzenlos. Zwar interessirten nei dem Verlust auch viele Leute in der Mark, in Mecklenburg, Sachsen, Preußen, Holstein, vorzugsweise aber die Bewohner von Pommern, wo man außer der hergeliehenen Capitalien noch in neue Verluste gerieth durch geleistete Bürgschaften. Ein Mitglieg des Pommerschen Adels (Wedel macht ihn nicht namhaft) verlor allein die bedeutende Summe von 80,000 Thalern. (v. Hering, S. 91)*

Andere Berichte beziffern den *Gesammtverlust auf 20 Tonnen des Goldes; die theilweise noch vorhandenen Schuldbriefe lassen erkennen, daß im Verhältniß zu einer nur wenig späteren Zeit damals viel baares Geld in Pommern vorhanden war (Bülow 1884), bzw. gleich nach seinem Abzuge aus Stettin ergab sich der zumal für die damalige Zeit, ungeheure Bankerott, der auf 20 Tonnen Goldes, also auf 2 Millionen Thaler geschätzt ward (v. Hering, S. 91)*

Ein kalter strenger Winter 1573, *der aber in der Mitte des Januars nachließ. (Gronau, S. 65) Ein solch kalter winter trefflich grosser schnee, regen, wolkenbruch, dadurch an munchem ort unsäglich grosser schaden entstanden. (Bohlen, S. 261)* Der Sommer war wieder äußerst regnigt. Die Sonne schien gar nicht mehr da. Der Herbst war ebenso und noch schlimmer. *Bey dieser Witterung konnte es nicht fehlen, daß alles wieder sehr theuer und der Wein sehr gering wurde. (Schnurrer, S. 122, Teil 2)* Dreitägiger Sturm in Stralsund (Die Stralsunder Memorial Bücher, S. 207). *Diß jahr ist das kürzeste intervallum zwischen weihnacht und fastnacht, so nur 5 wochen und 3 tage gehalten, gewesen. (Bohlen, S. 261)* Der Sommer war kühl und der Herbst 1574 war feucht. In den Stralsunder Memorial Büchern (S.207) wird über einen zweitägigen Sturm berichtet.

> Ein grodt storm. Den 22. Dec. do weide jdt einen groten storm; dat dede groten schaden ahn schepen vnd bruggen thome Sunde, vnd warde wol 2 dage lanck.

Der Winter 1575 *war zwar bis im Merz kalt, der Sommer aber sehr warm. (Schnurrer, S. 124, Teil 2)* Ebenfalls ein harter Winter 1580. Noch am 11.März fiel eine ungewöhnliche Kälte ein. (Gronau, S. 66) *In diesem jahr, welches wein und getreide überflüssig und sehr gut geben, haben zwo cometen auf einander geleuchtet. (Bohlen, S. 279)* 1582 wurde der gregorianische Kalender eingeführt. Der Stralsunder Anzeiger vom Januar 1896 berichtete über einen milden Winter 1582. So waren im Februar die Bäume grün.

Am abend Martini hat ein hefftiger, grosser und grausamer wind, als bei menschen-gedencken nicht gewesen; erhoben und bei 3 stunden beharrlich gewähret, welcher an gotts-häusern, thürmen gebäuden, wind-mühlen und heiden unsäglichen schaden gethan, mir auch meine schäfferei alhei neben 200 kiehn-bäume im Dieberge und 500 bäume in der gervitzlowschen heiden umgeworfen. Gottes gnade aber ist es gewesen das meer nicht so sehr berühret, sonst wenig schiffe darauff würden gantz geblieben sein; denn er bald vorm meere gestutzet und daselbst fast nicht gemerckt worden. (Bohlen, S. 286) Ein heisser, dürrer sommer 1583, darin alle sommer-früchte verbrannt und zu nichte worden. (Bohlen, S. 288, Schnurrer, S.139, Teil 2) Der Winter 1584 war mild und naß. (Schnurrer 1825) Diß jahr 1584 ist ein warmer sommer und schöner herbst ohn allen regen gewesen, drumb der wein gut, viel und überaus wolgerathen, die sommer-früchte aber, als gersten, habern und zugemüse gering genug worden. (Bohlen, S. 296) Sollen im Herbst die Rosen und einige Bäume zum zweiten mahl geblühet haben. (Gronau, S. 66) Der Winter 1585 soll so gelind gewesen seyn, daß das Gras an manchen Orten wie im Sommer wuchs, und man das Kornabhauen und dem Vieh zum Futter geben mußte, damit es nicht schoßen möchte, wie es denn auch um Ostern schon in Schoßen soll gestanden haben (Gronau, S. 67) Ist auch den 31. Martii und 22. April ungewöhnlicher grosser schnee gefallen, welcher solche wasser-schaden nicht wenig gemehret. (Bohlen, S. 300) Ein trefflicher heisser sommer, darin alles sommergetreide und baum-früchte vergehen und das überliche von raupen und heuschrecken verzehret wird. Darauf ein ungeheur zeitiger winter erfolget, darinn schaffe, vieh und geflügel aufgehen, viel menschen auf den strassen, weinstöcke und bäume erfrieren. (Bohlen, S. 301) Die Kälte des Winters 1587 fing im November vorigen Jahres an, und dauerte mit großer Strenge bis in den Merz; es war überhaupt ein kaltes und nasses Jahr. (Gronau, S. 67) Dis jahr ist in Pommern und benachbarten örtern solcher mangel und theurung an getreide vorgefallen, als zuvor in dieser gegend wenig erfahren. Der scheffel roggen ist endlich auf einen ungarischen gulden kommen und hat mans ums geld noch nicht bekommen können. Die leute haben milz, habern, reupekorn und was nur können gemahlet werden, gebacken. Es ist weder roggen noch weitzen-brodt in den städten mehr in die scheunen gebracht oder feil gehabt worden. Summa, aller vorrath ist derogestalt ausgeschöpft, daß die reichen so wenig als die armen mehr vor zu beissen gehabt. (Bohlen, S. 307)

Die Stralsunder Memorial Bücher Teil 2 berichteten über eine große Dürre.

> Grote düre sidt. Ummetrent Jacobi do galt de schepel weite thom Sunde j daler, de schepell rogge j fl., vnd de schepell garste 2 mrk. 2 ß; nicht in langer tidt gehort eine solcke duringe.

Ebenfalls ein harter Winter war 1588. (Gronau 1794) *Ist sonst ein fruchtbar jahr über alle menschliche hoffnung worden, also daß die schwange gehende grosse theurung und hungers-noth gantz vergessen und an allen örtern getreide und wolfeile zeit eingefallen, davor dem lieben gott billig zu dancken. (Bohlen, S. 315)* Wiederum ein strenger Winter 1589. Die Kälte soll vom November bis in den April angehalten haben. In der Erntezeit trat eine außerordentliche Hitze auf. (Gronau 1794)

Ein vortrefflicher heisser sommer, als zuvor in dieser jegend bei menschen-gedencken nicht gewesen. Viel menschen seind in der ernte von hitze erstickt, die wälder sich selbst angezünder, viel das sommer-korn aus der erde gebrannt und verdorben, wie es denn auch folgendes jahr fast gleiche gelegenheit gehabt, ohn daß es so gar heiß nicht gewesen. (Bohlen, S. 316) Überaus heisser sommer 1590, der nicht weniger, als voriges jahr die früchte verderbt und theurung verursacht. (Bohlen, S. 322, Gronau, S. 68) 1591 war der Winter sehr mild. (Gronau 1794, Bohlen 1882) Ein grimmkalter Winter 1592. Ein sehr kalter sommer, daß man fast der peltze und warmen stuben in den hundstagen nicht mangeln können. Viel nässe, die böse lufft und sterben verursacht. (Bohlen, S. 335) Der Herbst hatte anhaltenden Regen und Sturm. (Gronau, S. 68) Ein warmer unbeständiger Winter 1593. (Bohlen 1882) In diesem jahr haben auch die masseln und pocken bei jung und alt allenthalben häufig grassiret und habeb sonderlich die pocken über gewohnheit die leute bei hauffen weggerafft. (Bohlen, S. 349) Hatten einen sehr kalten Winter 1594, es gefroren nicht nur alle Flüsse Deutschlands. Ein kalter Sommer folgte. (Bohlen, S. 354, Gronau, S. 68) Ebenfalls ein ungemein kalter und lange anhaltender Winter 1595, vom 7. bis 10. April schneite es unaufhörlich bey anhaltende Sturme. Noch am 16 April war harter Frost mit viel Schnee. Der darauf folgende Sommer war feucht und kühl. (Gronau, S. 68)

Dis jahr ist ein sehr harter winter gewesen. Der tag Gregori, wie man die pflug sollen ins feld bringen, hat einen fast unglaublichen großen schnee mit froste geben, der etliche tage gelegen, darüber viel 1000 schafe un der mehrentheil der jungen lämmer aufgegangen. (Bohlen, S. 356, 357) In der Mitte des Januars 1596 war es so warm, daß die Bäume und Sträucher Knospen und kleine Blüten heraustrieben, es folgte aber ein Sturm aus Norden mit sehr tiefen Schnee und starken Frost. (Gronau, S.69)

In der Nacht vom 15. zum 16. Juni 1597 fiel nämlich in und bei der Stadt Stralsund ein starker Blutregen, und am 16. Juni früh morgens fand man, daß Bäume und Kräuter, Laub und Gras und ebenso die bloße Erde mit Blutstropfen besprengt und gefärbt war. Besonders zahlreiche Spuren ließen sich in einigen Gärten vor dem Frankentore und auf dem Wasser wahrnehmen. Ein Kopfkissen, das während der Nacht im Garten auf der Bleiche gelegen hatte, zeigte viele blutige Tropfen, und als die Besitzerin das Zeug mit Seife zu reinigen versuchte, zerteilte sich das Blut. In „eitel Kreuze", und je mehr sie sie wusch, desto mehr häuften sich die Kreuze, und desto schöner wurden diese. Im ganzen bildeten sich 13 Kreuze auf dem Bezug, die ungefähr die Länge eines Fingers hatten und so gleichartig und „reinlich" waren, als ob sie von einem Maler gemalt wären. Viele hundert Menschen wanderten am Vormittag vor das Tor, um den Kissenbezug mit den Blutkreuzen in Augenschein zu nehmen. " Ein ehrbarer Rat der Stadt " ließ den Bezug später auf das Rathaus bringen, um ihn dort zu besichtigen, und „ein ehrwürdiges Predigamt" trat zusammen, um die Kreuze zu zählen.

Einige Schiffer, die während der Nacht mit ihren Schiffen und Böten auf dem Wasser gewesen waren, erzählten sie seien ganz mit Blut besprengt worden und hätten einander verwundert gefragt, ob vielleicht dem einen odr anderen die Nase geblutet hätte. Noch merkwürdiger aber war es, daß die Fischer vom Meeresfrund Steine heraufgezogen hatte, die mit Blutstropfen bedeckt waren.

Dazu kam endlich noch die Kunde, daß auf derr Insel Rügen an einigen Stellen große Stücke Blut auf der Erde gefunden worden seien. Auch in der Greifswalder Gegend und in derr Umgegend von Wolgast war der Blutregen gesürt worden.

Die Aufregung in der Stadt Stralsund wurde aber noch viel größer, als sich vier Tage nach dem Blutregen ein neuer unerklärlicher Vorfall zutrug.

Ein Bürger mit Namen Hans Germer, wohnhaft in der Kedestraße (Kettenstraße hieß damals der zwischen Ravensberger- und Mühlenstraße gelegene Teil der jetzigen Mönchstraße), der mit einem Bücherpaket nach dem Dorfe Altenhagen geschickt worden war, hatte unterwegs einen Mann von übernatürlicher Größe getroffen. Dieser Mann hatte ihm folgenden Befehl erteilt: „Du sollst deinen Herren zu Stralsund sagen, daß Sie von ihrem gottlosen Wesen und unchristlichem Handeln abstehen, oder die Stadt Stralsund soll am 10. August, d. i. auf Laurentii Tag in feurigen Kohlen stehen!" Damit war die Gestalt verschwunden, und es war ganz dunkel geworden, so daß sich Germer von dem Schmiede in Schlenrmin den richtigen Weg weisen mußte. Als Germer dann an demselben Tage nach Stralsund zurückgekehrt war, berichtete er dem „mit großer Angst und Erschrecknis" dem Rate und den Predigern sein Erlebnis.

Am 16ten Junius des Jahres 1597 fiel in und bei der Stadt Stralsund über Nacht ein starker Blutregen. Man fand am anderen Morgen, besonders in etlichen Gärten vor dem Frankenthore, die Bäume, Kräuter, Laub und Gras mit dicken Blutstropfen bedeckt, und da wo kein Gras gestanden, die Erde mit Blut besprengt und gefärbt. Auch ein Bettkissen, welches über Nacht in einem Garten liegen geblieben war, fand man voller Blutstropfen, und als man die auswaschen wollte, zertheilten sie sich in kleine Kreuze, so aus dem Zeuge nicht herausgingen. Das Merkwürdigste aber war, daß die Fischer aus dem Grunde des Wassers Steine heraufzogen, auf denen Blutstropfen waren, die also nicht einmal von dem Wasser, darin sie gelegen, hatten können abgespült werden. (A. Haas, S. 191)

Am 3. Juli 1597 erfolgte sodann in Stralsund abermals ein Blutregen, und diesmal nicht nur in demselben Garten, wo er am 16. Juni beobachtet worden war, sondern auch in der Baden-, Semlower- und Heilgeiststraße. Am 2. Juni regnete es in und vor der Stadt Stralsund Schwefel, und endlich fiel in eben jenen Tagen Feuer auf die Marienkirche, wie solches von dem ehrwürdigen Herrn Paul Mentz, dem Prediger, und anderen glaubwürdigen Personen gesehen worden war. (A. Haas, S. 191)

Scheinbar rotgefärbter Regen fiel am 23. Mai 1592 auf die Pommersche Residenzstadt und löste Panik, Aberglauben und Schrecken aus. Nach anderen Berichten wiederholte sich dieses seltene Naturerscheinung 1597 in Stralsund. Sie wurde als trauriges Vorzeichen gedeutet, und Herzog Bogislaw XIII. (1544-1604) wies zu bestimmten Stunden den Kirchenbesuch für alle Untertanen an, um der drohenden göttlichen Strafe zu entgehen. (Usedomer Kreiszeitung 10. 05. 2010)

Der letzte Blutregen, der in Pommern beobachtet worden ist, fiel am 11. März 1901 mittags zwischen 1-1:1/2 Uhr; es wurde damals nachgewiesen, daß dieser Blutregen durch Passatstaub rötlich gefärbt worden war, denn in der Nacht vom 9.-10. März war die Insel Sizcilien und ein großer Teil Italiens von einem heftigen Sirocco heimgesucht worden, in dessen Gefolge ein starker Blutregen gefallen war. (A. Hass, S. 192)

Blutregen eine Bezeichnung im Mittelalter, die oft gebraucht wurde. Es handelt sich hierbei um ein harmloses Phänomen. Durch Sandstürme in der Sahara werden rote bis ockerfarbene Staubteilchen kilometerhoch in die Atmosphäre gewirbelt. Bei bestimmten Wetterlagen werden diese dann vom Wind in Richtung Norden, über die Alpen hinweg bis nach Norddeutschland transportiert. Hier werden sie vom Regen ausgewaschen.

Man observirete um die Zeit (1598) eine ungemeine Dürre und langwierige Sonnen=Hitze, worauf ein Mißwachs und theure Zeit in Pommern und Rügen erfolget, dergestalt, daß das Korn zu einem hohen Preise gestiegen. Auf die Hungers=Noth entstand im folgenden Jahre die Pest, und überall grassirende Seuche, weswegen in Rügen eine ziemliche Menge Leute gestorben. (Altes und Neues Rügen, S. 90) Anno Christi 1599: Dis jahr hat einen trefflichen harten winter und grausame kälte geben, die continue etliche wochen gewährte, deren gleichen in dieser gegend keine menschen gedencken können. Es seind leute, thiere und vögel todt gefroren, bäume und kräuter sonderlich nüsse, pfirsich-und mandel-bäume und was sonst weiche rinden gehabt, wie denn auch das mehrentheil der winter-saat vom froste verdorben, welches folgends grosse noth und theurung zu wege bracht. (Bohlen, S. 376) Die Kälte dauerte vom November bis Ende Februar, im Sommer war große Hitze und Dürre. (Gronau, S. 69) Ebenfalls ein harter Winter 1600, noch um Ostern fiel ein ungewöhnlich tiefer Schnee, der den darauf folgender strenge Kälte 14 Tage liegen blieb. Das Vieh kam erst nach Pfingsten auf das Feld, die Bäume waren eine große Theurung entstand. (Gronau, S. 69)

1599 war anfangs nichts vom Winter zu spüren. Erst im Februar des folgenden Jahres stellte er sich mit solcher Heftigkeit ein, daß Vieh und Geflügel erfroren. (Stralsunder Blitz-Licht, 04.06.2006) Auch der folgende Winter brachte so große Kälte in Stralsund, daß im Stadtwald von Stralsund Eichen, Buchen und Eschen umstürzten. Die Kälte dauerte bis über Ostern hinaus, fast bis Pfingsten. (Stralsunder Blitz-Licht, 04.06.2006)

Diß 1600 jahr hat nicht allein einen sehr kalten winter, sondern auch ein unlustig kalt vor-jahr und sommer geben, daß man noch umb Johannis aus und folgends in den hundstagen die stuben hitzen müssen und der peltze fast den gantzen sommer durch nicht entrathen können, daher das graß späte hervorkommen und ist wegen mangel futter und grases, auch grosser kälte und ungeschlachtes vieh und pferde überhäuffig gestorben, in den morasten und auf der spät aufkommen, böse blustenzeit gehabt und langsam gereiffez und erst nach Jacobi die rocken-ernte alhie angegangen, welches grossen mangel gebieret und die im schwange gehende theurung mercklich gehäuffet. (Bohlen, S. 401)

1603 wird über einen kalten Winter berichtet. (Gronau 1794) Der Winter 1604 war ein streng und lang anhaltend. (Gronau 1794)

Diß jahr 1604 hat es einen sehr trocknen sommer geben, also, daß es in ethlichen monaten fast wenig geregnet und dabei sehr kalt gewesen, dadurch das sommer-getreide, gersten, habern und erbsen an manchem ort sehr dahinter geblieben und in hohem preise fast theuer worden. Gar kein baum-mast ist gewesen, doch ist solcher mangel ethlicher massen durch den buchweitzen, der sehr wol gerathen, ersetzet. (Bohlen, S. 427)

Der Herbst war sehr mild, um Weihnachten war es sehr warm. (Gronau 1794)

...weide erfroren und umbkommen, also daß mancher armer mann seiner anspannige beraubet und die pflug müssen liegen lassen. Es ist auch alles getreide und früchte gar...

> *Ende Februar und Anfang Merz 1605 fing es wieder heftig zu frieren an, jedoch dauerte die Kälte nicht lange. (Gronau, S. 70) Dis jahr hat eien ziemlichen gnädigen winter aber gar drogen sommer und herbst geben, daß alle wasser klein worden und viele mühlen feiren müssen, daher auch die sommer-früchte an manchem orte sehr dahinden geblieben. Weitzen und roggen aber neben der eichel-mast und hopffen ziemlich gerathen und nachdem vom verschiedenen Jahre auch noch ziemlicher vorrath an getreide überblieben (denn es draussen auch allenthalben gut wolfeile zeit, drumb wenig verschifft worden) ist es mit dem getreide noch im leidlichen wolfeilen stande anitzo geblieben. (Bohlen, S. 520)*

Wiederum trat ein kalter Winter 1606 auf. (Gronau 1794) Im Curieuser Geschichts Calender (S. 9) kann man über den 30 Jul.1606 folgendes lesen:

> *War ein Regen von lauter Staub/Sand/worauff Donner und Blitz mit grossem Hagel erfolget/und fast eine Stunde gewähret.*

Der Winter 1607 war außerordentlich gelind. Es war ein sehr trocknes Jahr. (Gronau 1794)

> *Der strenge Winter 1608 war fast in ganz Europa gespüret. Vom Thomastag dieses Jahres (1608) an begann eine sehr strenge Kälte, welche mit ganz kurzen Unterbrechungen zwey Monate lang dauerte, die Flüsse waren wie von Erz, auch bey Padua (Italien) der Schnee unerhört tief, die Weinstöcke und die Wintersaat litten sehr, die Hälfte der Vögel und des Wildprets, und Vieh der vierte Theil des Viehmeng theils durch Kälte in den Ställen, theil aus Mangel an Futter zu Grunde; aus letzeren Umstand sollte man schliessen, daß auch die Kälte längere Zeit noch angehalten hätte. In Frankreich wurde diesem Winter keiner mehr an Kälte bis 1790 gleich geschäzt (Theat europ.). (Schnurrer, S. 155, Teil 2)*

Es folgte darauf ein feuchter, kühler Sommer. (Gronau 1794)

> *Der Winter 1609 war so gelind, daß Blumen und Bäume zu blühen anfingen, und Hopfen wuchs. (Gronau, S. 70) 1611 war der Winter hart. (Gronau 1794) Der Winter 1612 fing im Oktober 1611 an und dauerte über 13 Wochen. Der Sommer war heiß und dürre. (Gronau, S. 71) Der Winter 1613 war sehr gelind gewesen, und nur 2 mal war Schnee gefallen, der Frühling war sehr trocken gewesen. Der Sommer war kühl und naß. (Gronau, S. 71)*

1613 erhält Bergen auf Rügen das Stadtrecht. Der Winter 1615 war sehr streng. Der Sommer heiß und trocken, es gab viele und starke Stürme. (Gronau 1794) Bei einem starken Sturm wurde der Bug/Rügen 1615 völlig überflutet.

Auch in diesem Jahr 1616 war der Winter streng und anhaltend, mit viel Schnee; ihm folgte ein sehr heißer dürrer Sommer. (Gronau, S. 72) Dagegen war der Winter 1617 sehr gelinde. Im Januar und Februar waren die Felder voller Blumen, und Lerchen und Drosseln ließen ihren Gesang hören. (Gronau, S. 72)

1621 entfacht ein großer Sturm das Schmiedefeuer in Bergen. Die Folge war ein großer Brand bei dem 100 Hausstellen zerstört wurden. Auf der Insel kam es in gleichen Jahr in folge von Misswuchs zu einer großen Teuerung.

Ein strenger lange anhaltender Winter 1624, mit ungewöhnlich tiefen Schnee, auf den ein heißer dürrer Sommer folgte. Die Hize und Dürre dauerte 3 Monate. Der Herbst war desto nasser. (Gronau, S. 73, Schnurrer, S. 166, Teil 2) Dann kam die Pest ins Land, die schon seit 1624 in Pommern wütete. Sie raffte in den 5 Jahren, die sie andauerte, allein in dem kleinen Bergen weit mehr als 1000 Menschen hin. (Wehrmann, S. 11)

Die Sturmhochwasser 1625

Am 06.Februar 1625 hatte eine gewaltige Sturmfluth allen Küstenstrecken unberechenbaren Schaden gethan; in Stralsund stand damals das Wasser ellenhoch in den Kellern der niedrigen nach dem Hafen zu gelegenen Häuser; Mauer und Wall am Knieper Rondeel, das Fährhaus, alle Brücken, eine Reihe von Häusern, Buden, Mühlen, welche dem Strande näher lagen, wurden entweder ganz vernichtet, oder schwer beschädigt; gegen 16 Schiffe strandeten oder gingen im Hafen zu Grunde; man taxierte den angerichteten Schaden in Stralsund allein auf 50,000 Gulden. Aehnlich sah es anderwärts an den Küsten aus.

Der Curieuser_Geschichts_Calender 1600-1690 (S. 29), Wackenroder (S. 103) und Micraelii (Viertes Buch, S. 116) berichten über dieses Sturmhochwasser wie folgt:

> In selben Monat hat sich die Ostsee dergestalt ergossen/ daß dadurch in Vor-Pomern allenthalben großer Schaden an Häusern/ Dämmen/ Brücken/ und Schiffen geschehen.

Quelle: Curieuser_Geschichts_Calender S. 29

> Diesen traurigen Todes-Fall, da ihn die Menschen nicht gnugsam betrauren konten, hat gleichsam das Balthische Pomersche Meer selbst beweinet, und sich durch einen Nord-Osten-Wind dermassen ergossen, daß auf Usedom, Greiffswald, Stralsund und Rügen grosser Schade geschehen. Die Bade-Brücke zu Stralsund war mehrentheils mit Wasser bedeckt, welches über das Bollwerck zu gehen drohete. In Rügen an den niedrigen Orten schwemmeten die Häuser in Wasser, und musten die Leute auf die Balcken und Dächer sich retiriren; wobey der hefftige Sturm-Wind an Thürmen und Häusern nicht geringen Schaden verursachte. Die Landes-Stände, nachdem

Quelle: Wackenroder, S. 103

Diesen traurigen Todesfall, da ihn die Menschen nicht gnugsam betrauren konten, hat gleichsam das Balthische Pommerische Meer selbst beweinet, und sich viele Tage nach des hochseligten Fürsten Abschied dermassen durch einen Nord-Ostenwind ergossen, daß dadurch nicht allein Greyffswald, Stralsund und Wollin, sondern auch Wismar, Lübeck und andere Oerter, die langst am Meer liegen, grossen Schaden an Häusern, Dämmen und Brücken erlitten haben, und die Schiffe an etlichen Orten von den grossen Fluten auffgenommen, und auff die Wälle an den Städten oder auff die Steindämme gebracht, und daselbst niedergesetzt seyn, daß sie kaum mit großer Mühe nach verlauffenem Wasser von dannen an ihren Orten könten gebracht werden. (Johannis Micraelii, Viertes Buch, S. 116)

Dazu kamen die Verheerungen, welche in diesen Jahren die Pest, die stetige Begleiterin großer Kriege auch in Pommern, zuerst namentlich in dem stettinischen Landestheil anrichtete; im Jahre 1625 sollten in Stettin nicht weniger als 2000 Menschen von derselben dahin gerafft sein (Fock, Bd VI, S. 111, 112)

Die Witterungsverhältnisse im Dreißigjährigen Krieg auf und um Rügen

Ein gravierender Einschnitt in die Geschichte war der Dreißigjährige Krieg (1618-1648). Diese Auseinandersetzung fand zwischen dem habsburgischen Kaiser Ferdinand II. und den protestantischen Mächten innerhalb des Heiligen Römischen Reiches statt. Dieser Konflikt weitete sich so aus, dass neben Dänemark, Schweden, auch Spanien, Frankreich und die Republik der Vereinigten Niederlande in den Krieg verwickelt waren. Zwischen Schweden und Dänemark ging es um die Kontrolle der Ostsee.

Auslöser für den Dreißigjährigen Krieg war der Fenstersturz zu Prag am 23. Mai 1618. Es werden vier größere kriegerische Auseinandersetzungen unterschieden. Diese werden nach den Gegnern des Heiligen Römischen Reiches Deutscher Nation benannt. Böhmisch-Pfälzischen Krieg 1618-1623, Dänisch-Niedersächsischer Krieg 1623–1629, Schwedischer Krieg 1630–1635, Schwedisch-Französischer Krieg 1635–1648.

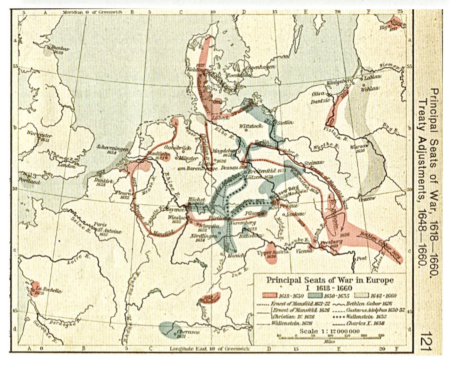

Karte 4   Wichtige Kriegsschauplätze während des Dreißigjährigen Krieges 1618 - 1660

1627 wirkte sich dieser Konflikt auch auf das Herzogtum Pommern aus. Für das geschwächte Herzogthum unter der Herrschaft von Bogislaw XIV. wurde der Krieg zu einem Desaster. Eine umfassende Darstellung des Verlaufs des Dreißigjährigen Krieges und der Ereignisse in Pommern und Rügen würden zu weit führen. In den weiteren Verlauf soll nur auf einige markante Ereignisse und Folgen für die einheimische Bevölkerung eingegangen werden. Kaiser Ferdinand II. wollte den gesamten Ostseeraum beherrschen und mit diesem Ziel die Vorherrschaft Dänemarks-Schwedens im Ostseeraum zu brechen. Mit der Eroberung der Ostseeküste standen besonders die Hansestädte wie zum Beispiel Lübeck, Wismar oder Stralsund im Mittelpunkt des Interesses. *Graf Wallenstein erteilte dem kaiserlichen Obersten Hans Georg von Arnim Boitzenburg (1583-1641) den Befehl, sich aller Oerter an der Küste, vorzüglich Stralsunds, zu bemächtigen. (v. Rothenburg, S. 153)* Stralsund spielte durch seine strategische Lage eine besondere Rolle in den Plänen Wallensteins (Abb. 67).

Abb. 66   Bogislaw XIV. Ölgemälde um 1632

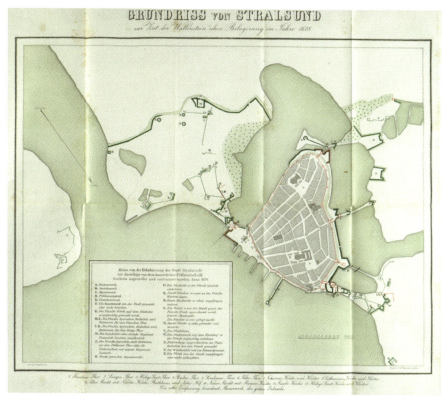

Abb. 67   Grundriss der Hansestadt Stralsund zur Zeit der Belagerung Wallensteins

Stralsund bildet ein Dreieck, dessen eine Seite das Meer bespült, während die beiden andern dem Lande zugekehrten Seiten ein 300 bis 600 Schritt breiter, morastiger See umgib führt. Nur drei Dämme, die zu den drei Thoren, in den Spitzen des Dreiecks führen, bilden die Zugänge zur Stadt. Die Werke derselben bestanden aus acht Bastionen, und den sie verbindenden Courtinen von Erde, mit gemauerten Futterungen, hinter denen die erste, noch ältere Stadtmauer, mit Mauerthürmen sich erhob. Außenwerks lagen theils auf den drei erwähnten Dämmen, theils vor denselben und namentlich wurde das südlich, am Meere gelegene Frankenthor, durch ein Außenwerk in Gestalt eines Hornwerks, gedeckt. (v. Rothenburg, S. 154-155)

Die Hansestadt Stralsund begann 1627 mit der Modernisierung und dem Ausbau der Stadtbefestigung. Neben der Anwerbung von Söldnern wurden große Mengen Kriegsmaterial bereitgestellt und darüber hinaus wurde die Bevölkerung der Stadt aufgefordert, sich mit Lebensmitteln zu bevorraten.

Um diese Einquartierung der kaiserlichen Truppen zu organisieren, fand in Franzburg ein Treffen mit Herzog Bogislaw XIV. von Pommern statt. In der Kapitulation von Franzburg vom 16. November 1627 wurde im Artikel 35 festgelegt, daß zum Schutz Pommerns kaiserliche Truppen einquartiert werden sollten. Es wurden 12 Regimenter Infantrie und acht Regimenter Kavallerie mit ungefähr 40 000 Mann einquartiert. Aus den anfänglich sechs Wochen wurden drei Jahre für einige Städte sogar vier Jahre.

Jenes umfangreiche Aktenstück der Franzburger Kapitulation hatte eine Menge Bestimmungen erhalten, die die Härte der Einquartierung so viel wie möglich mildern sollte - aber schnöder ist selten einem Vertrage Hohn gesprochen worden, wie diesem von Seiten des friedländischen Kriegsvolkes. (Hanncke, S. 13)

Die Stadt Stralsund, welche unter der Landeshoheit der Herzoge von Pommern stand, zugleich aber ein Glied des Hansebundes war weigerte sich hartnäckig, kaiserliche Besatzungen aufzunehmen. Arnim nahm daher zur List seine Zuflucht, und verlangte Durchzug mit 1000 Kürassieren, und 5 Kompanien Fußvolk nach der Insel Rügen, welche er bereits durch 4 Regimenter besetzt hatte, und trat, als auch dieses abgelehnt wurde, mit dem Rathe der Stadt wegen einer zu zahlenden Kontribution, (150 000 Rthl.) in Unterhandlung. (v. Rothenburg, S. 153)

Ende Dezember 1627 kommt *der kaiserl. Oberst Sparre im Auftrag von Armin nach Stralsund, verlang 15 0000 Rhtr. als Loskaufung von der Einquartierung. (Zober, S. 23)* Der Vorschlag wurde abgelehnt.
Bis Ende Januar 1628 fanden Verhandlungen ohne Ergebnisse zwischen Oberst Sparre und der Stadt statt. Am 04. Februar wird die Insel Dänholm von den kaiserlichen Truppen eingenommen.

Abb. 68   Belagerung Stralsund im Dreißigjährigen Krieg 1630

Die Mannschaft einiger ausgeschickter Böte, und die, bei dem Ziegelhofe versammelten Bürger, beschossen noch am 24 Februar die Kaiserlichen auf der Insel anhaltend, und machen 21 Gefagene. Es traten hierauf Verhandlungen ein, während welchen die begonnene Blockade des Dänholms einige Zeit aufgehoben, dann aber fortgesetzt wurde. Der auf dem Dänholm kommandierende, kaiserliche Hauptmann Scallendorf, konnte sich endlich vor Hunger nicht mehr halten, und mußte am 5. April kapitulieren. Er zog nach Rügen ab, und die Stralsunder besetzten den Dänholm mit 100 Mann, unter dem Hauptmann Volkmann. (v. Rothenburg, S. 153, 154)

Arnim ließ es bei seinen drohenden Worten nicht bewenden, er schritt zur That; denn schom am 13ten ds Mai´s rückte er mit einem Belagerungsheere von 8000 Mann in da, etwa ¼ Meile von der Stadt entfernte [Heiden=, Heyen = oder Heinholz] und begann so die eigentliche merkwürdige Belagerung, in welcher des damals Alles vermögenden Wallensteins Kriegsruhm zum erstenmale scheiterte. (Zober, S. 123)

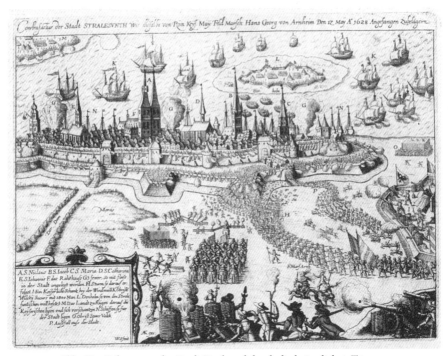

Abb. 69   Belagerung der Stadt Stralsund durch die kaiserlichen Truppen

Diese zahlreichen Verstärkungen haben den Muth der Bürger, und erregten in Wallenstein die Besorgniß, daß die Schweden und Dänen in Pommern landen, und ihn mit vereinten Kräften angreifen würde. Häufige Regengüsse trieben die kaiserlichen Soldaten oft aus den Laufgräben, und der immer drückendener werdende Mangel an Lebensmitteln, erregte die größte Unzufriedenheit. Wallenstein verließ daher das Lager, ging nach Güstrow in Mecklenburg, und schrieb dem General v. Arnim, daß er die Belagerung unter dem Vorwande, es geschähe auf dringende Bitten des Herzogs von Pommern, aufheben möge. (v. Rothenburg, S. 158)

Am 22. Jul. 1628 ward die Belagerung Stralsund mit grossem Verlust der Käyserlichen aufgehoben (Curieuser_Geschichts_Calender, S. 32.)

Der Mut der Stralsunder Bürger und die Hilfe Dänemarks und Schwedens war die Grundlage für die erfolgreiche Verteidigung der Stadt Stralsund.
In den kleinen Städten auf der Insel Rügen kam es dagegen zur Einquartierung der Truppen Wallensteins. Aus einer ursprünglichen vier Monate dauernden Einquartierung wurden drei Jahre, die fast zum vollständigen Ruin führten. Die einheimische Bevölkerung mussten die Truppen versorgen.

Das folgende Zitat soll verdeutlichen, welche wirtschaftlichen Anstrengungen die Bauern auf der Insel Rügen unternehmen mussten, um die Stäbe und die Truppen Wallensteins zu versorgen.

> Der Herzog von Holstein verlangte allein für sich und seinen Stab täglich: einen halben Ochsen, 2 Schafe, 6 Hühner, 2 Gänse, 10 Pfd. Butter, 1 Kalb, ein halbes Schwein, 1 gedörrte Gans, 4 Pfd. Speck zum Spicken und zu Pasteten, 10 Pfd. gedörrtes Fleisch, 2 Scheffel Roggen zum Verbacken, 1 Scheffel Weizen zu Weißbrod und sonstigem Backwerk, 1½ Tonne Bier, 4 Pfd. Lichte, 20 Eier. Außerdem noch wöchentlich: 36 Reichsthaler zu Wein, Gewürz und Confect, 1 Scheffel Erbsen, ½ Tonne Essig, 1 Scheffel Hafergrütze, 1 Scheffel Gerstgrütze, 20 Pfund Stockfisch, ein Achtel Hering, ½ Tonne Salz. Der Oberst Sparr, welcher später im

Quelle: Fock Bd VI, S. 304, 305

Rechnet man die Abgaben auf einen Monat mit 30 Tagen hoch, so mussten die Bauern z. B. **60 Schafe, 180 Hühner, 60 Gänse, 300 Pfund Butter oder 30 Kälber** an den Stab des Herzogs von Holstein liefern. In der Chronik von Wackenroder kann man zur Einquartierung der kaiserlichen Truppen folgendes lesen. *Wie kostbar diese Unterhaltung dem Lande gewesen, ist daraus abzunehmen, daß ohne freyen Unterhalt, jeden Monat Pommern und Rügen 38 000 Rthl,* das entspricht heute **58.140,00 Euro,** *aufbringen müssen. (Wackenroder, S. 105)*

Die Auswirkungen der Einquartierungen waren verheerende Hungersnöte und Seuchen und ganze Landstriche wurden entvölkert. Zwischen 1626 und 1630 starben allein in Bergen ca. 1200 Menschen an der Pest. (Beiträge zur Geschichte der Stadt Bergen)

Schweden griff erstmals 1628 mit einem Hilfskontingent bei der Verteidigung Stralsunds in den Dreißigjährigen Krieg ein.

Durch die Einquartierung der kaiserlichen Truppen verschlechterten sich die Lebensbedingungen der einheimischen Bevölkerung auf der Insel Rügen dramatisch.

Aber es war zu spät. Was schon längst voraus gesehen war erfolgte, eine Hungersnoth brach herein und decimirte nebst Krankheiten aller Art, zu denen im Sommer 1629 noch eine verheerende Pest kam, die unglückliche Bevölkerung. Von den entsetzlichen Zuständen des Landes im Frühjahr 1629 giebt eine an die im Mai zu Ückermünde versammelten pommerschen Landstände gerichtete Beschwerdeschrift der Rügianer eine ergreifende Darstellung.

> heit beginnen darnieder zu legen, und weil sie vorgesetzte Mittel nicht mehr schaffen können, ihnen selbst Arme und Hände abzufressen. Kinder haben ihrer verstorbenen Mutter die Brüste abgefressen. Etliche haben gleich dem unvernünftigen Vieh an der Erde gelegen und das Gras gegessen, weil ihnen von den Soldaten kein Kesselchen oder Topf gelassen, darin sie es kochen können. Etliche haben das Gras gekochet und also genießen wollen, ist ihnen aber von denen auch Hunger leidenden Soldaten vor dem Maul weggerissen, und das Gefäß dazu genommen worden."
>
> „Eltern wollen wegen großer Hungersnoth ihre Kinder umbringen, inmaßen denn ein Bauersmann im Poseritzer Kirchspiel seinem Kinde, wie es um ein Stück Brodes gebeten, er es aber nicht zu geben gehabt noch zu bekommen gewußt, die Gurgel abstechen wollen, es auch vollbracht hätte, wenn nicht die Mutter, ohne Zweifel durch Gottes des Allmächtigen Wirkung, darüber zu kommen und es verhütet."
>
> „Solch jämmerlich Wesen und Elend" — heißt es dort, — „hat vielen Menschen das Leben gekostet, so vor Angst, Traurigkeit und Herzeleid gestorben."
>
> „Noch viel mehr werden vom Hunger hart geplagt und ziehet jetzt allererst die Noth je mehr und mehr recht an, indem viele unerhörte erbärmliche Exempel sich begeben, daß diejenigen, so sich etliche Wochen hero von den Knospen der Bäume, hernach von dem Grase auf dem Felde, oder von Kleie mit Heusamen genmenget Brod gebacken, oder in der Luft aufgedörrte ungesalzene Fische gegessen, jetzt sich wegen Mattigkeit und Schwach-

Fock Bd.VI, S.308

In der Chronik von Sagard wird über diese Zeit wie folgt berichtet:

> *"...anno 1629, als die kaiserlichen Truppen übel im Land hausten, ging das Städtlein Sagard größtenteils in Flammen auf".*

Aus dem Kirchspiel Wiek wurde berichtet, dass „*anno 1629 ein großes Sterben folgte, da die Leute für großen Hunger trockene Kleie, Moos von den Bäumen backen und essen mußten, wovon Blutgang und hitziges Fieber entstanden, daß in diesem Kirchspiel allein vom 17. Juli bis Weihnachten 229 Menschen sterben mußten lt dem Totenregister." (Lenz, S. 34)*

K. Lenz (1958) schreibt, *daß für Rügen angenommen werden kann, daß die ländliche Bevölkerung durch Tod oder Abwanderung während des Krieges zwei Drittel ihres Bestandes eingebüßt hat (S. 42).*
Neben dem Rückgang der Bevölkerung waren auch zwei Drittel der Bauerhöfe verwüstet. Über die Verwüstungen schreibt Lenz (1958),

> *daß die fünf Feuerstellen…..im Dorf Varbelvitz (Kirchspiel Gingst) in der der großen Kriegs- und Pestzeit, anno 1625 und föliglich ganz verwüstet und ausgestorben (waren), so daß nicht mehr denn zwei Mannpersonen, als Claus Simon und Claus Tetzenfitz beim Leben geblieben. Auch das dazu gehörige Dorf Kubitz einschließlich der Fähre war „ganz verwüstet und von Untertanen entblößt. Das Ackerwerk Gagern hat ganz wüst gelegen. Dorthin gehörten 58 Pflugdienste, itzo aber nur ein Pflug aus Vireye (d. i Vieregge), von 12 Kossaten blieben nur vier übrig. „ Zum Rosengarten sein Pflügen gewesen 39, davon itzo noch vorhanden 4, aber gar unvermögend. Kossaten gewesen 9. Itzo gar keine, als 1 zu Sehlen.(S. 42)*

Ein Kossät musste als Gegenleistung für die Überlassung eines Hauses und eines Grundstücks für eigene Bewirtschaftung an den Grundherrn nicht nur Zinsen in bar und Naturalien (z.B. Hühner, Getreide) sondern auch "Hand- und Spanndienste" leisten, d.h. bei der Ernte helfen usw. Quelle: http://historische-berufe.de/BERUFE/kossaet.html

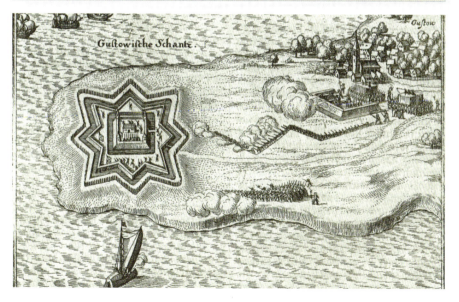

Abb. 70   Gustower Schanze/Rügen um 1630

Die Witterungsverhältnisse und Folgen nach dem Dreißigjährigen Krieg

Im Frühjahr 1630 besetzt Schweden zunächst die Insel Rügen. König Gustav II. Adolf von Schweden und seine Truppen landen im Juni 1630 auf der Insel Usedom und drängte anschließend bis Sommer 1631 die kaiserlichen Besatzungstruppen aus dem Herzogtum hinaus (vgl Karte 5).

1630 gieng es sehr über die Höltzung aus Rügen, indem gantze Wälder von den Kaiserl. Soldaten abgehauen, und dem Vulcano aufgeopfert wurden, weswegen der Holtz=Mangel an vielen Orten groß ist. (Wackenroder, S. 112) 1630 brach in Bergen die Pest aus. Der Sommer 1631 war sehr heiß. (Gronau 1794)

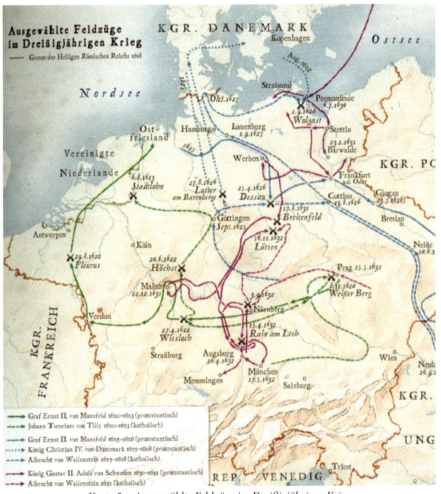

Karte 5 Ausgewählte Feldzüge im Dreißigjährigen Krieg

In Rügen (1631) fieng man nun wieder an die Saat=Zeit zu bestellen, wiewohl annoch grosse Hungers=Noth und Pest grassirte. Man verspürte in den Feldern so viele Mäuse, als man niemahlen vorhin dencken mochte, welche denen Korn-Früchte nicht geringen Schaden zufügten. Es entstand auch in Bergen ein so großer Brand, daß das grösseste Theil des Städtleins in die Asche zerfiel, und sethers es sich nicht wieder erhohlen können. (Wackenroder, S. 109) War wiederum ein heftiger und langer Winter 1632 mit tiefen Schnee und ein sehr spätes Frühjahr. Noch am 17. May fror es Eis, und blieb bis in den Junius hinein unangenehm und kalt. Der Sommer war heiß und trocken. (Gronau, S. 75) 1633 entfachte ein großer Sturm in Sagard das Schmiedefeuer, durch den anschließenden Brand wurden 33 Hausstellen zerstört. 1635 wird über einen sehr kalten und langen Winter berichtet. (Gronau 1794) Der Winter 1636 war feucht und unbeständig, doch kam im Februar noch anhaltender starker Frost nach. Das Jahr war sonst schlecht und unfruchtbar. (Gronau, S. 76)

Mit Bogislaw XIV. stirbt 1637 das pommersche Herzoghaus aus. Schweden übernimmt im Frühjahr 1638 auch die Zivilverwaltung in Pommern. Der Oberbefehlshaber Johan Banér wurde als erster Generalgouverneur eingesetzt. Dem Generalgouverneur unterstanden je ein Vizegouverneur für Vor- und Hinterpommern.
Im Ratsausgabebuch der Stadt Stralsund von 1637/38 (Rep. 38 Nr. 1516 2 Bde.) wird über einen harter Winter mit viel Schnee und Eis berichtet. *Der Winter 1638 war bis zum Februar ziemlich stark mit vielen Schnee. Die Unfruchtbarkeit und Theurung hielt noch an. (Gronau, S. 76) In Rügen fieng die Pest 1639 gewaltig an zu toben, so in kurzer Zeit eine grosse Anzahl Menschen dahin riß. (Wackenroder, S.123)* Hatten einen harten und langen Winter 1640. (Gronau 1794)

1641 fand sich im Julius mit Anfang der Hunsluge eine so ungewöhnliche Kälte ein, daß es hin und wieder Eis fror, und fast kein Obst reifen konnte. Im Oktober fror es ebenfalls sehr stark. (Gronau, S. 77) Auch dieser Winter 1643 war hart und streng, der Sommer kühl und regnicht, am 19 Oktober fiel ein fast Ellenhoher Schnee auch gab es sogar im Winter starke Gewitter. (Gronau, S. 78)

Der Winter 1644 war kalt und mit viel Schnee, Bei Wackenroder (1730) heiß es dazu:

Merckwürdig ist, daß, als vor zwei Jahren (1644) zwischen Fastnacht und Ostern ein so tieffer Schnee gefallen, daß man über Zäune und Hakelwercke fahren können, die darauf erfolgten beyden Jahre (1645, 1646) an erwünschtem Feld-Seegen und Korn-Zuwachs durch Gottes Gnade sich herrlich erwiesen.

Der Winter 1646 war sehr streng. Der Sommer war heiß und trocken und mit starken Gewittern. (Gronau 1794) Wackenroder (1792) schreibt über das Jahr 1647:

und der Erden gleich gemachet worden. In diesem Jahre war eine ungewöhnliche Hitze und ungemein Donnerwetter, welches die schöne und herrliche Spitze zu St. Marien in Stralsund leider! erfahren müssen: Denn es schlug das Gewitter am 10. Augusti, nicht weit von dem Knauff, oben im Thurm, und verursachte eine Entzündung, die, wegen Unbequemlichkeit des Ortes, nicht zu löschen war; daher geschahe, daß in dem Augenblick, da der Seiger 12. geschlagen, der Thurm, wiewohl ohne Beschädigung der Kirche, herunter gefallen. Diese Spitze wurde für die ansehnlichste und höchste gehalten an der gantzen Ost-See, indem sie über 200. Ellen von der Erden gewesen, und zu Rostock hat können gesehen werden. Sie war denen Schiff-Leuten ein neuer Pharus, und wurde der Verlust von ihnen sehr beklaget.

Quelle: Wackenroder, S. 127

Die Witterung und die Folgen der Nordischen Kriege für Rügen

Das Eingreifen Schwedens in den Dreißigjährigen Krieg war mit Entschädigungsforderungen verbunden. Diese bestanden in der Abtretung von Territorien und finanziellen Zahlungen.

Durch den 1648 Westfälischen Frieden gingen die Herzogtümer Bremen und Verden, sowie die Herrschaft über die Stadt Wismar und die Insel Poel, das Herzogtum Vorpommern mit Stralsund, Rügen und Usedom sowie ein Teil des Herzogtums Hinterpommern mit der Insel Wollin, den Städten Stettin, Cammin, Gollnow, Damm und Gartz mit dem gesamten rechten Oderufer an Schweden. Es erhielt diesen Teil als ewiges Reichslehen und war in diesem Zeitraum Teil des Heiligen Römischen Reiches. Diese Zugehörigkeit zu Schweden hatte allerdings einen Nachteil. Kam es zu einem Krieg auf dem Kontinent, dann war nicht nur Schweden sondern auch Pommern davon betroffen, wie die weitere Entwicklung zeigte.

Schwedisch-Pommern wurde von 1648 bis 1806 von einem Statthalter oder einem Generalgouverneur verwaltet, der vom schwedischen König ernannt wurde und dem schwedischen Hochadel angehören musste. Das höchste schwedische Gericht auf dem Kontinent hatte ab 1653 seinen Sitz in Wismar.

Hinterpommern fiel an das Kurfürstentum Brandenburg. Der genaue Grenzverlauf wurde nach langwierigen weiteren Verhandlungen zwischen Brandenburg und Schweden erst im Stettiner Grenzrezess von 1653 festgelegt.

Im Herbst 1648 wird über einen heftigen Sturm auf Rügen berichtet, *welcher an Häusern und Kirchen-Dächern nicht geringen Schaden gethan, wie denn auch der Thurm zu Gingst vom Kupfer mehrentheils entblösset worden. Wie nun die Kirche zu den Mitteln nicht gelangen kunze, der Thurm mit neuen Kupffer ganz zu belegen, so ist er mehr, als über die Helffte mit Eichen =Spohn bedecket worden. (Wackenroder, S. 128)* Der Sommer 1652 war sehr heiß, mit schweren Gewitter, Platzregen und Wolkenbrüchen. (Gronau 1794) Bereits im Zweiten Nordischen Krieg, auch Kleiner Nordischer Krieg oder Zweiter Polnisch-Schwedischer Krieg genannt, der von 1655 bis 1660 dauerte, wurde Pommern zum Kriegsschauplatz.

Karte 6 Schwedisch-Pommern

Nordischen Kriege waren mehrere militärische Konflikte um die Vorherrschaft im Ostseeraum. Diese Konflikte fanden zwischen wechselnden Staaten statt. Sie dauerten von 1554 bis 1721. Da unterschiedliche Staaten beteiligt waren, konnte sich keine einheitliche Nomenklatur etablieren. Die Folge ist, dass die Zählung der Konflikte, die man als Nordischen Krieg bezeichnet, stark variiert.

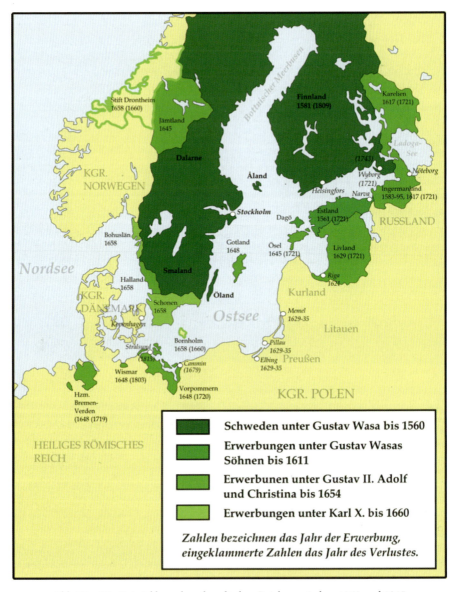

Abb. 71 Die Entwicklung des schwedischen Reiches zwischen 1560 und 1815

Sonsten war der Winter 1658 und die Kälte so strenge, als den Menschen Dencken nicht gewesen davon die Schweden profitirten, und mit ihrer Armee übers Eys nach Dänemark giengen; Es wird auch erzehlet, daß einige Leute von Hiddensee auf Rügen nach Möen in Dänemark, auch nacher Bornholm übers Eys zu Fusse gegangen.

(Wackenroder, S. 133, Curieuser_Geschichts_Calender, S. 61) Pastor Christian Schrulius schrieb in sein Kirchenbuch: „Anno 1658. 9. Januar hat es des Abends 10 Uhr mit Einfallendem großem Stürmigem Schnee= Wetter zu Rügenwalde und anderen Orten gebliret und hart gedonnert. Und dieses stürmen und stürmen an Schnee und Hagel mit starker Kälte hat neun tage lang continuiret, das viele leute Verwirret und ganzte nächte im Felde und walde haben bleiben müssen, weill sie nicht gewußt, wohin Sie im Ungestümen sich wenden sollten, auch Etliche tod gefroren. Gott behüte für schleunig auffdauend, das nicht Wasserfluhten großen landschaden verursachen. Aber, ach leider, großer Schaden ist hin und her geschehen an Teichen und Dämmen. Indem der Winter bis nach Maria Verkündigung (25. März) bestendig gedauert...." (Unser Pommerland, S. 274)*

Im Ausgabebuch des Rates der Stadt Stralsund von 1658 findet man über diesen Winter folgenden Eintrag:

Zu Weihnachten fiel sehr viel Schnee, denn in jenem Jahr wurde die ungewöhnliche Ausgabe vermerkt, dass der Scheueldecker (der Dachdecker) mit 4 Handlangern auf das Dach des Rathauses mußte „den großen Schnee aus den rönnen vom rahthauß" zu verbringen; dafür brauchten sie 2 Tage; im Januar und März mußten „bey dieser harten Winters Zeit" an den Brüpcken Eis geschlagen und entfernt werden. Im Herbst 1660 ließ sich in Rügen ein gewaltiger Sturm-Wind verspüren, welcher die Bäume aus der Erden riß, darauf eine starke Wasser-Fluht erfolgte, da man hin und wieder von Schaden zu sagen wudste. (Wackenroder, S. 134) Hatten einen zeitigen angenehmen Frühling der Sommer war heiß und trocken. (Gronau, S. 81) In Rügen war wegen langwieriger Dürre ein großer Miswachs, und stieg das Getreyde auf sehr hohen Preis, daher viele arme Leute an andere Oerter sich zu begeben genöthigt wurden 1661. (Wackenroder, S 134) Am 15. April 1662 des Abend um 9 Uhr, entstund in Stralsund ein schrecklicher Donner=Wetter und Blitzen, und entdeckte man unten am Thurm der schönen Jacobi-Spitzen eine Entzündung, die man nicht eher wahrgenommen, als da es zu spät gewesen, indem leider! Diese Real-Spitze nebst den 4. kleinen Thürmen, die an den 4 Ecken herum gestanden, wie eine grosse Fackel gebrandt, und in wenig Stunden, samt dem Kirchen=Dache, durch die Feuers=Gluth zernichtet worden: Das Gebäu des Thurms ist in die Böttcher =Strasse gefaalen, und hat keinen Menschen beschädigt, ausser daß etliche Buden am Kirch=hofe abgebrandt, und etwa 2. Personen dabey umkommen. Allein hierbey blieb es nicht, sondern nach 2. Stunden fieng der kleine Thurm auf Nicolai-Kirchen auch an zu brennen. (Wackenroder, S. 134, 135) Der Winter 1662 war mild und feucht. Der Frühling trat auch in diesem Jahr zeitig ein, und war angenehm und warm Zu Pfingsten fiel starker Frost mit hohem Schnee, wodurch großer Schaden verursacht wurde. (Stralsunder Blitz-Licht 04.06.2006, Gronau, S. 82) Der Sommer 1666 war sehr heiß und trocken, daß hin und wieder Bäche und kleine Flüsse austrockneten. (Gronau, S. 83) Über den Sommer 1666 schrieb Pastor Christian Schrulius: Anno 1666 ist ein heißer und dürrer Sommer gewesen, das

das getreide an Vielen Orten verschienen und mißrahten. Droben am Reinstrom hitzige Krankheit regierte, weill auch die bäche versieget, groß Mangel an wasser gewesen. Darauff Ein schöner Herbst, aber Ein starker Winter von grimmiger Kälte und vielem Schnee erfolget, eben wie Anno 1658. Zwischen Engelland und Hollant groß Krieg zu Wasser gewesen, daher das Saltz sehr theuer worden, die Tonne 6 Reichsthaler. (Unser Pommerland, S. 274)

Der Winter 1667 war sehr streng und anhaltend, im Merz froren die Flüsse noch einmal zu. (Gronau, S. 83)

Anno 1667: verwichenen Sommer ist nach Walpurgis (1. Mai) hitzige Dürre und her am Sommergetreide groß auswachs gewesen, auch an vielen Orten groß mangel an Roggen, hiesige leute haben von Treptow geholet á 30 Schilling. Vor der Erndte groß Mangel an Brodkorn gewesen, das Sommergetreide schlecht, aber Winterkorn wollgedien, das auff die theurung sehr wollfeyl geworden, im herbst haben Sonderliche Würme(alß Landmaden) den außgeseeten Rogken auß dem land gefressen, das man an vielen Orten doppelt hat seen müssen. (Unser Pommerland, S. 275)

In Rügen war ein erwünschter Kornzuwachs, und regierte in Stralsund eine gar wohlfeile Zeit. (Wackenroder, S. 138) Der Winter 1669 war unbeständig und brachte noch im Aprill Kälte. War ein sehr heißes und trockenes Jahr, gegen Ende des Jahres brachten nordliche Stürme eine große Kälte. (Gronau, S. 83)

Der Winter 1670 war dagegen ungewöhnlich kalt und streng, der große und kleine Belt froren völlig zu, auch fiel eine ungeheure Menge Schnee. (Gronau 1794, Schnurrer 1825) Über den Winter 1670 berichtet Pator Christian Schrulius folgendes:

Anno 1670. Dieses Jahr ist ein überauß harter Winter von bestendigem frost und vielem Schnee gewesen, kaltes frühjahr, dürrer und heißer Sommer, mißwachs an Sommerfutter und höwschlage (Heuschlag, Wissen). Das Vieh hat wegen mangel der weide viel Staub Eingefressen, welcher debn Pferden im magen sich gesetzet, das sie folgenden Winter gelaget und hauffenweise gestorben, folgt ermuth und theurung, gärst wird theurer alß der Rogken. Scheffel Rogken 1 ½ Floren Polnisch, gärst höher, haber 12 schilling lübisch oder 1 Floren. Rind- und Schaffvieh, Schwein sind wollfeyl in allen landen. Ein Ochs der vormahls 20 Reichsthaler golten, gilt jetzo 8 Rthl.. (1 poln. Floren ist gleich 12 schilling lübisch oder gleich ein Drittel Reichsthaler)

„*Anno 1672. Dieses Jahr ist wegen des nassen Wetters im vorigen Jahresherbste an vielen Orten im leimort (=Lehmort) wenig Rogken geseet gewesen und der geseete schlecht, im Sandort aber meist woll gerathen, also das Er nicht über 12 Schilling lüb. oder Polnischen Floren verkaufft. (Unser Pommerland, S. 275)*

Von 1674 bis 1679 fand der Schwedisch-Brandenburgische Krieg statt.

In Rügen war die Einquartierung 1674 sehr starck, und übeten die Reuter auf den Wegen und Land-Strassen zuweilen ziemliche Disordre. Weil auch die Wild-Bahnen und Königl. Gehege nicht verschonet wurden, so ward eine Heyde-und Holtz-Ordnung heraus gegeben; die unzuläßige Freyheiten im Jagen abzustellen. (Wackenroder, S. 141)

Im Ergebnis dieses Krieges musste Schwedisch–Pommern komplett aufgegeben werden. Über das Jahr 1675 schrieb Pator Christian Schrulius:

„Dieses verwichene, 1675. Jahr hat einen harten Winter nach Weihnacht gehabt und späte frühjahr mit vieler nässe auch in den Konblüte Kuhlen regn, daher das futter gut gewachsen, aber wenig Korn drinnen, das der meiste Rogken nicht Ein halben Scheffel gegeben. Die Weihnacht über still reinlich frostwetter aber ohne Schnee". (Unser Pommernland, S. 275)

Der Sommer 1675 war feucht und kühl. (Gronau 1794) Im Jahr 1678 wurde Rügen kurzzeitig vom Kurfürsten von Brandenburg Friedrich Wilhelm besetzt. Ein brandenburgisch-preußisches und dänisches Heer landete bei Putbus.

Der strenge und harte Winter 1679 fing schon einige Wochen vor Weihnachten an, und dauerte 14 Wochen mit tiefen Schnee. Es folgte ein sehr heißer Sommer. (Gronau, S. 85) „Anno 1679. Dieses Jahr ist ein harter Winter bestending gewesen, mit Vielem Schnee bis in den Aprilem, welcher Schnee doch allgemach mit truckener Lufft wegegegangen, das er den Mülendämmen keinen Schaden gethan. Den April durch noch Immer Kalte nordluft mit vielem nachfrost und zuweilen Schnee. In Etlichen Winkeln oder heelungen hat Eiß gelegen bis in den Majum. Folget aber ein trockener und heißer Sommer, davon das Sommergetreide vertrocknet und gar wenig an Korn und futter eingebracht. Höwschlag im dürren lande sehr nachgeblieben, doch alles durch Gottes gnad gut Eingeworben. Der herbst auch ziemlich trteuge zu bequemer Verrichtung der Wintersaat. Aber ein zeitiger Winter den 25. Oktober Eingefallen, das in acht tagen kein Vieh zu feld gekommen, darnach auff Martini wieder hart Winterwetter bis Weihnachten. Folgenden Januarii 1680 rein auffgedauet. Mast und Obst wollgerahten. Auch Fried im Römischen Reich geworden mit Frankreich und Schweden,. Gott Erhalte Ihn bestending! Februarius gar gelinde, und also der Winter durch abwechselte Witterung an trocken und nässe ohne sonderlichen frost, das das Vieh groß und klein hat zu felde gehen können, sonst wern viel Verhungert mangels des Futters."(Unser Pommerland, S. 275)

Des Großen Kurfürsten Schlittenfahrt. Es war in dem Kriege des Großen Kurfürsten mit Schweden in den Jahren 1675-1679. Mit gleicher Schnelligkeit ging es nun nach zweitätiger Rast weiter, wobei die Infanterie auf Schlitten gesetzt wurde. Der Winter

1679 war ungewöhnlich hart, das Frische und Kurische Haff waren zugefroren und alles Land mit tiefem Schnee bedeckt. (v. Klöden und Oberländer S. 494)

Im Frieden von Saint-Germain (1679) konnten die Schweden zurückkehren, mussten aber die meisten Gebiete östlich der Oder dem Kurfürstentum Brandenburg überlassen.

Der 10. Julius 1680 war der guten Stadt Stralsund sehr fatal, indem von ohngefehr, Dem man hat nichts eigentliches von der Ursache erfahren können, eine ungeheure Feuers=Brunst entstanden, welche fast den Kern der noch übrigen besten Häuser aufgerieben, namlich 50. Capital=Häuser, 114. Buden und 66. Keller; außer dem das schöne uns sehens=würdige Rath=Haus, wie auch das prächtige Gebäu des Arns=Hofes; Diesete Veränderungen des Windes machte die Flamme so bald nicht konnte gelöscht werden. (Wackenroder, S. 148) Der Winter 1680 war ein harter Winter, besonders war d. Kälte a. 7. 9. und 23 Dezember sehr streng. (Gronau, S. 85) Der Winter 1682 war sehr gelind und feucht, und überhaupt das ganze Jahr naß und regnicht. (Gronau, S. 86) Ganz anders war der Winter 1683. Er soll wiederum sehr und streng gewesen seyn. Der Sommer war schwul und feucht. Gegen Ende des Jahres war die Kälte sehr groß. (Gronau. S. 86)

Zur Absicherung des regelmäßigen Schiffsverkehrs zwischen Stralsund und Ystad errichtete der schwedische Gouverneur von Stralsund eine regelmäßige Postschifflinie. Am 20.07.1683 wurde die Postlinie Stralsund-Bug-Ystad (Schweden) eröffnet. Die geschützte Lage auf der Boddenseite und ein relativ schnellen Zugang zur Ostsee führten dazu, dass der Bug nach dem Dreißigjährigen Krieg eine wichtige Rolle im Schiffsverkehr hatte. An 1684 verkehren auf dieser Linie die Staatsjachten „Posthornet und Posttryttaren".

1692-1702 verkehrt auf der *Postlinie die Jacht „Hjorten"*. Die Tarife auf der Postinie Bug – Ystad 1703 betrugen:

1 Erwachsener (Herr oder Dame)	2 Taler - 36 Schilling
1 Diener oder Mädchen	2 Taler - 12 Schilling
1 Pferd/Ochse	1 Taler – 12 Schilling
1 Kutsche	4 Taler
1 Tonne Güter	16 Schilling
Sonderfahrten für angemeldete Herrschaften	50 Taler

(Quelle: www.mkbug.de)

Weiterführende Literatur über die Postlinie und die Postsegler: Redieck & Schade Die Hiorten. Über die zwei Leben eines Postseglers

„Anno 1684. Dieses verlaffene Jahr hat einen überauß harten Winter gehabt und einen heißen dürren Sommer, darüber das Sommerkorn abgeschlagen und theuer worden. Da Rogken und gärsten sechs jahr nacheinander der Scheffel nur ein Floren gegolten, ist er heuer vor der Ernte auf zwei Fl. Gekommen. Kegen Weihnachten schon umb drei Fl. Bezahlet. Die Festtage trockne Kälte "(Unser Pommernland, S. 276) Vom 03. bis 07.Januar 1685 war eine sehr strenge Kälte, der Sommer war sehr feucht, kühl und stürmisch, der Herbst war sehr trocken und angenehm. (Gronau, S. 86) 1685 war in Rügen eine neue Wasser= Post nach Schweden angelegt; wozu ein Ort der Bug genannt, auf Wittow bequem war. Von hier geht alle Woche eine Jagd mit Passagiers und Briefe nacher Ustädt. Die Auffsicht ist dem Postilion anvertrauet, der die ankommmende Paquete alle Woche nach Stralsund an den Köngl. Post=Director überbringet. (Wackenroder, S. 151) Der Winter 1690 war ein sehr gelinder, sanfter und regnichter Winter. (Gronau, S. 87) Dagegen war der Winter 1691 ein sehr kalt. Hatten einen ungemein strengen Winter 1692 mit viel Schnee. (Gronau, S. 88) Im Januar 1692 kamen einige Land-Messer aus Schweden nach Vor-Pommern, die Agrimensur vorzunehmen/und die Land-Charten des Landes zu verfertigen (Schwedische Matrikelkarten); die Unkosten erstatte der König, und gieng das Werck geschwinde von statten. (Curieuser_Geschichts_Calender S. 33)

> Die **schwedischen Matrikelkarten** sind das älteste Katasterwerk Deutschlands. Es beruht auf einer einheitlichen und trigonometrisch exakten Landesvermessung. Das Werk umfasste 1737 Karten und 77 Beschreibungsbände. Von jedem Ort der Provinz wurde zwischen 1692-1698 eine Karte im Maßstab 1:8 000 angefertigt.

Ein starcken Sturm=Winde 1692 veranlaßten in Rügen gegen den Herbst grosse Wasser=Fluthen, dergestalt, daß an unterschiedlichen Orten Häuser und Vieh im Wasser schwemmen. (Wackenroder, S. 154) Der Klosterschreiber J. Dreves berichtet in seinem Tagebuch über einen großen Sturm am 28 Oktober 1693: War hier ein starker Wind aus Nord-Nordwest, welcher bei den Brücken das Wasser so hoch machte, daß derselbe großen Schaden an den Klappen und Booten tat, zugeschwiegen was für großer Schaden außerhalb Landes an Schiffen geschehen. In seinem Tagebuch kann man über den 23 November 1693 folgendes lesen: Geschah in einem dicken Schneetreibenwetter ein sehr starker Donnerknall und große Leuchtung. Dergleichen ist man bei dieser Jahreszeit in solchem Schneewetter nicht gewohnt. Es ging Gott Lob noch ohne Schaden ab. (J. Zapnik S. 26, 27)

1694 war ein sehr harter Winter 1694. (Gronau 1794)

Am 10 August 1694 Fiel den Stralsund ein Hagel/so groß als Hühner-Eyer/wodurch die Ernte auf 6. Meile herumb ganzt verderbet worden. (Curieuser Geschichts Calender, S. 85) Das große Unwetter 1694, im Sommer sich verspühren ließ,

Abb. 72   Schwedische Matrikelkarte von der Halbinsel Jasmund 1695

begun te eine theure Zeit zu drohen; Immassen der Hagel und Schlossen etlicher Orten in Rügen; absonderlich im Samtentzer, Berger und andern Kirchspielen grossen Schaden verursachet. (Wackenroder, S.154, 155) Abermahls ein ungemein kalter und strenger Winter 1695, die Kälte fing im Oktober an, stieg bis in den Dezember, und hielt bis in den Merz an. Vom 13. Bis 18. Januar und d.06. Februar war die Kälte am strengsten. Der Sommer war regnicht und kalt, und großer Mangel und Theurung entstand. (Gronau, S. 89)

Der Sommer 1696 war heiß und trocken und die Ernte schlecht. (Gronau 1794) Der Winter 1697 war kalt und streng und die Ernte wiederum schlecht. (Gronau 1794)

Nachdem das liebe Korn im vorigen Jahre (1697) nicht allzuwohl gedieen, besorgte man eine Theurung (1698) und lautet die Köngl. Ordre des Inhalts, daß aus Pommern kein Korn an fremde Oerter solte ausgeschiffet werden, wiewohl durch Gottes

Gnade, der Korn=Preis mit der Zeit fiel, und die Schiffahrten ihren freyen Lauf wieder bekommen. (Wackenroder, S. 156)

1699 war der Winter kalt und streng und dazu ein unfruchtbares Jahr. (Gronau 1794)

In Rügen war im April 1699 ein gefährlich Donnerwetter, massen den 19.dito, des Abends Glock 5. Uhr, die schön=erhabene Spitze zu Gingst durch ethliche Wetter=Schläge im Brand gerathen, und weil die Entzündung nicht weit vom Knauff geschahe, konnte man zur Auslöschung des Feuers nicht hinzukommen. Der Glocken=Läuter und ein Schuster, die in der Eil auf den Thurn stiegen, wurden von dem Blitz dergestalt getroffen, daß der Letzere gleich Todes verblichen, der Erstere aber nach einigen Wochen verstorben. Das verborgene inwendige Feuer brandte im Thurm die gantze Nacht durch, bis er gegen anbrechenden Tage des Morgens, wiewohl ohne Beschädigung Häuser und Menschen herunter fiel; wobey die Glocken und Orgel mir verbrannten. (Wackenroder, S. 157)

1700 begann der Große Nordische Krieg. Bei diesem Ereignis handelte es sich um einen in Nord-, Mittel- und Osteuropa geführter Krieg: Es ging dabei um die Vorherrschaft im Ostseeraum. Eine Dreierallianz griff im März 1700 das Schwedische Reich an. Diese Allianz bestand aus dem Russischen Zarenreich sowie Sachsen - Polen und Dänemark - Norwegen. Durch den Sieg des schwedischen Königs schied Dänemark - Norwegen (1700) aus diesem Krieg aus.

Der Winter 1700 war hart und dauerte lange. Nach mehreren wenig ergiebigen Jahrgängen folgte nun im Jahr 1700 wieder ein reichlicher Ertrag. (Schnurrer, S. 230, Teil 2, Gronau, S. 90, 91) Der Anfang des Jahres 1701 war gelind, vom 03.Januar folgte Schnee und Frost. Der Winter dauerte wieder bis gegen Ende Merz. Eine unbeständige Witterung hatte auch der ganze Februar. Im Merz war es nicht viel besser. (Schnurrer, S. 232 Teil 2, Gronau, S.91, 92) War der grüne Donnerstag (24 März 1701) in der stillen Woche, an welchem so viel Schnee fiel, daß man anstatt des grünen einen schneeweißen Donnerstag erlebte. So war auch der heilige Ostertag und der Ostermontag voller Schneeflocken War es hier (28 April 1701) ein gar ungestümes Gewitter mit Schneetreiben vermischt, welches bis den 30.April conttinuirt hat. (J. Zapnik S. 75)

Es folgte eine warme Witterung. (Schnurrer 1825, Gronau 1794)

Der Januar und Februar 1702 waren äußerst gelinde und fast ohne allen Frost und Schnee, aber sehr feucht und regnicht. Der May und Junius hatten meist trockene und angenehme Witterung mit gemäßigter Wärme. Der Julius und August waren heißer mit mehreren Regen und Gewitter. Im November wechselten mäßiger Frost und Regenwetter ziemlich mit einander ab. Der Dezember war sehr naß, mit vielen Regen und Schnee. (Gronau, S. 92, 93) Bis zum 17. Januar 1703 war der Frost mäßig, mit Schnee begleitet, vom 18. bis 28. war er stärker und anhaltend. (Gronau, S. 94) Ausführlicher berichtet J. Dreves über den Winter. *Es war diesen Winter das Gewitter bis 14 Tage vor Weihnachten ganz gelinde und fiel auch gar wenig Schnee. Es kam aber gegen Weihnachten so starker Frost, daß das Wasser ganz zufror, so daß man beim Weihnachtsfest nicht allein darübergehen, sondern auch noch 14 Tage danach die Bauern mit Korn darüber fahren konnten. Darauf kamen wieder einige gelinde Tage, so daß das Wasser etwa innerhalb 8 Tagen wieder offen wurde. Darauf fiel viel Schnee und danach im Anfang des Märzmonats kam abermal 8 Tage ein so starker Frost, daß das Wasser und der Strom noch einmal hart zufror. Es ist also ein recht unbeständiger Winter gewesen, wobei noch zu erinnern, daß die Masern und Pocken häufig gewesen, daß viele 100 Kinder und auch alte Leute ihr Leben darüber eingebüßt haben. Gott sei uns ferner gnädig. (J. Zapnik. S. 83) Der Sommer war wechselhaft. (Gronau 1794) Gegen den Winter gab es erschreckliche Ungewitter und Sturm=Winde, massen den 8. November 1703, ein solcher Orcan sich ereignete, daß an unterschiedlichen Orten Häuser und Thürme übern Hauffen giengen. Solches Unglück betraff auch die neu erbaute Thurm=Spitze zu Gingst, welche der Sturm herunter schlug, und gerieth der Fall so übel, daß das Kirchen =Gebäude meistentheils in einem Steinhauffen verwandelt wurde. Der Thurm auf der Kirchen zu Samtentz muste auch dergleichen Fata austehen, wie wohl das Kirchen=Dach unverletzt geblieben. (Wackenroder, S. 161)*

Der Januar 1704 hatte gewöhnliche Winterwitterung mit anhaltenden Frost, bis zum 24. da es aufging, und bis zur Mitte Februar gelinde blieb. Es ist sehr merklich, wie wunderbar der Allerhöchste in seinen Werken ist. Es den 8. Januar (1704) zu-allererst anfing zu frieren, welches sich zwar einige Tage sich etwas gelinder befand, aber doch das Eis so stark wurde, daß die Rüganer mit großen Säcken einen Tag oder 3 bis 4 es überfuhren. Aber bald darauf kam wieder ein solch Tauwetter, daß auch das Eis den 31. Januar so gar wieder dahin, als wenn es nie dort gewesen wäre. (J. Zapnik, S. 86) Es folgte ein warmer Frühling mit Nachfrösten. Der Sommer war auch nur zum Theil heiß. (Schnurrer, S. 235, 236, Teil 2, Gronau, S. 97)

Nachdem der Korn=wachs nach Wunsch gerathen (1704), und ein reicher Seegen überall verspüret worden, that sich eine gar wolfeile Zeit herfür, dafür man den Allerhöchsten zu dancken Ursache hatte. (Wackenroder, S. 162)

1705 war der Winter ziemlich streng. (Schnurrer 1825) Wackenroder (1792) berichtete für diesen Winter:

Die starcke anhaltende Kälte und ungemeiner Frost verursachte eine sichere und schöne Eiß=fahrt nacher Stralsund; daher mit Lust zu sehen gewesen, wie die Rügianischen Klepper bey viel 1000 Schlitten das Korn zur Stadt gebracht. Boden und Häuser der Kaufleute wurden damit dergestalt angerfüllet, das sie zum Theil unter der Last brachen. Im Früh=Jahr und Anfang des Sommers continuierte die rauhe

Winter=luft, und fieng es an in Pfingsten zu schneyen. Die Saat=Zeit wurde zwar verspätet verrichtet, allein der Wachsthum des Getreydes ließ sich noch ziemlich an (S. 162). Der Anfang des May war feucht und regnicht bis zum 7., vom 18. bis 22. May weheten rauhe kalte Winde. Am 23. und 24. May wurde es noch kälter, ja am 25. und 26. Fiel bey einem kalten und heftigen NO. Sturme eine ungewöhnliche Menge Schnee, so daß die Aeste der bereits belaubten Bäume davon zerbrachen. Das in der Blüthe stehende Korn wurde fast ganz von Schnee bedeckt und niedergebogen. Der October war äusserst mild. Es war ein fruchtbares und gesegnetes Jahr. (Gronau, S. 97, 98, Schnurrer, S. 236, 237, Teil 2) Der Winter 1706 war lang und streng. Im Merz herrschte unangenehmes Wetter mit Regen, Schnee und Wind. Der Sommer war warm und mit Regen. (Gronau, S. 99, 100)

1706 schied Sachsen-Polen aus dem Krieg aus. 1708 versuchte der schwedische König in einem letzten Feldzug Russland zu besiegen.

Der Winter 1708/1709

Fing der Winter (Oktober 1708) so grausam an mit schneien und frieren, welches man um diese Zeit des Jahres sonst noch nicht gewohnt ist. Es ist die Wintersaat noch lange nicht gesät. Gott bewahre uns vor teurer Zeit. Doch ist dabei merklich, daß sich um diese Zeit noch Schwalben fanden, die auf den Gassen herumflogen. Was solches zu bedeuten soll, wird die Zeit lehren. NB. Nach Verfließung von 8 oder 10 Tagen aber wurde es gleichsam Sommerwetter, wie wohl sich dann und wann groß und gewaltige Stürme wieder eingefunden. (Dairn viele Schiffe und zum Teil Schiffer und andere Seefahrende zu Grunde gingen). Es war auf 8 Tage vor und 8 Wochen nach Weihnachten eine so grausame Kälte gewesen, daß hier und anderswo viele Menschen und Vieh totgefroren sind. (J. Zapnik, S. 95, 96) Im Dezember 1708 begann die Vereisung der Ostsee. Im weiteren Verlauf des Winters konnte man mit dem Schlitten von Kopenhagen bis Bornholm über das Eisfahren. (Lenke, S. 19)

Dieses Jahr 1709 machte der ungewöhnlich kalte und lange Winter, der einer der kältesten dieses Jahrhundert war. (Gronau, S. 104) Den ganzen Januar und Februar Monat war es eine so grimmige Kälte und harter Frost, als bei Menschen Denken kaum gewesen, so gar daß das Wasser in etlichen Sooden, und wie ich mit Augen gesehen, so hart gefroren, daß man mit großer Mühe kaum wieder öffnen können. Die Ostsee war mit Schnee bedeckt. (Schnurrer, S. 240, Teil 2) Anhaltende N und NO. Winde verursachten die ungewöhnliche, fast allgemeine Kälte dieses Winters. Es war der 3te Ostertag aber es war so frostig und ein mit vielen Schnee herunter fallenden Gewitter, als ob es der 3te Weihnachtstag war. Was es nach sich ziehen wird, solches wird die Zeit lehren. NB. Auf solche große Kälte geschah es, daß vieltausend Schafe im Lande, viele Pferde und Rindvieh wegstarben. Es ist merklich, in diesem

Jahr 3 Tage vor Pfingsten fiel sehr viel und großer Hagel und 2 Tage vor dem heiligen Fest fiel ein großer Schnee, welcher solgleich wieder zerschmelzte. (J. Zapnik, S. 97) Die Kälte der ersten Januarhälfte 1709 muß in den meisten europäischen Ländern ungeheuer gewesen sein. Ganze Familien erfroren in ihren Wohnungen. Zahlreiche Menschen verloren Ohren, Nase oder Gliedmaßen durch Frost (7). Hinzu kamen Verluste durch Hunger und Theuerung. (Lenke, S. 32) Nach einem Schreiben des Danziger Arztes Dr. Breyn an den Hallenser Professor Wolff war die Ostsee noch am 8. April soweit das„ bewaffnete Auge reichen konnte" mit Eis bedeckt (S. 24). (Lenke, S. 36) Auf den Winter 1708/09 folgte also unmittelbar eine warme Witterungsperiode, was für die meisten der späteren strengen Winter kenzeichnend ist (74). (Lenke, S. 36)

Die Gerste gerieth in diesem Jahre sehr gut, allein die übrigen Feld- und Gartenfrüchte hatten durch die Strenge des Winters zu sehr gelitten. (Gronau, S. 106)

Schweden erlitt in der Schlacht bei Poltawa im Juli 1709 eine verheerende Niederlage. Diese Niederlage führte zu einer Kriegswende. Durch die Niederlage traten Dänemark und Sachsen wieder in den Krieg gegen Schweden ein. Von da an bis zum Kriegsende behielten die Alliierten die Initiative. Die Folge war, dass Schweden in die Defensive gedrängt wurde.
Der Winter 1710 war mild. (Gronau 1794, Schnurrer 1825)

Dieses (1710) Jahr muß ich mit Sterbensfällen anfangen und berichten, daß von Juni Monat an bis Juli Monat schon über 600 Kinder hier an Pocken gestorben sind. Es mag deswegen wohl ein Pestjahr für Kinder heißen. (J. Zapnik, S. 100) Es ist etwas Merkwürdiges, daß man von Weihnachten (1710) an bis den 30. Januar (1711) fast kein Winterwetter gehabt, danach den 3. Februar ein solcher Frost einfiel, daß nicht allein alle Deiche, sondern das Wasser in der See zufror und ein starkes Fähreis wurde. Den 8. und 9. Februar fiel ein so großer Schnee, als in vielen Jahren nicht gesehen worden. (J. Zapnik, S. 101)

Nachdem man Leider wegen der Contagion (Pest) Ao.1710 den 23. September, bis 23. April 1711 keine Leichen mit christlichen Leichenprocessionen öffentlich beerdigen lassen dürfen, sondern in solcher Zeit 7774 Menschen an alte Leute und Kinder, von Bürger-und Soldatenleuten durch die dazu vom Collegio Sanittatis (Gesundheitskollegium) verordnete Portanten (Leichenträger) in der Stille bei Abendzeit beigesetzt wurden. (J. Zapnik , S. 101)

> Weiterführende Literatur zur Pest im Ostseeraum
> Jörg Zapnik Pest und Krieg im Ostseeraum. Der „schwarze Tod" in Stralsund während des Großen Nordischen Krieges (1700-1721) Hamburg 2007.

Der Jahr 1714 zeichnete sich durch einen kalten Winter aus. Mitte Januar brachte Ostwind Schnee, worauf anhaltender Frost folgte. Am 27. Februar war ein heftiger Sturm fast durch ganz Europa. Im May gab es noch Nachtfröste. Der Sommer war dagegen feucht. (Gronau, S. 114, Schnurrer, S. 251, Teil 2)

Karte 7   Pommern vor dem 2. Nordischen Krieg

1715 landen brandenburgisch-preußische und dänische Truppen auf Rügen (2. Nordischer Krieg). Wie Karte 8 zeigt erfolgte die Landung der Truppen bei Groß Stresow. In diesem Krieg wurde Schweden geschlagen. Die Witterungsverhältnisse spielten bei der Landung der brandenburgisch- preußischen und dänischen Truppen eine wichtige Rolle, wie Wuthenaus Beschreibung zeigte.

Diesen ganßen Tag (11. November 1715) über war der Wind aus Süden/so/daß man nicht wol konte unter Segel gehen/nichts destoweniger lichtete man Nachmittags um 3 Uhr die Ancker/allein der Wind wurde so stark/daß Sie wieder auswerfen mußte. Den 12ten (November 1715) hindurch hatten wir einen beständigen West=Süd=Wind/daher der Admiral das Zeichen gab/die Anker wieder zu lichten/ und daß man sollte unter Segel gehen. Kaum aber waren wir anderthalb Stunde in See/so wurde Uns der Feind am Land gewahr/und gab auch von seinen Batterien 3. Signale in der Gegend Palmerort/wo wir dessen Blendung von Fachinen am Strande gewahr wurden. (Obristen Wuthenau 1715, S 2)

Karte 8   Landung der brandenburgisch-preußischen und dänischen Truppen bei Groß Stresow auf Rügen

J. Dreves schrieb in seinen Tagebuch am 8. Februar 1715:

> *Hat der starke Winter schon valedicirt (Lebewohl gesagt) und mit Eis heut sein Abschied genommen. (J. Zapnik, S. 108)*

Der Winter 1716 war sehr streng. Im April war es noch immer kalt mit Schnee und vom 7. bis 28. hielten helle kalte Tage mit NO Wind und starken Nachtfrösten an. In Bezug auf die Intensität der Kälte gehörte der Winter von 1716 zu den strengsten Winter des 18. Jahrhunderts. Der Winter zeichnete sich durch ein kurze Dauer und die tiefen Temperaturen aus. (Pfaff 1809) In ganz Europa herrschte in den ersten neun Monaten eine Trockenheit. Anfang Mai traten noch Nachtfröste auf. (Gronau 1794, Schnurrer 1825) *Der Sommer war feucht und windig. (Gronau, S. 117, 118, Schnurrer, S. 252, Teil 2)*

Bei der Belagerung vor Frederikshald in Norwegen ist der Schwedenkönig gefallen. Durch seinen Tod konnte der Krieg beendet werden. Die Friedensverträge von Stockholm, Frederiksborg und Nystad bedeuteten das Ende Schwedens als europäische Großmacht. Russlands stieg unter Zar Peter I. zur Großmacht auf. Durch den Friedensvertrag von Stockholm 1720 erhält Preußen Teile Vorpommerns. Dänemark musste das nördliche Vorpommern bis zur Peene wieder an Schweden abtreten. Das Gebiet südlich der Peene und die Oderinseln blieben im Besitz Preußens. Die Insel Rügen die Städte Stralsund und Greifswald blieben unter schwedischer Verwaltung. Somit bestand Schwedisch-Pommern seit 1720 also nur noch aus Rügen und dem vorpommerschen Gebiet nördlich der Peene.

War ein sehr starker Sturm (11. Februar 1717) aus Nordwesten und obgleich dato das Wasser noch offen war und nur bis an die Pfähle zugefroren, so ist es doch in einer Nacht so hart zugefroren, daß man darüber nach der Alten Fähre gehen konnte. (J. Zapnik, S. 113) Von dem 2. März bis den 16. März 1718 wehte vom Westen ein sehr starker Sturm, worin sich unterschiedliche harte Donnerschläge hören ließen. Was solches zu bedeuten wird, weiß der allwaltende Gott am allerbesten. Ein solcher Wind hat so wohl aufn Lande als hier in der Stadt vielen und großen Schaden verursacht. (J. Zapnik, S.115)

Weiterführende Literatur zum Leben in Stralsund
Jürgen Dreves übertragen von Jörg Zapnik (2011): Ein Leben am Sund. Das Tagebuch des Klosterschreibers Jürgen Dreves (1687-1720), Stralsund

Der europäische Winter 1740

Dieser Winter 1726 wird als sehr strenge beschrieben, und als der dritte kalte Winter dieses Jahrhundert angesehen, sogar im südlichen Europa war die Kälte ungewöhnlich groß. Eben so allgemein und anhaltend war auch die ungewöhnliche Hitze und Dürre dieses Sommers. (Gronau, S. 137-139)

Der Winter 1729 nimmt die vierte Stelle unter den ungewöhnlich kalten und strengen Wintern dieses Jahrhunderts ein, indem der Grad der Kälte den von den Jahren 1709, 1716 und 1726 fast übertraf. Der Sommer 1729 war nicht sonderlich warm. (Gronau 1794) Auf einen ziemlichen strengen Winter 1731, folgte ein zeitiger und trockener Sommer. (Schnurrer 1825) Der Winter war mild und der Sommer 1735 war sehr kühl und feucht. (Gronau 1794, Schnurrer 1825)

Am Anfang dieses Jahres (1739) war eine leidliche Witterung. Um das Mittel des Hornungs (Februar) aber fing es an zu regnen: Und da dis nasse Wetter bis ums

Mittel des April anhielt; so litte die Winter–Saat nicht wenig. Es kam zwar hierauf feine Tage: Allein es entstand um das Mittel des Mays eine vierwöchige Dürre, daß also die Feld-Früchte grossen Theils vernottreisset sind. Und ob die Erndte gleich unter erfreunlichen Sonnen=Blicken ihren Anfang nahm; so wurde sie doch von einem anhaltenden Regenunterbrochen. Kurz, man hat nicht allein weniger Früchte, als gewöhnlich eingesammelt, sondern auch diese zum Theil schlecht gewonnen. (Storch, S. 5) Nach kalten Nord-und Süd-Ost-Winden begann noch im November und December (1739) ein kalter Winter; mit dem 6ten Januar nahm aber die Kälte schnell so sehr zu, daß sie im Jahr 1709 wenigstens in Teutschland noch übertraf. (Schnurrer, S, 290, Teil 2)

Der Winter 1740 gehörte zu den strengsten Winter und übertraf den Winter von 1709.

Das neue Jahr (1740) trat zwar in leidlicher Luft ohne Schnee an; Allein es stellte sich den 8. Jenner(Januar) vor Abend ein starker Frost mit empfindlichem Ost=Winde ein, dessen Heftigkeit den 9. Und 10 fortsetzte. Menschen und Vieh mußten demnach sehr viel ausstehen, daß so gar Vögel tod aus der Luft gefallen sind. An den Wassermühlen konnte man zuletzt fast kein Rad mehr umkriegen. In den heissen Stuben wurde es von dem Eise, so sich nach und nach an die Fenster-Scheiben setzte, dunkel. Auf den Aeckern verging grossen Theils die Weisen=Rocken-und Rübe=saat imgleichen unsere braune Kohl. Und es blieben in vielen Kellern die zarten Früchte nicht verschonet. In der Nacht vom 14./15. gedachten Monaths fiel Thau=Wetter mit viel Schnee ein, worauf des Morgens ein kleiner Regen folgte. Es qwechselte aber dieses Wetter bald wieder mit kalter Luft. Und hat der starke Frost den 26., 27., 28 und 29. fortgesetzet. Es konnte das Vieh also nicht den kleinsten Bissen nicht mehr draussen finden, und mußte foglich in den Ställen völlig unterhalten werden. Den 19. Hornung (Februar) lag tieffer Schnee, und es folgte den 23., 24., 25. und 26. ein starker Frost. Den 3. 4. Und 5. Merz stellete sich wieder ein ziemlicher Frost ein. Die Luft blieb indessen sehr veränderlich und rauh; indem fast stets der Nord=Winde wehete. Ja es hat noch am 3. May den ganzen Tag stark geschneiet.

Das Land=Volk kam hauffenweise bettelnd in die Städte, und es haben begüterte Bauren sich darunter befunden. Es sol aber die Noth an verschiedenen Orten so groß gewesen seyn, daß etliche Leute Heu, Nesseln und andere wilde Kräuter mit blossen Wasser gekocht und solches gegessen,...

Die folgenden Tagebucheintragungen eines vorpommerschen Pastors aus dem Großraum Anklam-Ueckermünde berichten über diesen Winter 1740 wie folgt:

Weil dieses Buch vermutlich bis auf späte Jahre verwahret werden dürfte, und unsere Nachkömlinge vieleicht oft der kalten Winter, welcher in diesem, und vorigem Jahre, die halbe Welt überfallen, erwehnen möchten; so will davon dasjennige, was ich theils selbst erfahren, theils aus denen Hamburger Zeitungen gemacht, hieher setzen, in der Hoffnung, daß das Pappier dadurchnicht verdorben sein werde.

den 21. Febr: versicherte mir ein alter verwalter H. Schmidt aus Pulow im Schwedischen Pommern welchen ich vor einen ehrlichen Mann halten, daß dieser, mit dem Kalten Winter Anno 1709 also zu vergleichen sey: Der Anno 1709 hätte um Martini, jetziger aber 2 Wochen vor Martini, angefangen, jener hätte sehr langen, starken Frost gehabt, dieser nur 5 Tage. Ferner Frost wäre so Penetrant nicht gewesen als dies Jahr. Damals wäre nicht so viel Schnee gewesen aber jetzo; nemlich nach Weinachten, den vor Weinachten hätte er schon gelegen, dahergegen der 1ste 6 wöchige Frost in diesem Winter ohne Schnee Continuiret. Jener hätte um alten Mat: der Kündigung muß aufgehöret und darauf wäre das herlichste Frühjahr, und der fruchtbarste Sommer erfolget Ich werde also bis Medir May, da ich dieses hieher aus der Cladde schreibe, daß, wir ich im Calender vonTage zu Tage annorfiret. Den 6 Oktober: die Nacht-Fröste sich schon einstelleten, und den 25. egust. der ordentl. Frost anfing, und bis den 3 Dez. beständig confinuirte. Von 3 bis 10 wahr confinuirt wegen und gehen 26 end den 10 fiehl viel Schnee in den heüffigen Waßer, und es frohr so gleich das Waßer mit laut dem Schlagg zu Eise, so daß Menschen und Vieh des des anderen Morgens darüber gehen konten, und so saß der gefrorene Schnee an Häusern und Bäumen bis den 15 Dec: da es anfing zu regnen,und so contenuirtebis den 27 da das öberste Eis zum anderen-Nacht auftauete. Den 28 friret es wider an, und continuirte mit häuftigen Schnee bis 27 Febr: da der große Schnee weg-dauete. Der Marty und Aprilisbrachte wechselnd-weiß bald Schnee bald Frost bald Regen, und lieget der Frost noch unter in der Erde. Bis Medio May, die Luft ist bis dahin immer kalt, und läst weder Laub nochgroß hervor bringe, den 15 May fing die birke erst an aufzuschlagen, und weil alles Futter schon längst bey manchen Wirth verzehret, so fället das Vieh dahin als wie die Fligen, wie man hieselbst Täglich siehet und von vielen orten sehr Kläglich Nachrichten.

hier im Pommern iß Menge Majo es so teuer, daß 1 Pfund rindfleisch 2.groschen. 1 Scheffel roggen 1rl 8gl, 1 Scheffel gersten 1rl 16gl, 1 Scheffel Weitzenz 3 rl und ein Fuder Heu 30rl. Ein alein Fuder Stroh, und zwar Schlaffonr 3 rl kommt. Die wemütige Klagen des Landmanns in Pomern und denNeu – Markt, welche ihnen die erfrohren Saat auszerrhet? haben ihro Majestät dem König beweget, ihnen 5000 rl. aus der Albrechtischen Casse reichen zu laßen. Sie sollen dafür Saat kauffen, um die fälder wieder zu besäen. Es ist von Hofe wieder Befehl gegeben worden, den Scheffel roggen, aus den Vorats – Haüsern vor 24gl den Armen zu verkauffen. Von 3. bis den 15. Januar ist es des Nachts im Pomern noch immer kalt, und des Nachts eiset es. Ja den 28. und 29. Januar ist es noch so frisch Wetter, daß dejenige der nicht, starck Arbeitet,

Blesewitz: In einem alten Kirchbuch aus dem Kirchspiel Blesewitz wird aus dem Jahre 1740 berichtet, *dass es einen strengen Winter gab, den bis dahin die ölteren Bewohner noch nicht erlebt hatten. Schon nach Michaelis (29. September) trat ein strenger Frost ein, dass die Herbstpflaumen nicht ausreifen konnten. Die große Kälte hielt von Weihnachten bis Ostern an. Sie zog einen Getreidemangel nach sich, die Wintersaat war gänzlich ausgefroren, dies löste wiederum eine Verteuerung aus. Menschen sollen erfroren sein und Vieh im Stall verendet. Dass aber Stroh von den Dächern als Streu oder gar als Futter verwendet wurde, ist schwer nachvollziehbar. (Usedomer Kurier vom 01.02. 2011)*

Danzig den 20. Jan: *Die Kälte ist in hiesige gegend so stark, daß der Weichsel-Strohm bis unter die mündung Schantze mit den dicksten Eise bedecket worden, welches bey menschlichen gedenken nicht geschehen, auch hat man aus Polen Nachricht erhalten, daß obgleich daselbst ein Überfluß an Holz anzutreffen, gleichwol nicht nur auf den Landstraßen sondern sogar auch Leute in ihren Haüsern erfroren.wol eine warme – Stube vorlieb nimmt. Die Sommer Saat läßet sich indeßen gut an einziehet. Die Kälte war nicht nur auf Deutschland beschränkt, sie erfasst fast ganz Europa, wie die folgenden Tagebucheintragungen zeigten:*

London den 24. Jan: *Durch die größte Kälte, ist das Waßer so rar geworden, daß das Maas 2 Stüber kostet. am 12 dieses ward das Schiff Elisabeth, das der Capitain Mils commandiret, und von Gotenburg nach Leverpool abgefahren wahr, in einen bejammernd-würdigen Zustand anher gebracht, indem das meiste Volk darauf die Hände verfroren, weil sie etliche Tage lang kein Feuer mehr gehabt, der Rumpf des Schiffes schihne als ein Stück Eis zu sein. Verschidene von den tauen wahren so stark wie ein Mast, und die Stangen so dicke? wie die bier - virtel?, das besanne Seegel wahr in Stücken, und das Binde nicht zu gebrauchen. Die hätten schon etlige Tage, ihre Pomgke nicht mehr brauchen können, und wen sie nicht bald ein redlich Schiff angetroffen, währen sie alle mit ihren Schiffe verlohren gewesen. Sonst sind annoch verschiedene Schiffe auf der Themse, wovon einige mit Loren, andere mit Kohlen geladen, in das Eis versunken, andere siehet man seitwerts liegen; von anderen das unterste zu oberst geckehret, nachandere sehr übel zugerichtet, deren Tauwerck die Eis-Schollen in Stücken zerrißen, auch siehet man verschidene bote unter Eis, und an andern hat das Eis viele Löcher gemacht. Übrigens kan man, weit lange nicht so viel Schiffe, wie jetzo, auf dem Strohm gelegen sagen, daß man fast noch nie von so großen Schaden gehöret hat. Gleicher gestalt höret man beynahe Täglich, daß Leute erfroren, worunter sonderlich das wohl von 6. Wagen zu zahlen, die von wilshire gekommen.*

Ostende den 31. Jan: *das Eis lieget jetzo 2 bis 3 einhalb meilen weit in See, vor unserer Küste, daß nicht kein Schiff ans Lands noch ankömm kan, waß man noch nie erlebet hat.*

Madrid den 6 Febr: *Seit einigen Tagen ist hier ein so starcker frost eingefallen, daß man sich nicht besinnen kan jemahls einen so strengen Winter erlebet zu haben.*

Copenhagen den 13 Febr: *es ist wegen des noch immer anhaltend. Frostes, die Nachricht eingelaufen, daß der Sund welcher die König Reiche Dennemark und Schweden scheindt dergestalt mit Eis beleget worden, daß man von Hölsingörab den Canal, auf gleiche Weise, als 1659. Zu Zeiten des Königreichs Carl Gustavs von Schweden angemerket worden, daß derselbe mit den schwersten Canonen diese Meer-Enge passiret ist, abermals, ohne Besorgung einiger Gefahr mit den Schwersten Lasten und Fracht–Wagen passiren können.*

Warschau den 22 Febr: *wegen der anhaltenden außerordentlichen strengen Kälte und ungemein tieffen Schnee sind die Posten aus verschidenen Provincen, schon seit 2 Postwagen nicht eingelauffen, welches auch woll daher entstehet, daß die Wölfe auf den Straßen, bey hauften wider zum vorschen kommen, und dir große Insicherheit verursache.*

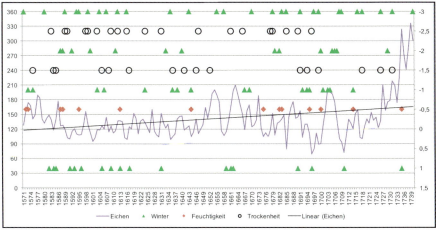

Abb. 73 Eichenchronologie (in 1/100mm) mit extremen Witterungserscheinungen und linearen Wachstumstrend für den Zeitraum von 1571-1740

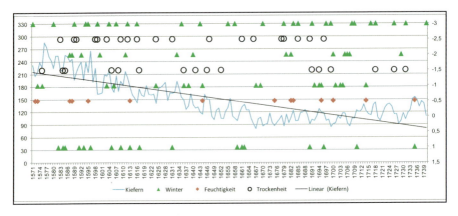

Abb. 74   Kiefernchronologie (in 1/100mm) mit extremen Witterungserscheinungen und linearen Wachstumstrend für den Zeitraum von 1571-1740

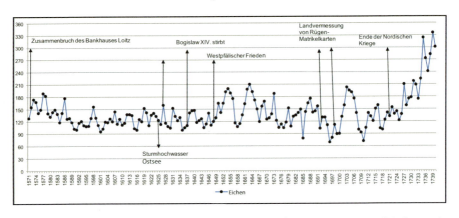

Abb. 75   Eichenchronologie (in 1/100mm) mit Wettererscheinungen, einigen politischen und anderen Ereignisse von 1571-1740

Die Epoche der großen Veränderungen zwischen 1741 und 2017

Dieser Zeitabschnitt ist durch gravierende politische Veränderungen charakterisiert, die die Zugehörigkeit der Insel Rügen und seine Umgebung stark veränderten.

> Weiterführende Literatur zur Geschichte Pommerns:
> Norbert Buske (1997): Pommern Territorialstaat und Landesteil von Preußen. Schwerin

Neben den politischen Veränderungen kam es auch in diesem Zeitabschnitt zu extremem Naturkatastrophen, die nicht nur Rügen erfassten. Bei den Wintern zeichnet sich diese Epoche durch 18 milde, vier kalte, sieben harte und 29 strenge Winter aus. Der Anteil der milden Winter lag bei 27,1 % und somit dominierten die kalten Winter. Von diesen 29 Wintern hatte der Winter von 1929, die drei Kriegswinter 1939/40 1940/41, 1941/42, der Winter 1946/47 und der Winter 1978/79 eine überregionale Bedeutung. Neben diesen führten die Sturmhochwasser vom November 1872 und vom Dezember 1904 zu gravierenden Veränderungen auf und um Rügen.

Im weiteren Verlauf soll auf die einzelnen Zeiträume näher eingegangen werden. So ist der Zeitraum 1741 – 1799 durch zwei milde, drei kalte, fünf harte und sieben strenge Winter charakterisiert. Feuchte Sommer traten nur in den Jahre 1741 und 1797 auf. Die Anzahl der trockenen und sehr trockenen Sommer betrug 13, mit einer Häufung (6) der sehr trockenen Sommer ab 1760. Das Jahrhundert von 1800 - 1899 ist geprägt durch die große Sturmflut von 1872.

Ein besonderes Merkmal der 12 Winter dieser Epoche war, dass es nur einen kalten und 11 strenge Winter gab. Eine weitere Besonderheit war die geringe Anzahl der sehr trockenen Winter (2). Die Anzahl der feuchten Sommer lag bei 5.

Wie bereits erwähnt, zeichnete sich das letzte Jahrhundert durch sehr strenge Winter aus. Im Detail gab es acht milde, zwei harte und neun strenge Winter. 10 feuchte Sommer, 11 trockene und sehr trockene Sommer. (s. Tabelle im Anhang)

Die Witterungsverhältnisse in Schwedisch-Pommern

Der Sommer 1741 war feucht und nebelig. Der Herbst dagegen war warm und trocken. (Gronau 1794) *Ein ziemlich strenger Winter begann schon Ende 1741 und währte den ganzen Januar (1742),...(Schnurrer, S. 294, Teil 2) Der Merz war rauh und kalt mit häufigen Schnee und untermischten Regen. Dieses unangenehme feuchte und kalte Wetter hielt bis zum 16. April an, hernach ward es angenehmer aber die Nächte blieben noch kalt und zu Nachfrösten geneigt. (Gronau, S. 169)* Der Sommer des Jahre 1745 wurde als sehr trocken beschrieben.

Auch in Teutschland war der Sommer 1746 ausserordentlich heiß und troken, Quellen und Bäche versiegten, die Erde berstete, ausser einzelnen meistens sehr heftigen Gewittern gab es fast keinen Regen, und so herrlich der Wein gerieth, so dürftig die Erndte. (Schnurrer; S. 302, Teil 2) Der Julius hatte eine sehr große und ungewöhnliche Hitze, die nur d. 2. 3. 14. 15 und 28. durch Gewitter etwas abgekühlt wurde. Im August war die Wärme gemäßigter aber es regnete desto öfter bey schwuler Luft. Der September brachte wiederum heiße trockne Tage, bis zum 18., entstand ein Gewitter, vom 19. Bis zum Ende regnete es oft und stark, mit untermischten Stürmen. (Gronau, S. 174)

Der Winter 1750 hatte mäßigen Frost mit regnichten und gelinden Tagen abwechselnd, auch selbst in den nordlichen Ländern, dahingegen in den südlichern eine anhaltende strenge Kälte herrschte. Der Merz hatte eine ungewöhnliche und anhaltende gelinde Witterung, desgleichen man in vielen Jahren nicht bemerkt hatte. Diese warme Frühlingswitterung verursachte es, daß schon im Anfang die Violen blühten, in der Mitte die Stachelbeeren und Weidenbäume ausschlugen, Aprikosen und Pfirschen, und am Ende Birn- und Kirschbäume zu blühen anfingen. (Gronau, S. 181, 182) Über den kalten Winter 1751 wurde wie folgt berichtet: Die ersten Tage im Januar waren gelind, aber vom 6. Bis 16. Herrschte ein strenger Frost bey meist hellen Tagen, die übrige Zeit war der Frost gemäßiget, und wechselte zuweilen mit Schnee und Dauwetter ab, gegen Ende ward der Frost wiederum stärker. Auch im Februar hielt der Frost, doch in einem gemäßigten Grade beständig an, und war von vielem Schnee begleitet. Der Merz war sehr veränderlich mit viel Regen und meist gelinder Luft. Auch der April war eben so unbeständig, kalte und warme Tage, Regen und Wind wechselten oft mit einander ab. (Gronau, S. 182, 183) Im Januar 1755 herrschte eine anhaltende strenge Kälte, die nur vom 11. bis 15. durch Schnee und Dauwetter unterbrochen wurde, des gleichen d. 19. und 20. In allen übrigen Tagen war der Frost außerordentlich heftig. Im Anfang des Februars erreichte der Frost einen noch höheren Grad, und war dem von 1709 und 1740 fast völlig gleich. Am 13 fiel Dauwetter ein, hernach folgte mäßiger Frost, und am Ende dauerte es wieder, blieb auch nun gelind und feucht, bis zum 10. Merz, vom 10 bis 26 war wiederum ein anhaltender Frost, hernach Regen und Schnee mit kalten Winde. (Gronau, S. 191) Ende April traten noch Nachfröste auf. Der Winter des Jahres 1756 war hart und lange dauernd, der Sommer aber doch mehr troken als sehr heiß. (Schnurrer, S. 323, Teil 2,. Gronau, S. 194, 195) Der Winter 1757 war ein milder Winter. Eben so war der Februar, und in der letzten Hälfte war die Witterung ganz gelind und frühlingsmäßig. Der Merz hatte rauhe unangenehme Witterung, mit Regen, Schnee und Sturm. Der Anfang des April war angenehm und warm, vom 12. bis 16. Folgten einige kalte Tage mit Hagel, der übrige Theil des Monats aber brachte mehrentheils angenehmes fruchtbares Wetter. (Gronau, S. 195)

Über den Winter 1758 heißt es wie folgt:

> *Am 1. Januar war eine sehr strenge Kälte bey NO. Winde, d. 2. und 3. dauete es wieder, am 16. kehrte der Frost zurück, und erreichte, nach häufig gefallenen Schnee, vom 21. bis 23. einen hohen Grad, vom 24. bis 28. ließ der Frost etwas nach, und war mit Schnee vermischt. Der Februar trat mit Frost an, allein d. 2. bis 3. dauete es wieder, vom 4.bis 9. folgte Frost, vom 9. bis 19. feuchte Witterung, mit Regen und Schnee, vom 20. bis 8. Merz mäßiger Frost und schönes Winterwetter hernach Frost und Schnee, zuweilen mit Regen und gelinden Tagen abwechselnd, zuletzt war es kälter. (Gronau, S. 196)*

1759 dauerte der Winter fast fünf Monate und verursachte Hungersnöte, da alle Getreide und Lebensmittelvorräte erfroren waren. (Stralsunder Blitz-Licht 04.06.2006) Das Jahr 1760 begann mit einem strengen Winter mit viel Schnee. Der Sommer war sehr heiß und trocken. (Schnurrer 1823, Gronau 1794) Auch der Sommer 1761 war sehr heiß. (Gronau 1794) In Januar und Februar 1762 war es sehr kalt. Der Sommer war sehr heiß. (Gronau 1794, Schnurrer 1825) Der Winter 1772 war kalt. Frost und Tauwetter wechselten sich im Februar ab. Bis Mitte März traten noch Fröste auf. Anfang April kam es noch zu Nachfrösten. Der Sommer war warm. (Gronau 1794, Schnurrer 1825) Der Januar 1775 war sehr kalt. *Der Februar zeichnete sich durch eine gelinde feuchte Witterung aus. (Gronau, S. 234)* Mitte März traten fast beständige Stürme, worauf Nachfröste, Schnee und Hagel folgten, welches rauhe unangenehme Wetter auch bis zum 21. April anhielt. *(Gronau, S. 234)* Der Sommer war sehr trocken ,aber es kam zu Regen und Gewittern. (Gronau 1794, Pfaff 1809)
Der starke Frost, mit welchen das Jahr 1776 anfing, hielt ganzen Januar hindurch an, und erreichte d. 17., 19., 26., und 27. einen ungewöhnlichen Grad der der Kälte von 1709 und 1740 gleich kam. Sie übertraf also an manchen Orten die Kälte von 1709 und 1740. Der Monat Januar war auch sehr trocken. (Gronau 1794, Schnurrer 1825).

> *Die herrschenden Winde waren Ost achtzehn Tage und Nordost fünt Tage, Nord wehte nur zwy Tage, Südost zwey , Süd einen , Südwest einen und West zwey. An den kältesten Tagen, den 20sten, 21sten, 27sten 30sten und 31sten wehte Ostwind und der Himmel war heiter. Etwas Schnee fiel den 4ten nbis 6ten, den 14ten und 22sten, und viel Schnee den 3ten, 13ten, 15ten und 24ten… Die Kälte war aber nur auf den Januar und die ersten drey Tage des Februar eingeschränkt. (Pfaff, S. 153) Der Februar war mild und feucht. (Gronau 1794) Den ganzen Monat hindurch wehte nicht ein einzigesmal Nord, Nordost oder Ost, und nur den 1sten Südost. Auch im Märzhielt das milde Wetter an und es fror nur achtmal in der Nacht und nicht ein einzigesmal bey Tag.. (Pfaff, S. 154)*

Grad Fahrenheit ist eine Einheit der Temperatur. Sie wurde nach Daniel Gabriel Fahrenheit benannt. 0°C= -32° F; 100°C= 212° F Umrechnung von Fahrenheit nach Celsius C = (°F-32) * 5/9

Ort	Datum	unter Null Farenheit	°C
Berlin	27.01. früh	8°	-13,3 °
Paris	29.01. früh	4°	-15,6°
Wien	29.01.	13°	-10,6°
Warschau	27.01.	15°	-9,4°
Mannheim	28.01.	7°	-13,9°
Prag	02.02.	19°	-7,2°
Helmstedt	27.01.	14°	-10,0°
Frankenhausen	01.02.	18°	-7,8°
Ober Wiederstaedt	20.01.	14°	-10,0°
Dresden	27.01.	4°	-7,8°
Messersdorf	27.01.	12°	-11,1°
Rengersdorf	28.01.	23°	-5,0°
Muskau	28.01.	27°	-2,8°
Chemnitz	28.01.	28°	-2,2°
Leipzig	29.01.	17°	-8,3°
Wittenberg	01.02.	15°	-9,4
Danzig	27.01.	5°	-15,0
Rudolfstadt	28.01.	22°	-5,6°

Quelle Gronau, S. verändert

Die Winterwitterung 1781/1782 war ungewöhnlich. Der Frost stellte gegen den Ausgang des November-Monats ein. Es fror so stark, daß sich die Eisdecke zwischen hier und Rügen legte. Man zog Getraide herüber, weil das Eis nicht stark genug war, um Pferde auf dasselbe ohne Gefahr bringen zu können. In der Mitte des Decembers ward das Wasser frei vom Eise. Die Witterung wechselte mit Frost und gelindem Winter ab. Um Neujahr fror es wieder sehr stark; gleich darauf thauete es, das Wasser ward frei, und schwedische, hier und in Wolgast vom Winter überfallene Schiffe segelten ab. Noch vor Mitte des Januars 1782 kamen die Kornschuten von allen Gegenden Rügens bei windigem und regnitem Wetter hier an. Im Februar stellte sich starker Frost und Schnee en. Am 17ten brachte man das Korn zu Schlitten von Rügen über. Den 17ten März war das Wasser wieder offen. Gegen die Mitte desselben stellte sich heftiger Frost ein, das Wasser legte sich zu und ward erst Anfang des Aprils schiffbar. Von der Mitte Aprils bis zum Schluß des Monats stellte sich wieder ein ungewöhnlicher heftiger Frost ein. Waizen und Erbsen stiegen, um die ersten Schiffe zu beladen wie dies geschehen, fielen die Preise wieder. Roggen stieg wegen der anhaltenden Dürre, fiel jedoch, da sich die Ernte gut anlegte. Schweden hatte Mangel, das Malz stieg theils wegen der Dürre im Preußischen, theils wegen der in Schweden ertheilten allgemeinen Zollfreiheit auf Getraide vom 1.September 1781. (Sundine 1829) Der Winter 1784 war in ganz Deutschland *streng mit viel Schnee. Noch im März und Anfang Aprill trat eine ungewöhnliche Kälte auf. (Gronau 1794, Schnurrer 1823) Eine große Trockenheit zeichnete das Jahr aus. Der Winter 1795 war ein strenger Winter. (Schnurrer 1823) Der Sommer des Jahres 1800 war einer der heissten und trokensten. (Schnurrer, S. 427, Teil 2) Ein heftiger Sturm aus Nordwest am 31.01.1801 reißt das Kirchendach auf und tat beträchtlichen Schaden. (Willich, S.13)*

Ein entscheidender Einschnitt in der Entwicklung der Insel Rügen war das Jahr 1806. Der Schwedenkönig forderte im April 1806 den pommerschen Landtag auf, eine allgemeine Landwehr nach schwedischem Muster aufzustellen. Diese Landwehr sollte eine Stärke von 5000 Mann haben und mit Waffen ausgerüstet werden. Dieser Forderung widersetzte sich aber der pommersche Adel.

Kaiser Franz legte in Wien die Krone des Heiligen Römischen Reiches Deutscher Nation nieder. Die Folge dieser Niederlegung war, dass das Deutsche Reich nicht mehr existierte und der schwedische König somit nicht mehr an seine Lehnsbestimmungen gebunden war. Für die Insel Rügen bedeutete das, dass sie jetzt eine Provinz Schwedens war. Im Rahmen der Eroberung Europas durch Napoleon wurde Rügen 1807-1813 von den Franzosen besetzt gehalten.

1809 war die Ostsee zugefroren. 1810 kam es zur Gründung der Stadt Putbus durch Fürst Wilhem Malte I. zu Putbus.

Auf dem Wiener Kongress wurde die Neuordnung Europas beschlossen. Durch diese Neuordnung fiel Rügen 1815 endgültig an Preußen. Am 23. Oktober erfolgte die offizielle Übergabe in Stralsund.

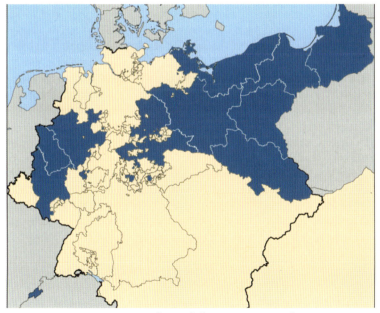

Karte 9   Preußen nach dem Wiener Kongreß

Die Rüganer nahmen den Wechsel zunächst mit gemischten Gefühlen auf. Die schwedische Herrschaft war sehr milde gewesen, die Schweden hatten niemals versucht, die schwedische Sprache bzw. schwedische Bräuche einzuführen. Sehr große Veränderungen brachte die Rückkehr der Insel zum pommerschen Mutterlande aber nicht. (Chronik Stadt Sagard)

Umgangssprachlich bürgerte sich für Schwedisch-Pommern die Bezeichnung „Neuvorpommern" bzw. „Neuvorpommern und Rügen" ein.

1816 ein Jahr ohne Sommer

Der Sommer 1816 war sehr kühl und naß-kalt; aber ein gesegnetes Getraide- und Zwetschen – Jahr und von diesen verfaulten viele auf den Bäumen. Das Korn wurde spät reif, der Waizen erst gegen Michaelis und die Leute konnten es oft, selbst in der Ernte-Zeit, vor Kälte nicht ohne Handschuhe aushalten. (Sundine 1832)

Verantwortlich für diesen Sommer war der Ausbruch des Vulkans Tambora in Indonesien im April 1815, dessen Folgen in Teilen West- und Mitteleuropas zu spüren waren. (Schnurrer 1825) Im nördlichen Deutschland wichen die langfristigen Durchschnittstemperaturen um 1,18 °C nach unten ab. (Köppen 1873) Das Jahr 1816 war das Jahr mit den niedrigsten Durchschnittstemperaturen, die je in Europa gemessen wurden. Durch den Vulkanausbruch wurde eine große Menge Schwefeldioxid freigesetzt. Das Problem besteht darin, dass die Kohlepartikel nur kurze Zeit in der Atmosphäre schweben und die Sonnenstrahlenn abschirmen. Das freigestzte Schwefeldioxid oxidiert dagegen zu Sulfaten, diese bleiben als Sulfataerosole lange in der Stratosphäre wirksam. Sie reichern sich in einer 20-22 km hoch gelegenen Sulfatschicht an. Die Folge ist, dass sich insgesamt die Einstrahlung der Sonne auf die Erdoberfläche vermindert. Für einige Zeit wird die Sonneneinstrahlung einfach reflektiert (umgekehrter Treibhauseffekt). Die Fogen des Vulkanausbruchs zeigten sich 1815 in der Form, dasss am Himmel eigenartige Streifen erschienen, ein lang andauerndes Dämmerlicht und glutrote Sonnenuntergänge zu beoachten waren. Der Maler Caspar David Friedrich hat in seinem Bild „ Küstenlandschaft im Abendlicht" diese Erscheinung gemalt (vgl. Abb.76). 1816 gründete Fürst Wilhelm Malte I. zu Putbus in Putbus das 1. Seebad auf der Insel. Die Insel gehörte seit 1818 zum Regierungsbezirk Stralsund. Der Winter 1823 begann bereits im Dezember 1822 mit Kälte. Die strenge Kälte im Januar führte dazu, dass die kleinen Flüsse zufroren. *Die anhaltende strenge Kälte und beständiges Schneetreiben im Winter 1823, wie die herrschenden Entzündungskrankheiten machen es nötig, den Unterricht der Jugend auszusetzen und kommen auch wenige Leute zur Kirche, es sterben viele Alte. (Willich, S. 39)* Der Frühling war unfreundlich, dagegen war es im Mai und Juni sehr warm. Danach setzte eine Trockenheit ein, die in Schwaben bis Dezember dauerte.

Abb. 76 Küstenlandschaft im Abendlicht

Ein winterloses Jahr in Sicht ? Die beiden ersten Monate des Jahres 1825 waren so milde, daß vor hundert Jahren die Blumen um diese Zeit in den Gärten geblüht haben. Das ist auch jetzt wieder der Fall, denn die innen gelblich gefärbte Abart der Schneeglöcken und frühe Veilchen entfalten bereits mancherorts ihren Blütenflor. 1825 ist dann noch im März eine kurze Schnee= und Frostperiode nachgekommen, auch die gestrengen Herren hatten sich im Mai von ihrer unliebwürdigenSeite gezeigt, aber die Ernte hatte nicht darunter gelitten, und die Brotpreise waren niedrig. (Wolgaster Anzeige vom 15. 01. 1925)

Schon im Spätsommer 1827, da sich zeigte, daß die Ernte in jeder Hinsicht gering ausfalle, die der Erdäpfel fast gänzlich missrate, und der größte Futtermangel bevorstehe,…(Willich, S. 54)

Über den Winter 1830 berichtete die Zeitschrift „Sundine" 4. Jahrgang, Nr. 6, Stralsund, 11. Februar 1830 folgendes:

> „Strenge Herren regieren nicht lange," sagt ein altes Sprichwort; doch „keine Regel ohne Ausnahme," sagt ein anderes. Das, lieber Freund, haben wir Stralsunder in Beziehung auf den diesjährigen Winter auch empfunden. Seit dem 28sten Novbr. haben wir Fähreis, und bis gestern Mittag seit 10 Wochen eine fast ununterbrochene Kälte von 7 — 15 Grad. Da trat plötzlich eine so schleunige Wetterkrisis ein, daß innerhalb 6 Stunden eine Differenz von 8 — 9 Grad Statt fand. — Mannichfach waren die Wirkungen dieses Winters auch für unser Stralsund. Jede Stadt, als ein besonderes Individuum, läßt ja nach ihrem eigenthümlichen Character die verschiedenen Einflüsse, selbst die elementarischen, auch verschieden auf sich einwirken. So muß Mülz= und Kunstwasser ꝛc. zu Eis metamorphosirt in Stralsund mit seinen sonderbaren Rinnsteinen und Kelleröffnungen, eine andere Gestalt gewinnen, als in andern Städten. Einzelne Straßen zeigten denn auch förmliche Eisfelder und Gletscher im Kleinen, so daß mancher Einwohner zu Falle gekommen. Es hätte sich in der That verlohnt, einzelne Straßen zu nivelliren und im Profil aufzunehmen, damit man sich im schönen Sommer die verschiedenen Eisgebirgszüge veranschaulichen könnte.

Quelle: Sundine" 4, 11. Februar 1830

Über die Folgen dieses Winters konnte man in der gleichen Ausgabe der Zeitschrift „Sundine" folgendes lesen:

Da im Herbste v.J. das Holz, wegen der bedeutenden Ausfuhr nach Kopenhagen, theuer war, auch ein so heftig anhaltender Winter nicht befürchtet wurde, hatten die meisten Familien nur so viel Holz eingekauft, als ein gewöhnlicher Winter erfordert. Durch diesen außerordentlichen Winter aber wurden Viele zum Nachkaufen von Holz genöthigt, daß sie die Klafter mit 10 bis 12 Rthlr. bezahlen mußten. –Für die Armen der Stadt wurde durch den Wohlthätigkeitssinn der Stralsunder auf´s rühmlichste gesorgt; indem für die eingegangenen Beiträge ein großes Zimmer gemiethet, geheizt und dazu bestimmt wurde, von den Stadtarmen als eine warme Zufluchtsstätte benutzt zu werden. Auch Speise ward den Leuten hier reichlich gereicht und ihnen gestattet allerlei Handarbeiten vorzunehmen. – Daß Jeder seine warme Stube nicht ohne Noth verließ, war wie Du leicht denken kanst, ganz natürlich, und Ebenso natürlich, daß man in den Kirchen, selbst in den größeren, oft nur zehn bis zwölf Zuhörer zählte. Warum legte der liebe Gott auch der Frömmigkeit so unüberwindliche Hindernisse in den Weg?

Die Zeitschrift „Sundine" berichtete am 06. April 1830 über eine schweren Sturm und seine Folgen:

> Der starke Sturm, welcher in der Nacht vom 3ten zum 4ten aus Süd=West wüthete, hat, wie man aus den vorläufig bekannt gewordenen Nachrichten abnehmen kann, für unsre Provinz gewiß einen sehr bedeutenden Schaden veranlaßt. Von allen Seiten unsrer Umgegend kommen die Klagen der Landleute über eingestürzte Scheuren und Viehhäuser, wobei eine große Anzahl Vieh mit erschlagen ist. Auf der Landstraße von Barth hieher zählte man 7 zum Theil umgeworfene, zum Theil sehr beschädigte Windmühlen — und so kann denn der Verlust im Lande sehr hoch angeschlagen werden. Aber auch auf dem Wasser ist manches Unglück geschehen; unter andern ist eine Jacht, mit Gerste beladen, bei Devin auf den Strand gerathen und voll Wasser gelaufen, doch konnte sie späterhin mit der Ladung hier wieder in den Hafen kommen und wird jetzt gelöscht. Eine andere Jacht mit Oel und raffinirtem Zucker beladen, nach Stettin bestimmt, strandete auf Palmer Ort, im Angesicht größerer Seeschiffe, welche keine Hülfe leisten konnten; der Schiffer, der keine Rettung sah, entschloß sich, nachdem er und sein einziger Matrose viele Stunden lang von den kalten Wellen überspült worden, an's Land zu schwimmen, welches ihm auch mit äußerster Anstrengung und Hülfe vom Ufer gelang; der Matrose aber ist, weil er nicht schwimmen konnte *), ertrunken. Beim Ruden haben mehrere Seeschiffe den Sturm glücklich überstanden, obgleich eins davon sehr in's Treiben gerathen; von den Leichterfahrzeugen dort, soll eins sehr beschädigt sein; auf dem Riff der Oie sind zwei unbekannte Fahrzeuge ge-

Quelle Sundine, Nr. 14. 08. April 1830, S.112

In der Zeitschrift „Sundine" vom 23. September 1830, S. 303 und 304 konnte man folgendes über den Sommer 1830 lesen:

Regen, und immer Regen, feucht, naß und kalt! Das ist Wetter zum Aufhängen. Das meiste Getreide ist auf dem Felde ausgewachsen und verdorben; Knollen, Zwiebel= und Wurzelgewächse verfaulen in der Erde, ehe sie ausgegraben werden; das Brot ist theuer und schimmelt, wenn es ein Paar Tage alt ist. Wie gerecht übrigens die Klagen über das schlechte Wetter sind, beweist, daß wir im Juli 17 Tage Regen, 7 Tage klares, die anderen dunkel und trübes Wetter, im August aber nur 5 wirklich heitere Tage gehabt haben, sonst immer Regen oder trüber bedeckter Himmel.

Die Zeitschrift „Sundine" berichtete über den Sommer 1831 wie folgt:

> Obgleich die Witterung in den ersten Sommermonaten fast durchgehends schlecht war und unter dem kalten Hauch des Nordens oft alles zu vergehen schien, so dürfen wir uns doch, wenn auch schönes Wetter die Ernte begünstiget, eines mit Gut und Segen gekrönten Jahres erfreuen, und Milch und Honig fließt in Pommern, wie weiland in Kanaan.
>
> Unsere schönen Kornfelder und Kleebreesche sind zum Entzücken und wahrhaft balsamische Düfte wallen uns entgegen, wenn wir den Fuß aus unserer Hausthür setzen, oder das Fenster öffnen. Ganz besonders gewinnen aber dies Jahr die Inhaber der Kleeweiden, denn der Klee ist, besonders auf gemergeltem Boden, so ergiebig, daß die Hälfte davon gemähet und zu schönem Heu hat geworben werden können. Der Ertrag ist an manchen Orten 20 p. C. und darüber mehr, als im vorigen Jahre. Und dennoch ist die Butter theuer; das U. gilt 5 Silbergr. und oft noch mehr. Woher kommt dies? Die Grasweide ist des frühern, naßkalten Wetters wegen wohl dies Jahr nur halb so gut als in trockenen Jahren; als sonst.
>
> Seit undenklichen Zeiten haben die Bienen nicht so viel geschwärmt und mehr Ertrag versprochen, als diesen Sommer. Schon in der Mitte des Aprils, in den warmen Tagen, schwärmten einige Stöcke. Die Armen wurden aber vom Hunger aus ihren Wohnungen getrieben und es half zu nichts, daß man sie wieder einfaßte und futterte; sie kamen doch um.

Quelle: Sundine 1831

Über den Winter 1835 schrieb die Zeitschrift „Sundine" am 10. Januar 1835:
Im Calender steht zwar Winters Anfang, aber bis jetzt haben wir eigentlich nur Herbstwetter gehabt. Nur einige Tage des Novembers brachten uns Frost, Schnee und Eis, die Herrlichkeit dauerte aber nicht lange, und alle schönen Hoffnungen der Schlittschuhläufer und Schlittenfahrer wurden bald zu Wasser. Am 21.October hatten wir Gewitter mit Sturm und Regen, am 10. December wollten Einige ebenfalls Donner und Blitz vernommen haben, aber es wies sich nachher aus, daß die Kanonen, welche zur Geburtstagsfeier unsers Allverehrten Großherzogs gelöst waren, diese Täuschung bewirkt haten. Die warme Luft im December (mehrere Mal 9 bis 19 Gr. R) hat auch schon manche Kinder des Frühlings verführt, ihr Haupt aus dem Mutterschooße hervorzustrecken, und die Lerchen verweilten bis zum Schlusse des Jahres in unsern Feldern.

In der Nacht vom 10. auf den 11. October 1835 waren die Wirkungen des Sturmes, den wohl alle wahrgenommen, an der Küste von Arkona furchtbar. Er kam aus West-Nord-West mit Regen und Hagel, und stieg zwischen 11 und 12 Uhr zu solcher Höhe, daß kaum ein Mensch an der Küste gehen konnte. Ein Stoß war namentlich so stark, daß er den Lampenwärter Schilling zu Boden warf, der am Strand nach einer kleinen Sloop aussah, die am Abend vor dem heftig wehenden Süd-West-Schutz gesucht hatte, und deren Anker glücklich gehalten in der schweren Bö. Bei Tages=Anbruch sah man viele Schiffe vor Topp und Takel treiben, und eine Sloop-Galeasse ward durch das Fernrohr observirt, die etwa 3 Meilen nord-nord-westlich in See sich befand, und alle Segel bis auf die Besahn und den Klüver verloren hatte. Gegen 10 Uhr Morgens legte sich der Sturm, und die anderen Schiffe setzen alle Segel beis auf der Galeasse blieb es aber beim alten. Gegen Mittag kam endlich das geflickte Toppsegel zum Vorschein. Das Schiff konnte aber keine Fahrt machen, weil der Sturm zu stark von Osten ging. Gegen 1 Uhr hielt es ab und nahm seinen Cours auf Möen. In der Nacht vom 13. zum 14. wehte wieder ein starker Sturm aus Westen, und ward gegen 4 Uhr Morgens besonders heftig mit Hagelböen; die Körner waren von der Größe einer Haselnuß. (Sundine, 19. October 1835)

So hieß es in der Stralsundischen Zeitung Nr. 81 vom 05. April 1856:

Die ungewöhnliche Beschaffenheit des diesjährigen Winters erinnert an einen ähnlichen, welchen wir 1836/37 erlebt haben, und welcher wohl noch manchem unserer Mitbürger im Gedächtnis sein wird. Er war im Allgemeinen sehr milde, brachte aber viel Wind, der zu Zeiten in Sturm überging, und in der Nacht vom 29. auf den 30. November Bäume zerbrach und viele Scheunen im Lande um warf. Im Februar 1837 war eine kurze Zeit Fähreis, das wir in mehreren Jahren nicht gesehen hatten, in dessen stieg die Kälte nicht über 7 Grad und gegen Mitte des Marz war alles Eis verschwunden, und die Schiffe gingen hoffnungsvoll in See. Allein um die Zeit des Frühlingsanfang stellte sich mit 4 Grad Frost der Winter wieder ein, der umso unangenehmer war als wir schon einige sehr schöne Frühlingstage gehabt hatten. Das Wasser zwischen hier und Altefähr ward wieder mit einer Eisdecke belegt, welche mit Ausnahme des Stromes Menschen trug. Nachdem auch dieser Rückfall in den Winter gewichen zu sein schien, fing am 06. April ein neues Unwetter an. Am 07. April des Morgens lag die Erde mit Schnee bedeckt, und mit Sturmwind aus Osten währte das Schneegestöber drei ganze Tage und Nächte ununterbrochen fort. Große Schneeberge lagen in den Straßen aufgehäuft und in der einen Nacht vom 08. auf den 09. April war die Meerenge fast bis an den Strom abermals mit Eis belegt, und an diesem letzten Tag, der ein Sonntag war, ward der Schneesturm so arg, daß Niemand ohne die allergrößte Noth das Haus verließ, sogar der Nachmittags-Gottesdienst nicht abgehalten werden konnte, ein Fall, dessen sich kein Bewohner Stralsunds zu erinnern wußte...."

In der Zeitschrift „Sundine" vom 17. Januar 1844 ist über den Winter 1844 zu lesen:

> *Mutter Natur spielt wieder ihre launige Rolle und sendet uns den Frühling statt des Winters. Schon kann man in den Gärten auf den Obstbäumen die Trag= und Blätterknospen sehr wohl unterscheiden. Das Tausendschönchen und Stiefmütterchen blühet lustig fort. Die lieblichen Kinder des Frühlings, die Zwiebelblumen, von dem Schneeglöckchen bis zur Tulpe, schicken sich an, hervorzubrechen. Die Wiesen und Anger sind mitten im Winter viel grüner, als sie es in manchem Frühling waren, und besonders wächst das ausgefallene Sommerkorn auf den Aeckern so üppig empor, daß es an manchen Stellen gemähet werden könnte, auch will man in unserer Gegend einen Storch gesehen haben.*

Gülzow (1888) wertete die Temperaturverhältnisse von Putbus von 1854 bis 1886 aus. Seine Auswertung ergab, dass das Jahr 1860 die längste Frostperiode aufweist. Sie umfasste die Zeit vom 27. Januar bis zum 18. März 1860, also 67 Tage; das Minimum mit 7 Tagen war vom 05. bis 11. März 1884.

Pastor Willich (S. 111) berichtete über das Jahr 1864:

> *In besonderer Weise war die Witterung dieses Jahres der Ernte ungünstiger. Schon vom Frühjahr her war das Wachstum des Getreides, durch vorherrschende Kälte aufgehalten worden und als nun die Ernte endlich und erst mit der Mitte des Monats August die Roggenernte beginnen sollte, trat zu der Kälte noch Regen und Sturm, welcher besonders am 17. und 24. u. 25. August zu besonderer Stärke auswuchs und tat dem Getreide großen Schaden. Gegen Ende August war noch viel Roggen auf dem Felde in Hocken, er war zum Teil ausgewachsen.*

> *Das ganze Jahr (1864) hindurch war es sehr kalt, am 1. Juni musste man noch heizen. Der Winter kam sehr früh, Anfang November, und dauerte ununterbrochen bis fast Ende April des folgenden Jahres (Kirchenchronik Koserow)*

In seinem Memorabilienbuch (S.113 und 114) schrieb Pastor Willich über das Jahr 1865:

> *Nach einem ziemlich gelinden Winter, stellte sich im Monat März 1865 ein besonders strenger Nachwinter ein. Der Schnee fiel in ungeheurer Menge, und waren besonders die Wege so verschneit, daß die Passage zu Wagen fast ganz aufhörte, und die Leute zu Karfreitag und am Osterfeste – 14. und 16. April – mit dem Fuhrwerk fast gar nicht und zu Fuß nur kaum die Kirche besuchen konnten. Die Schulen wurden, selbst hier in Sagard einige Tage hindurch, auf dem Lande wochenlang von Kindern unbesucht, die Posten blieben entweder ganz aus oder kam sehr unregelmäßig und verspätet; die Hirsche in der Stubnitz kamen in dem tiefen Schnee vor Hunger und Kälte fast alle um und wurden rudelweise tot gefunden. Die Bestellung der Frühjahrssaat wurde dadurch ungemein verspätet und wurde die Aussicht des*

Landmanns auch um so mehr getrübt, als auch in dem nassen und kalten Herbste des vergangenen Jahres der Weizen und die Wintersaat sehr spät in die Erde gebracht werden konnte, und nachdem der Schnee endlich verschwunden war, es sich zeigte, daß der Rückfall fast gänzlich vergangen war und umgepflügt werden mußte, das Wintergetreide aber sehr gelitten hatte und sich sehr langsam entwickelte, und außerordentlich dünn stand. Die Hoffnung welche durch die sehr warme Witterung, in wenigen Tagen ungewöhnliche Hitze, im Monat Mai erweckt ward, wurde auch wieder getrübt und zerstört, als eine anhaltende Dürre des Wachstum des Grases und Getreides zurückhielt und nach einigen Gewittern und einem bis zum Orkan gesteigerten Sturme von seltener Gewalt am 30. Mai eine schneidende Kälte eintrat und lange anhielt.

Im Monat Juli herrschte eine für hiesige Gegend seltene Hitze, bis 26 Grad Reaumur (32,5°C) im Schatten – verbunden mit einer anhaltenden Dürre, dadurch schien die Entwicklung des Sommergetreides sehr gefährdet zu werden, und ist es auch in der Tat, jedoch wurden durch einen Regen, der sich noch zu höchster Zeit einstellte und dann öfter wiederholte, dem wirklichen Schaden an dieser Sommerfrucht nach glücklicher Weise vorgebeugt.

Reaumur ist eine Einheit zur Messung der Temperatur. Eingeführt wurde diese Einheit 1730 vom französischen Naturforscher René-Antoine Ferchault de Réaumur. Referenzpunkte waren der Schmelzpunkt von Eis (0 °Ré) und der Siedepunkt von Wasser (80 °Ré) bei Normaldruck (1013,25 hPa). Die Messungen waren ungenau, da sie anhand der Ausdehnung von Ethanol gemessen wurden. Ethanol weist kein lineares Volumenausdehnungsverhalten auf.

Auch die Kartoffeln erholten sich nach dem Regen sichtbar und erhielten ein kräftiges und vielversprechendes Wachstum. Erst als in der letzten Hälfte des Monats August sich häufiger Regen einstellte, trat auch die Kartoffelkrankheit in der früheren Weise wieder hervor und griff in großer Schnelligkeit um sich. Durch den immer häufiger folgenden Regen wurde auch die Ernte bedeutend geschädigt – auf Jasmund war der Rogen fast überall naß – und verzögert, obgleich sie wegen des geringeren Vorrats sehr schnell hätte beendet sein können. Es waren in der ersten Erntezeit im Monat August nur sehr wenige Tage, an welchen die Erntearbeit ungestört fortgesetzt werden konnte und der 24. August, durch Sturm und Regen so ausgezeichnet, das der Schaden, welcher dadurch an Früchten, gemähten und ungemähten, angerichtet wird, unberechenbar ist. Gott wollte sich in Gnaden seines armen Volkes erbarmen und ihm die Augen auftun, daß es in dem Gerichte eine heilsame Züchtigung und in dieser seine Sünden erkennen und gründliche und aufrichtige Buße tun! 1865 – schon im Mai eine drückende Hitze und kein Tropfen Regen, seit vielen Wochen nicht, die Wintersaat steht erbärmlich wie nie. (Kirchenchronik Koserow)

Die Auswertung wertete der Temperaturverhältnisse von Putbus von 1854 bis 1886 ergab, dass der Sommer 1868 der wärmste Sommer seit der Messung mit einer Abweichung vom Mittel von +2,5°C war. (Gülzow 1888)

Am 29. und 30. Dezember 1868 wurde die südliche Küste Rügens durch ein Sturmhochwasser überflutet. Der kälteste Winter im Zeitraum von 1854-1886 war der Winter 1871 mit einer Abweichung von -3,1°C vom Mittel. (Gülzow 1888)

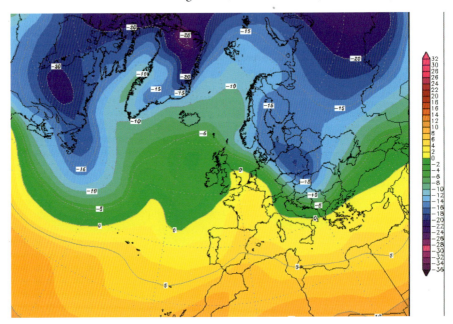

Abb. 77   850 hPa Temperatur (Grad C) vom 13. Februar 1871

Eine der größten und fruchtbarsten Sturmhochwasser ereignete vom 12. zum 13 November 1872 an der Ostseeküste. Bei dieser Naturkatastrophe handelt es sich um einen Orkan in Verbindung mit einem enormen Sturmhochwasser. Die Flut erreichte eine Höhe von 3,38 m und war damit um 56 cm höher als 1664. Dieses Ereignis führte zu sehr großen Schäden, davon betroffen war auch die Ost- und Südostküste Rügens wie die folgenden Berichten zeigen:

Das „Rügensche Kreis und Anzeigeblatt" Nr. 93 v. 20. November 1872 (Mittwoch-Ausgabe) berichtete für Mönchgut: „Bereits am Sonntage (gemeint war der 10. November) bei ganz stiller Luft hob sich das Wasser der Ostsee in bedenklicher, doch gewohnter Weise. Wir waren froh, daß nach den heftigen Weststürmen das Wasser nur allmählich schwoll und wir glaubten, daß wir dadurch vor größerem Schaden würden bewahrt werden. Am 11., Montag, jedoch, blähte sich ein lebhafter Nordostwind. Doch auch jetzt erhob sich die See für uns ohne warnende Bedeutung und die wachsende Flut erfüllte Niemanden mit Furcht. ... Da steigerte sich der Sturm am 12. so, daß endlich gegen Abend die am gefährlichst Gelegenen an Rettung dachten, doch hinderte die Nacht eine durchgreifende Arbeit. Man erwartete mit unzureichenden Kräften ein Unglück, denn der mächtige Sturm wich dem Orkan. ... Da geschah, was bereits allgemein befürchtet war: der Damm zwischen Middelhagen und Lobbe wurde überflutet, die Wogen ergossen sich über die sorgfältig gepflegten Wiesen und Äcker und rissen, was man dort in Sicherheit dachte, mit sich fort". Für das tief gelegene Fischerdorf Lobbe hieß es: „Hier standen sämtliche Häuser bis auf 3 Fuß im Wasser und sind stark beschädigt. Das Brennmaterial ist fortgetrieben und dem Schulzen Millermann eine Kuh ertrunken".

„Auf dem Gute Ueselitz war Alles überschwemmt, nur das Herrenhaus ragte aus dem Wasser und im Garten waren 6 Fuß Wasser. Nahe dabei strandete die mit Gerste beladene Jacht des Fischers Stein aus Puddemin. Hierher, nach Ueselitz, retteten sich auch die Fischer vom Tannenort mit ihrem Vieh, denen zwei Jachten von den Ankern gerissen und in die Ferne entführt wurde; auch stürzte in Tannenort ein Haus ein. – Das der Stadt Stralsund gehörige Gut Mellnitz ist vom Wasser auch stark mitgenommen worden, der dortige Schutzdamm war 4 Fuß hoch überflutet. Die Schafe wurden durch die Fenster gerettet, 18 Stück waren jedoch tot. Die Tagelöhner-Häuser waren so vom Wasser umgeben, daß jede Verbindung mit dem Gutshofe aufhörte und die Ärmsten auf den Hausböden Zuflucht suchen mussten, wohin sie such ihr Vieh retteten". Auch in Altefähr war „die Fährbrücke überflutet und erheblich beschädigt. Es standen außerdem die fünf am niedrigsten gelegenen Häuser unter Wasser und mussten geräumt werden". Über Drammendorf wurde berichtet: „Es standen circa 600 Magdeburger Morgen unter Wasser und sind die Wintersaat und der Rapps schwer geschädigt". Für Rambin war die Situation analog: „Hier reichte das Wasser bis zur Chaussee und hat die Feldmark sehr gelitten". Das galt dann auch für Rothenkirchen: „Die Gehöfte der Bauerhofspächter Zimmermann und Knaak waren vom Wasser eingeschlossen". In der Gemarkung Gustow stand „das Wasser hier bis am Hofe westlicher Seits und ist die Brücke zwischen Gustow und Drigge zerstört". Schließlich war auch in Grahlerfähre „die Fährbrücke unpassierbar geworden".

Dieses Sturmhochwasser richte nicht nur große Schäden auf Rügen an, sondern auch andere Gebiete an der Ostseeküste waren davon betroffen, wie ein Bericht aus der Kirchenchronik von Koserow zeigt:

Am 13. November 1872 nachts ergoss bei Nord Nordost Sturm die Ostsee über die Dünen ins Achterwasser, überschwemmte Damerow, dass die Einwohner flüchten mussten. Des Meeres und Sturmes Gewalt richtete große Verwüstung in dem schmalen Waldsaume längs der Ostsee an, die stärksten Bäume wurden entwurzelt und ein Schiff stand bei Damerow unter den entwurzelten Bäumen im Wald. Die Mannschaft wurde von den Bewohnern mit Lebensgefahr gerettet. Das Wasser hatte um 10 Uhr vormittags die größte Höhe erreicht und stand bis nahe an dem Pfarrgarten hinter dem Viehstall. Dann aber verlief sich das Wasser fast eben so schnell, wie es gekommen war, am 14. konnte man schon trockenen Fußes nach Damerow gehen. Neu aber bot sich dem Auge weithin eine übersandete Fläche. Die Straße nach Wolgast war an zwei Stellen durchbrochen (großer und kleiner Durchbruch). Dazu lag eine große Masse Bäume über den Weg, so dass die Passage gänzlich gehemmt war.

Die Entstehung des Sturmhochwassers vom 12. zum 13. November 1872

Wie die Geschichte zeigt, richten Stürme, Orkane und Sturmhochwasser große Schäden auf und um Rügen an. Dabei bleiben die großen Sturmhochwasser, die als „Sturmfluten" in den Chroniken bezeichnet wurden, in bleibender Erinnerung, wie die Beispiele 1304, 1625 oder 1872 zeigen.

Wie kommt es zu diesen Naturereignissen und welche Ursachen sind dafür ausschlaggebend.

Für die Ostsee sind die Nordoststürme am gefährlichsten. Das Wasser wird dabei in die flachen und engen Gewässer der westlichen Ostsee gegen die pommersche, mecklenburgische und schleswig –holsteinische Küste gedrückt. In extremen Fällen kann sich das Wasser an den Küsten dann stauen und großen Schaden anrichten, wie die Ereignisse des Sturmhochwassers vom 12. und 13. November 1872 zeigten. Vor dem 10. November blies ein Sturm aus Südwesten über die Ostsee. Das Wasser wurde in Richtung Finnland und in Richtung Baltikum getrieben. Hier kam es zu Hochwasser, während es an der deutsch-dänischen Grenze zu einem extremen Niedrigwasser kam. Dadurch konnten große Wassermassen aus der Nordsee in die westliche Ostsee einströmen. Plötzlich drehte der Sturm aus Südwest auf Nordost. Am 10. November setzte der verhängnisvolle Nordostwind im mittleren Teil der Ostsee mit anfänglich geringer Stärke ein. In den nächsten beiden Tagen nahm der Wind an Stärke zu und erreichte die gesamte Küste.

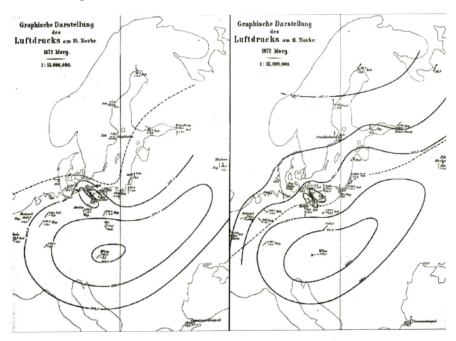

Abb. 78 :Luftdruckverteilung am 10. und 11. November 1872

Am 12. November 1872 herrscht dann überall Sturm. Der Nordostorkan trieb die Wassermassen zurück in Richtung Südwesten. Im westlichen Teil der Ostsee stieg der Wasserspiegel langsam bis 1 m über den mittleren Wasserstand an. In der Nacht zum 12. November wütete von Colberg bis zur holsteinischen Küste ein fruchtbarer Orkan. Im Gebiet um Rügen erreichte er seine größte Stärke am Morgen des 13. November (08.00 Uhr). Die Stärke des Orkans ergab sich aus den Druckverhältnissen, die zu dieser Zeit herrschten (vgl. Abb.79). Über Sachsen lag ein Tief mit einem Minimum von 745 mm und über dem nördlichen Schweden ein Hoch mit einem Maximum von 785 mm. Die geringe Entfernung zwischen dem Tief und dem Hoch und der große Druckunterschied von 40 mm war die Ursache für die Stärke des Sturms.

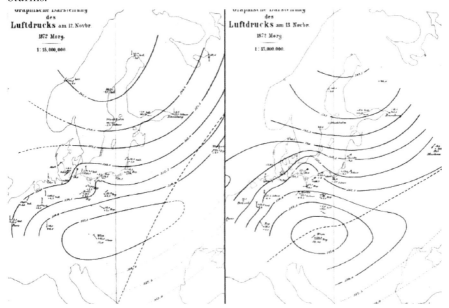

Abb. 79   Luftdruckverteilung am 12. und 13. November 1872

Mit furchtbarer Gewalt, in mächtigen Wogen, wurde die See auf die Küstenstrecken von Vorpommern, Mecklenburg, Schleswig= Holstein und die dänischen Inseln geworfen. Der Druck der Wassermassen nahm von Osten nach Westen zu; je weiter westlich, desto schwerer, desto wuchtiger wirkte die zerstörende Kraft des Wassers. Sie hat, wie bekannt, die Ostseeküste fast nur von Swinemünde ab westlich heimgesucht. Wenige Meilen östlich dieses Punktes ist während des Sturmes die See stark zurückgetreten, so daß Risse, welche sonst bei normalen Wassers mehrere Fuß unter Wasser liegen, sichtbar gewesen sind. Auch in Gotenburg, am Kattegat war das Meer 4 Fuß gesunken. Schiffe lagen im Schlamm, und kleine Kanäle liefen Trocken. (C. H. F. Koch, S.410)

Abb. 80 Sturmhochwasser am Ostseestrand 1872. Neustädter Bucht

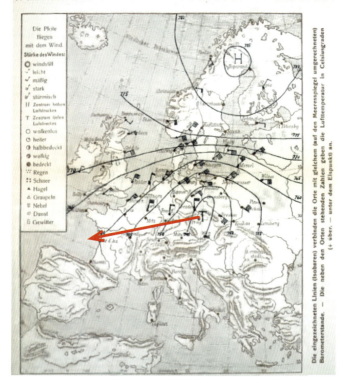

Abb. 81 Wetterkarte 13. November 1872, 08.00 Uhr morgens während der Sturmhochwassers in der Ostsee

Im weiteren Verlauf verlagert sich das Tief von Osten nach Westen (roter Pfeil). Die Folge war, dass die Wassermassen durch den Sturm vom östliche in den westlichen Teil der Ostsee gedrückt wurden (Badewanneneffekt).

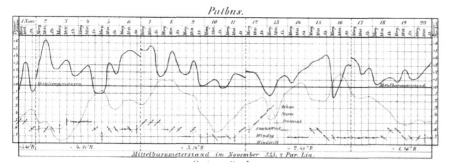

Abb. 82   Grafische Darstellung der meteorologischen Tabellen - Wetterstation Putbus

So sank das Wasser durch den Sturm bei Windau In Kurland um 0,81 cm, bei Memel um 0,42 cm.
Nach Westen begann das Wasser zu steigen, wie die folgende Abbildung 83 zeigt.

bei	Stolpmünde	um	0,55 m	über Mittel
,,	Rügenwaldermünde	,,	0,95 m	,, ,,
,,	Swinemünde	,,	1,40 m	,, ,,
,,	Thiessow	,,	2,20 m	,, ,,
,,	Wismar	,,	2,98 m	,, ,,
,,	Travemünde	,,	3,32 m	,, ,,
,,	Kiel	,,	3,17 m	,, ,,
,,	Flensburg	,,	3,31 m	,, ,,
,,	Schleimünde	,,	3,20 m	,, ,,
,,	Alvösund	,,	3,50 m	,, ,,

Abb. 83   Anstieg der Wassermassen

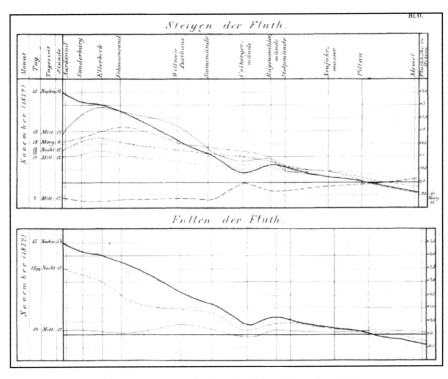

Abb. 84   Steigen und Fallen der Flut im November 1872

Die Grenze zwischen stiegenden und fallenden Wasserstand lag bei Pillau. Hier blieb der Wasserstand unverändert.

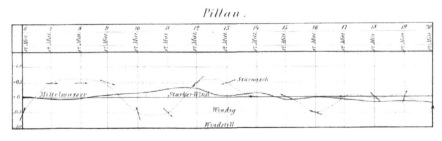

Abb. 85   Darstellung des Wasserstandes und der Windintensität bei Pillau Sturmhochwasser am 12./13. November 1872

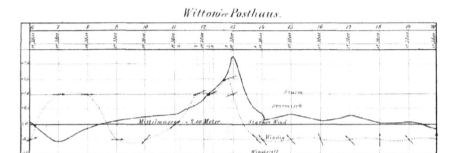

Abb. 86   Darstellung des Wasserstandes und der Windintensität am Wittower Posthaus. Sturmhochwasser am 12. und 13.11.1872

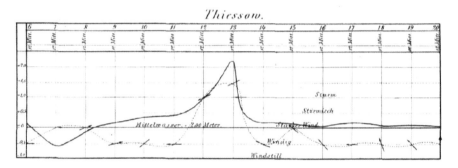

Abb. 87   Darstellung des Wasserstandes und der Windintensität in Thiessow. Sturmhochwasser am 12. und 13.11.1872

Die Schäden und Folgen dieses Ereignisses zeigen die folgenden Berichte:

> *Das anhaltende milde Wetter hatte eine starke Schiffahrt auf der Ostsee zur Folge. Die Zahl der vom Sturm überfallenen Schiffe ist daher ungewöhnlich groß. Als der Sturm losbrach, wurde die Flotte gegen die Küste getrieben. Einige Schiffe liefen noch bei guter Zeit in Häfen ein und konnten an sicherer Stelle ankern. Die übrigen und teilweise stärker gebauten aber wollten den Sturm auf hoher See trotzen und bleiben so lange draußen, bis das Unwetter sie verschlug. Am Nachmittag des 12. Waren bereits zwei Schiffe auf dem Westergrunde bei Swinemünde gestrandet: das Rostocker Galeaschiff „Thetis" und der Stralsunder Schoner „ „Margarete Bankier". Von beiden Schiffen wurde die Mannschaft gerettet. (C. H. F. Koch, S. 412)*

> *So wie hier lag überall die Ostseeküste voll Wracks der Fahrzeuge. Allein an dem Strand bei Faxe (Dänemark), wo sich der bekannte Kalksteinbruch befindet, sind 25 Schiffe zu Schaden gekommen. Viele Menschen verloren ihr Leben, denn in den meisten Fällen vermochte man nichts zur Rettung der Unglücklichen zu tun. Einige*

Tage später wurden eine Menge von Leichen an den Strand getrieben, und dieser war mit Planken, Spieren, Balken, Masten und anderem Treibholz ganz bedeckt. (C. H. F. Koch, S. 413)

Am 18. November schwamm auf der See, in der Nähe von Lancken auf Wittow (Rügen), ein Boot mit zwei Leichen, welche mit Stricken am demselben befestigt waren. Kapitän Zeplin, vom Schiffe „Ludwig Kapobusten", welcher von Plymouth am 1. Dezember in Swinemünde einlief, meldete auf dem dortigen Schiffahrtsamte, zwischen Falster und Wittow 5 Wracks, teilweise mit dem Boden nach oben treibend, gesehen zu haben, welcher der Schiffahrt bei den jetzigen langen, dunklen Nächten sehr gefährlich werden könnten, wenn nicht bald Anstalten getroffen würden, dieselben zu beseitigen. (C. H. F. Koch, S. 413)

Nach einer Eingabe der Ortsbehörde zu Neuendorf auf Hiddensee sind von den 57 Häusern des Ortes nur 4 verschont geblieben. Einige Gebäude sind gänzlich umgestoßen, viele weichten – weil meist Lehmkate – nacheinander auf. Boote fast sämtlich verloren. (C H. F. Koch S. 414)

In Kl.= Damnitz an der Prohner Wiek, bei Stralsund ist von etwa 20 pomm. Morgen der Mutterboden abgeschwemmt und die Fläche teilweise mit Sand betrieben. Aehnliche Verwüstungen an Grund und Boden werden aus Andershof und Fretow am Strelasund, Preseke bei Gingst, Altenkamp bei Putbus usw. gemeldet. (C H. F. Koch S. 414)

In Lobbe, Thiessow, Gr. = und Kl. = Zicker auf Mönchgut sind 50 Häuser beschädigt. Schreiende Kinder und Schwache wurden hier von Männern, die sich bis unter die Armme in die Flut stürzten, durch die Fenster gerettet. Eine kranke Frau in Kl. = Hagen mußte zu Boot entführt und weiterhin auf einen Wagen gerettet werden. Andere Kranke vergaßen ihre Kraftlosigkeit, Wöchnerinnen ihre Schwachheit. (C. H. F. Koch S: 414)

Thiessow an der Südspitze von Rügen. Der ganze Dünenzug von Thiessow bis Lobbe und von Lobbe bis Göhren und an der Südspitze von Thiessow ist zerstört. Der Theil des Dünenzuges von Thiessow bis Lobbe wurde am 13. November Morgens gegen 5 Uhr fortgespült und ergoſs sich von da ab die Ostsee durch diesen Dünenbruch durch die Hagensche Wieck und den Zicker See in den Greifswalder- resp. Rügenschen Bodden, so daſs das Wasser hier in ca. 2 Stunden um ca. $1{,}95^m$ gestiegen sein soll, während gleichzeitig die Fluth um die Südspitze von Rügen ihren Weg nach demselben Becken nahm. Der östliche Auslauf des Thiessower Höftes, ein Vorkopf, wurde von Strömung und Seegang sehr stark angegriffen und lagen die Trümmer herabgestürzter Thonmassen in groſsen Partieen am Fuſse des Höftes.

Abb. 88 Der Zusammensturz eines Bauernhauses in Niendorf während des Sturmhochwassers 1872

> Wittower Posthaus auf Rügen. Die geringen Dünen auf dem Bug sind sehr stark angegriffen, theilweise ganz zerstört, namentlich in dem nördlichen Theile des Buges. Der zunächst südlich von den zur Gemeinde Dranske gehörigen Grundstücken belegene Theil, der sogenannte Hals, jener dünne Anschluſs des Bug an die Halbinsel Wittow ist in einer Länge von ca. 136 ^{m} so erheblich abgespült, daſs er bei einer durchschnittlichen Breite von 3,$_6$ ^{m} an der niedrigsten Stelle nur 50 bis 60 ^{cm} noch über Mittelwasser liegt, während er zu beiden Seiten bis auf 1,$_7$ ^{m} über dasselbe ansteigt. Der Untergrund dieses niedrig gelegenen Landanschlusses bestand aus Lehm mit einer Kiesschicht überdeckt. Da hinter demselben das Binnenwasser des Wyker Boddens belegen ist, so erzeugt sich hier eine kräftige Ueberströmung, welche einen Angriff dieser Stelle um so heftiger gestaltete und dessen Senkung verursachte. Bei der Sturmfluth vom 9./10. Februar 1874 ist die Oberfläche des Terrainstreifens bis etwas unter Mittelwasser gesunken und hat dies Veranlassung gegeben, daſs ein befestigter Rücken hier zur Vermeidung eines entschiedenen Grundbruches zum Ausbau kommt.

Durch das Sturmhochwasser wurde der Bug abgetrennt. Der Bug und Dranske standen unter Wasser. Die Insel Hiddensee war durchbrochen. Die Schäden auf Insel Vilm waren gering, *doch wurde damals die Landenge zwischen dem Großen und dem Kleinen Vilm überflutet und die beiden Teile der Insel vorübergehend auseinander gerissen. (Haas, 1911)*

Neben den Hochwasserschäden kam es in Stralsund zu einem Großbrand.

Nach der Sturmesnacht vom 12. zum 13. November 1872 geriet am frühen Morgen die Kalkniederlage der Firma Geitz & Kindt außerhalb des Badentores in Stralsund in Brand. An Löschen war bei dem ringsum überfluteten Platz nicht zu denken. Nur mit großer Not konnte das auf dem gleichen Platz lagernde Klobenholz auseinandergerissen werden, um den Flammen keine neue Nahrung zu geben. Den Bemühungen glückte es ebenfalls, ein angrenzendes Spirituslager zu retten und dessen Explosion zu verhüten. Erschöpft und von der eisigen Kälte erstarrt, kehrten einzelne Feuerwehrleute, die bei den Löscharbeiten bis an die Hüften im Wasser gestanden von der Feuerstelle zurück. Sehr schnell nahm das Feuer an Umfang zu. Gegen elf Uhr mittags hatte die Brandstelle eine Ausdehnung von etwa 60 Metern. Es bestand große Gefahr, daß die Wohngebäude am Semlowerkanal ebenfalls Feuer fing, denn unaufhörlich sprühten große helle Funken herüber. Glücklicherweise jedoch waren die Gebäude durch den störenden Regen zu naß, als daß Funken zünden konnten. Von der Altstadt her bot sich den Zuschauern das grauenerregende Bild einer funkensprühenden Flammeninsel mitten in einem wildtobenden Feuermeer, das sich in den Abendstunden besonders schaurig ausnahm. Da endlich wurde man des Feuers Herr. Es wurde auch höchste Zeit. Riesiger Funkenregen stürmte auf die Stadt hinüber, und es drohte eine Gefahr, die nur wenige Einwohner gegenwärtig war. In einem Schuppen auf der Heilgeistbastion lagerten viele Zentner Pulver. Nur wenige gutgelandete Funken hätten genügt, um eine Explosion heraufzubeschwören. (Stralsunder Blitz Licht v. 18. 06. 2006)

Abb. 89 Nach dem Sturmhochwasser 1872

Die Auswertung der Feuchtigkeitsverhältnisse von Putbus zwischen 1854 und 1903 ergab, dass der Winter 1887 - 1888 mit 72 Schneetagen (Durchschnitt 32 Schneetage) der schneereichste war. (v. Bebber 1911)

In der Stralsundischen Zeitung vom 29.November 1890 heiß es zu Schnee und Kälte:

Das strenge Frostwetter hat den mit einer dicken unebenen Schneeschicht bedeckten Bürgersteigen eine solche Glätte verliehen, daß die Straßen nur unter beständiger Gefahr betreten werden können.

Die niedrigste Temperatur im letzten halben Jahrhundert hatten wir bei uns 1892-93. Ein andauernder Frost begann am 23. Dezember 1892 und dauerte bis Mitte Februar des folgenden Jahres. Mitte Januar hatte das Thermometer in Vorpommern mit 29,5 Grad unter Null seinen niedrigsten Stand. (Stralsunder Blitz-Licht 04.06.2006)

Am 12. Februar 1894 tobte ein Nordweststurm. Das Rügensche Kreis- und Anzeigenblatt Nr. 20 vom 15.02.1894 berichtete wie folgt:

Seit vielen Jahren haben wir wohl keinen so orkanartigen, gewaltigen Sturm gehabt wie heute; derselbe hat wieder viel Schaden angerichtet. Es wurde über Schäden auf Jasmund und dem Mönchgut berichtet. Bei Vilmnitz wurden zahlreiche hohe Alleebäume entwurzelt.

Die Sturmhochwasser 1904

Das Kirchenbuch von Gustow berichtet über einen Schneesturm, der am 19. April 1903 über die Insel Rügen zog. *In Gustow hatte der Sturm besonders in der Drigger Tannenforst gewütet. Stark beschädigt wurden durch eine Sturmflut der Wall und die Ufer am Drigger Strand. Der Wall wäre durchbrochen worden sein, wenn das vordringende Wasser nicht im Laufe des folgenden Tages gefallen wäre.* Für Wismar und Umgebung endete die schwedische Herrschaft 1903. Das Königreich Schweden verpfändete die Stadt Wismar für 99 Jahre an das Herzogtum Mecklenburg-Schwerin. Durch den Verzicht auf Einlösung des Pfandes Schwedens, fielen die Stadt Wismar und das Umland 1903 an Deutschland zurück.
Ein erneutes Sturmhochwasser erreichte am 30.und 31. Dezember 1904 die Küste Thiessow/Mönchgut.
Ausführlich über den Verlauf des Sturmhochwassers am 30./31. Dezember 1904 berichtete R. Creder im „X. Jahresbericht Geographische Gesellschaft zu Greifswald" im März 1905: In diesem Bericht wird von einer Depression gesprochen. Unter einer Depression versteht man ein Tiefdruckgebiet.

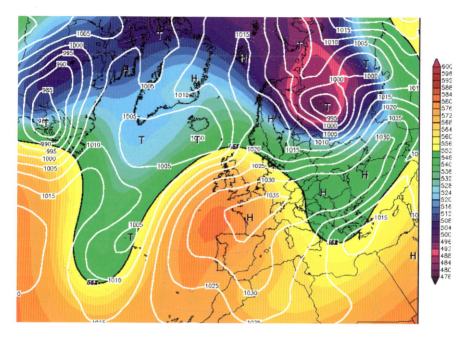

Abb. 90   500 hPa Geopotential (gpdm) und Bodendruck (hPa) am 29. Dez. 1904

Eine Depression von mässiger Stärke lagerte am 29. Dezember morgens von Westen gekommen über dem norwegischen Meere, gegenüber einem Hochdruckgebiete, dessen Kern sich über dem südwestlichen Deutschland befand. Ein anderes tiefes Minimum lag über dem Innern Russlands, Wind und Wetter im ostdeutschen Küstengebiete beeinflussend. In Skandinavien war das Barometer stark

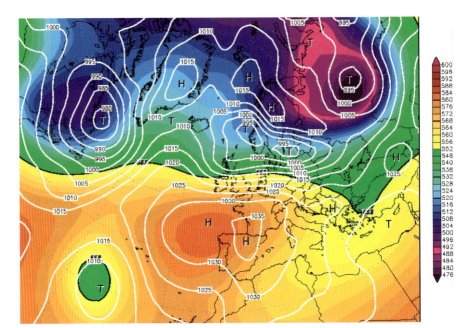

Abb. 91   500 hPa Geopotential (gpdm) und Bodendruck (hPa) am 31. Dez. 1904

gefallen. Es wurde daraufhin an die ganze deutsche Küste von Borkum bis Warnemünde Sturmwarnung, Signal: Südweststurm erlassen. Nachmittags wurde diese Warnung auch auf die Strecke Darsser Ort bis Memel ausgedehnt.

Sehr gefährlich gestaltete sich die Wetterlage bereits am Abend des 29. Dezembers. Eine Furche sehr tiefen Luftdrucks erstreckte sich südostwärts durch Südskandinavien; auf ihrer Südwestseite wehten überall stürmische westliche und nordwestliche Winde, stellenweise mit voller Sturmesstärke, erreichten z. B. in Hamburg eine orkanartige Gewalt und rasten bis tief in die Nacht hinein, verbunden mit ausserordentlich hohen Sturmfluten zunächst in der Nordsee. Am 30. Dezember morgens lag das Minimum mit einer Tiefe von 730 mm über der nördlichen Nordsee, auf seiner Südflanke bis in die Alpengegend unruhige Witterung hervorrufend. Am Nachmittag war das Minimum bis zu den dänischen Inseln, am Abend bis zur Odermündung fortgeschritten (vgl. die beigefügte Tafel: Luftdruckskurve in Swinemünde). Am Abend befand sich

z. B. in Hamburg eine orkanartige Gewalt und rasten bis tief in die Nacht hinein, verbunden mit ausserordentlich hohen Sturmfluten zunächst in der Nordsee. Am 30. Dezember morgens lag das Minimum mit einer Tiefe von 730 mm über der nördlichen Nordsee, auf seiner Südflanke bis in die Alpengegend unruhige Witterung hervorrufend. Am Nachmittag war das Minimum bis zu den dänischen Inseln, am Abend bis zur Odermündung fortgeschritten (vgl. die beigefügte Tafel: Luftdruckskurve in Swinemünde). Am Abend befand sich eine Depression über dem östlichen Deutschland, eine andere

so den rapiden Rückstrom der vorher gegen Osten und Nordosten aufgestauten Ostseewasser in Form der Sturmflut vom 31. Dezember. Bis gegen Mittag hielt der Sturm (in Swinemünde, s. Tafel) in gleicher Stärke an, dann flaute er erst langsam, dann ausserordentlich rasch ab, um bereits am Vormittag des 1. Januar „sehr leicht" bewegter Luft Platz zu machen. Bereits 11 Uhr vormittags des 31. Dezembers konnte Abnahme des Sturmsignals von der Seewarte angeordnet werden.

Die Schäden dieses Unwetters waren sehr groß und alle Teile der Insel waren davon betroffen, wie die nachfolgenden Berichte zeigen:

Für die am Südufer des Kubitzer Boddens gelegenen Ortschaften brachte der Silvestertag ein Hochwasser, wie es die ältesten Einwohner bis dahin noch nicht erlebt hatten. Der soeben fertiggestellte Deich hatte zwar die Nacht hindurch standgehalten. Am anderen Morgen aber brach er doch durch und die Fluten überschwemmten die ersten, etwa 1500 Meter vom Deich entfernten Gehöfte.

Quelle: Rügensche Heimat, Jhg. 11, Nr. 12. 1934

Umgebung. Das Jahr 1904 verabschiedete sich mit einem Unwetter, das lebhaft an die große Flut von 1872 erinnerte. Dumpfe Gerüchte von allen möglichen Unglücksfällen schwirrten von Ohr zu Ohr, ohne daß jemand etwas genaues erfahren konnte, denn sowohl Telefon als auch Telegraf waren unterbrochen und noch mancher wird sich sicher der Schreckensnachrichten erinnern, die vor nunmehr 30 Jahren die Stimmung zwischen den beiden Festen zerstörte. Der Wind, der am 29. Dezember noch aus Westen wehte, sprang in der Nacht nach Nordost um und erreichte gegen zwei Uhr etwa die Stärke 10. Der Morgen brach mit einem heftigen Schneetreiben und neuem Unwetter an.

Quelle: Rügensche Heimat, Jhg. 11, Nr. 12. 1934

Zubald kamen die Schreckensnachrichten aus allen Teilen der Insel, aber erst nach Tagen konnte man sich ein klares Bild von dem angerichteten Unheil machen.

In Saßnitz hatte der Sturm ungeheuerlichen Sachschaden verursacht. Die Strandkollonade war völlig weggespült. Die Geleise der Hafenbahn waren unterspült und zum Teil weggewaschen. Im Hafen ging ein Schiff unter, während andere auf das Wrack auftrieben. Die Wellen brausten haushoch über die Mole hinweg. Sogar vom Steilufer, besonders in der Nähe des Warmbades, hatten sich große Erdmassen losgelöst, ganze Bäume mit sich reißend. — In Glowe wurden durch die Flut 10 Fischerboote zertrümmert. Die wütenden Wellen hatten das Badehaus völlig zerschellt und die Brücke vollkommen abgewrackt.

In Lohme wurde das Warmbad, das nach der Sturmflut von 1872 neuerbaut worden war, ein Opfer der Flut.

Quelle: Rügensche Heimat, Jhg. 11, Nr. 12. 1934

> In Thiessow wurden Ufer, Strand und Düne schrecklich zugerichtet. Die Steinmole um Höft war völlig zertrümmert und der Deich zweimal durchbrochen. Eine vierköpfige Familie wurde mit einem Rettungsboot aus ihrem meerumwogten Hause befreit. Das Schlimmste war, daß das Wasser beim Nachlassen des Sturmes zu Eis gefroren war, und nicht zurückfluten konnte.
>
> Auch die Halbinsel Zudar wurde durch die Sturmflut arg heimgesucht. So hatte das Wasser auf dem Rittergut Gr.-Schoritz in den Scheunen einen Höhenstand von mehr als zwei Metern. Während das Vieh auf gefährliche und zugleich drastische Weise gerettet werden konnte, wurde das Getreide ein Opfer des Meerwassers. Der Schaden des Gutsbesitzers belief sich auf etwa 20 000 Mark.
>
> In Neuendorf-Lauterbach schlugen die Wellen am Silvestermorgen durch die Fachwerkwände. Ebenso wurde die fürstliche Brücke vollständig zerstört.
>
> Ebenso schwer zu leiden hatte Sellin, wo die Fluten Badeanstalt, Gepäckhaus und die neuerbaute Restaurationshalle vom Erdboden fortspülten.

Quelle: Rügensche Heimat, Jhg. 11, Nr. 12. 1934

Das Sturmhochwasser führte zu Schäden an der Küste von Thiessow.

> *So brach der Deich in der Sylvesternacht und das Dorf stand unter Wasser In den Häusern stand 30 cm Wasser in den Stuben. Alle retteten sich auf die Böden. (W. Dumrath, S. 236) Die bereits errichtete Steinmauer zum Schutz des Höwt wurde zerstreut. Richtung Lobbe sah nur Wasser. Auch in im Bau begriffene Chaussee war durchbrochen. Teile des Strandes standen 70 bis 80 cm unter Wasser. (W. Dumrath, S. 237)*

> Schwer gelitten hat auch die Insel Ummanz. Zwischen den Dörfern Markow und Heide hatte das Hochwasser an zwei Stellen den Deich durchbrochen und die Ortschaften Heide, Markow und Wokenitz unter Wasser gesetzt. In Waase standen mehrere Häuser in den stürmenden Wellen und in Ummanz-Dorf er-

Quelle: Rügensche Heimat, Jhg. 11, Nr. 12. 1934

An der Jahreswende 1904/05 schnitt das Hochwasser auch die Kirche ab, so daß der Silvester und Neujahrgottesdienst ausfallen mußte. (Rudolph 1954) Auch andere Teile der Ostsseküste wurden von diesem Unwetter heimgesucht.

Bei schwerem Nordsturm (30.-31.12 1904) trat die Ostsee über die Dünen. Riss bei Damerow auf 100 m und zwischen Herrenberg und Stubbenfeld auf 500 m Länge alles weg. Wiesen und Felder wurden versandet. Starker Frost hielt dann das Wasser fest, so dass die Spuren der Flut noch wet bis ins neue Jahr hineine zu sehen waren. Erst zum Sommer war die Chaussee wieder hergestellt. Am Strand hatte das Land stellenweise wieder um 12 bis 14 Meter abgenommen. (Kirchenchronik Koserow)

Die folgenden Abbildungen zeigen Maßnahmen, die zur Beseitigung der Sturmflutschäden vom 30./31. Dezember 1904 an der Außenküste des Regierungsbezirks Stralsund unternommen wurden.

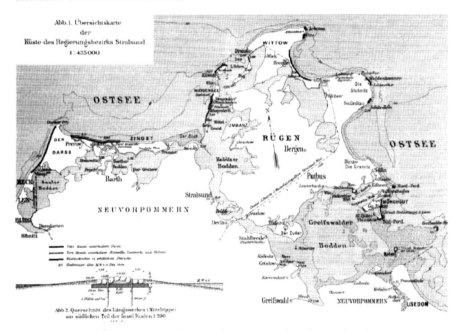

Abb. 92   Übersichtskarte der Küste des Regierungsbezirkes Stralsund 1: 43.000

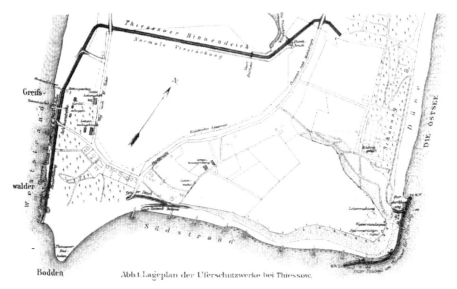

Abb. 93   Lage der Uferschutzwerke bei Thiessow

Abb. 94   Dreibock mit Flaschenzug und fahrbarer Kran vor den Dörfern Neuendorf und Plogshagen/Hiddensee

Abb. 95   Versatzbock am Westrande von Thiessow

Die Zeit 1913-1933

Über das Jahr 1913 ist im Rügenschen Kreis- und Anzeigenblatt Nr. 125 vom 31.05.1913 zu lesen:

Ein Beispiel für ein kaltes und trockenes Maiwetter war das Jahr 1913. So hieß es für den 29. Mai 1913 auf Rügen: Heute ging hier (gemeint war Wittow) nach lange anhaltender Dürre ein sanfter Regen nieder, der für die…jungen Saaten und Sämereien ….von großen Nutzen war. Durch die letzten schweren Stürme, in Verbindung mit kalten Temperaturen, hatten die Wintersaaten und insbesondere der Roggen vielfach nicht unerheblich gelitten.

Stürmische Nordostwinde mit einer Windstärke bis zu 11 Windstärke/Beaufortgrad Bft führen am 31.12.1913 zu einem verheerenden Sturmhochwasser. (Bissoli u.a. 2001) Die Schulchronik von Vitte auf Hiddensee berichtet über ein Sturmhochwasseer am 29.12.-30.12.1913:

Sturmflut darum schulfrei, ungemein großer Schaden, besonders am Strand, Brücken sind vernichtet, Durchbrüche an der Kaimauer „im Brunnen ist Salzwasser". Es tobte eine verheerende Sturmflut drei Tage und drei Nächte und durchbrach den Deich bei Damerow und bei Kölpinsee – reiche Entschädigung aus staatlichen Mitteln. (Kirchenchronik Koserow)

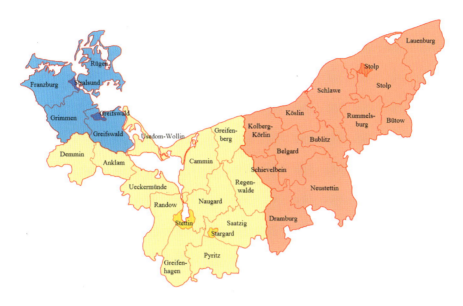

Karte 10 Pommern 1913

Pastor Gründler (Gustow) berichtete in seiner Pfarrchronik:

Das Jahr 1914 ergab bereits im Februar ein „Maiwetter", so dass man bereits früh mit der Saatbestellung begann. Danach setzte viel Regen ein, der bis Mitte Mai reichte. Nun folgte eine kurze trockene Phase mit starkem Wind. Erst Pfingsten begann „ein herrliches, warmes sonniges Wetter". Am 24. Juni 1914 wurde der Südwesten Rügens von einem schweren Hagelsturm heimgesucht. Betroffen von diesem Unwetter waren die Orte Gustow, Jarkvitz, Goldevitz, Saalkow. Besonders hart hat es die Orte Warksow und Sellentin getroffen, wo der größte Teil der Ernte völlig vernichtet wurde. Gründler (1927, S. 2) berichtete über dieses Unwetter: Solche Verwüstung der Felder hatte hier noch kaum Jemand gesehen…. Das Wetter zog so den Strich: Sissow, Benz, Warksow, Datzow, Götemitz, Drammendorf. Da sahen die Felder geradezu trostlos aus. Heiß brüten die Julitage 1914 über dem blühenden Lande. Rosen und Holunder duften, und auf den Feldern reift das Korn der nahen Ernte entgegen. die Hitze hat die Bewohner der Städte aufs Land getrieben. Die Badeorte sind überfüllt. Die Sassnitzer freuen sich der guten Ernte, und auch für Promoisel fällt etwas davon ab. Scharenweise durchstreifen die Fremden die schöne Stubnitz und unsern hochgelegenen Ort, und die Wirtshäuser erfreuen sich eines guten Zuspruchs. (Schulchronik Promoisel)

So kam der Sommer 1915 heran.

Er zeichnete sich durch große Dürre aus. Wochen =, ja monatelang fiel kein Tropfen Regen. Die Viehweiden verbrannten, und die Tiere litten Mangel an Futter. Das Getreide, besonders die Sommerfrucht, blieb klein und wurde vor der Zeit reif. Wiesen und Kleefelder verdorrten. (Schulchronik Promoisel, Kirchenchronik Koserow)

Die Jahre des 1. Weltkrieges bezeichnet der Pastor Gründler als abweichende und damit eigenartige Witterungsverhältnisse im Südwesten Rügens. Er schrieb 1917:

...1915 brachte ziemliche viel Dürre, so dass die Kornernte unter „mittel" blieb. Die Kartoffelernte war dagegen sehr reich.....1916 brachte eine so vollständige Mißernte an Kartoffeln, wie seit Menschengedenken nicht gewesen. Nicht die Hälfte des Durchschnittsertrages wurde geerntet.

1916 brachte uns aber besonders im Frühjahr und Sommer solchen Reichtum daran, daß einige Julisturmtage den Ertrag der sehr hohen diesjährigen Kornernte z.T. sehr stark verringert hatten. Bis in den Oktober hinein dauerte die Kornernte, zum Teil-Kartoffeln und Rüben waren kaum aus der Erde zu kriegen, die neue Saat ist sehr schlecht in die Erde gekommen. (Gründler, 1927, S. 9)

Die Schulchronik Putbus berichtete auch über eine schlechte Kartoffelernte 1916 und 1917. Als Ersatz dienten die Kohlrüben.

Das Erntewetter war in diesem Jahre wenig günstig. Regen und Regen und wieder Regen! Heu und Getreide ist vielfach feucht eingefahren worden. Doch war die Ernte gut und läßt uns vertrauensvoll in die Zukunft blicken. Leider können wir von der Kartoffelernte nicht dasselbe sagen. Kaum die Hälfte der sonstigen Jahre ist geerntet worden. Da werden wir uns knapp einrichten müssen. (Schulchronik Promoisel)

Eine lang anhaltende Dürre vom Frühjahr bis zum Sommer 1917 und 1918 führte zu Missernten bei Frühkartoffeln, Gras, Klee und Sommergetreide. In der Schulchronik von Promoisel heißt es über das Jahr 1917

...leider ist die Witterung dem Wachstum der Pflanzen wenig günstig. Von Ostern bis zum Juli ist Regen eine Seltenheit. Dazu bringt der Juni große Hitze. Die Weiden verdorren, und das Korn steht dürftig. Die Kartoffeln bleiben klein. Endlich fällte der ersehnte Regen, hier u. da wohl schon zu spät, doch ist noch Hoffnung auf eine gute Mittelernte. Die frühen Kartoffeln sind da u. die größte Not ist gestillt. Gott sei Dank! – Schon beginnt die Ernte. Der Körnerertrag ist im Allgemeinen gut, wenn auch das Stroh kurz ist. Futter fürs Vieh wird wohl recht knapp werden, da wenig Heu eingefahren ist. Da Kartoffeln fehlen, müssen die Wrucken deren Stelle vertreten. Das ist nicht jedermanns Geschmack. Schon den ganzen Winter verteilt

der Gemeindevorsteher an Leute, denen Kartoffeln fehlen, wöchentlich 4 (Pfund) Kartoffeln u. 3 (Pfund) Wrucken auf die Person.

Der Winter 1923/24 war sehr eisig.

Der Frachtdampfer „Otto Ippen" wurde am Bessiner Haken von Packeis erdrückt und sank mit seiner Ladung am Mais, Apfelsinen und Kaffee. (Ostsee-Zeitung/ Kreisseite Rügen vom 01.03.1978) Der Winter hat in diesem Jahr 1923 ungemein früh eingesetzt. Er begann schon Anfang Dezember, brachte selten gesehene Schneemassen und stark anhaltende Fröste. Die Ostsee ist – soweit das Auge reicht – zugefroren. (Kirchenchronik Koserow)

Der Februar 1929 zeichnete sich durch große Kälte aus. In der Rügensche Zeitung Jg. 68 vom 06.02.1929 war darüber zu lesen: *Die Ostsee war während dieses Winters zum zweiten Mal zugefroren, diesmal aber so, wie wir kaum jemals gesehen haben: spiegelglatt.* Die Kraftfahrtlinie zwischen Samtens und Ummanz musste auch zeitweise wegen der Schneeverwehungen eingestellt werden. In der Rügenschen Zeitung Jg. 68 vom 05.03.1929 wurde folgendes Gedicht veröffentlicht.

> **Winter 1929**
>
> Diese Kälte heutzutage
> ist ‚ne wahre Höllenplage.
> Arme, Finger, Nasen, Ohren,
> sind schon manchem ausgefroren.
> Auf dem Tisch friert die Butter,
> in den Ställen friert das Futter,
> der Kaffee friert in der Kanne,
> und die Eier in der Pfanne.
> Ringsum in weitem Kreise
> sitzen Dampfer fest im Eise,
> Züge liegen fest im Schnee,
> Autos stehen auf der Chaussee"

Es handelte sich um den kältesten Winter seit 1893. Der „Jahrhundertwinter" hatte ganz Europa erfasst. *1929 verzögerte sich der Frühling um vier Wochen und der Boden war noch Mitte März 1, 1/2 m tief gefroren. (Rügensche Zeitung Nr. 63 vom 15.03.1929)* Rudolph (1954) schreibt in seinem Heimatbuch über diesen Winter wie folgt:

damals fuhren wir im Autobus über das Eis von Rügen nach Stralsund. In einer ununterbrochenen, drei Kilometer langen Schlangenlinie pilgerten Tausende zu Fuß hinüber und herüber. Klingend kamen uns „Koithahne" entgegen, jene von Pferdegespannen gezogenen großen Zehnerschlitten.

Die Schulchronik von Promoisel zeigt über diesen Winter folgendes:

Der Winter 1928-29 wird allen noch lange in wenig angenehmer Erinnerung bleiben. Wochenlang herrschte grimmige Kälte, fast immer zwischen –10 bis –20°C. Schnee lag in Massen, Stürme trieben ihn zu Schanzen bis an die Strohdächer heran. Noch heute – Mitte April – liegen an schattigen Stellen Schneereste. Jetzt erst blühen die Schneeglöckchen. Was hatte das Jahr 1929 gebracht? Es begann mit einem sehr kalten und lange dauernden Winter. Wochenlang herrschte grimmige Kälte; das Thermometer sang über 20° unter Null herab. Der Schnee lag meterhoch auf der Landstraße, und man konnte kaum hindurchkommen. Der Sommer des vergangenen Jahres (1929) brachte Wärme und Trockenheit, so daß das Wetter für die Ernte günstig war; die Trockenheit führte aber vieler Orts zu Wassernot, da die Brunner versiegten. (Schulchronik Promoisel) In der Ostsee-Zeitung vom 15.12.2012 kann man über den Winter 1928/29 folgendes lesen: *Danach lag vom 30. Dezember 1928 bis zum 14. März eine geschlossene Schneedecke, der Winter verabschiedete sich mit Neuschnee und Verwehungen am 21. und 22. März. Noch länger dauerte damals die Sundvereisung: Sie begann am 17. Dezember 1928 und währte bis zum 6. April 1929. Erst am 23. März konnte die Fährgesellschaft Altefähr ihren Betrieb wieder aufnehmen. Der Winter 1928/29 wies eine Kältesumme von 533 Grad auf* (vgl. Kältesummen Kasten).

Das Frühjahr 1931 (Ostern bis Pfingsten) brachte viele starke Gewitter; der Sommer verregnete fast vollständig (Sturmverwüstungen 9./10. Juli!); der Herbst war dafür schön, der Winter ausnahmsweise frost- und schneefrei, von einer kurzen Schnee- und Frostperiode um Neujahr abgesehen. Der Sommer 1932 brachte – als Elfjahresperiode, wie vorausgesagt – selten warmes und schönes Wetter, aber auch starke Gewitter und Insekten-, besonders Wespenplage. Die Getreideernte brachte ausnahmsweise reiche Erträge. Im Januar und Februar (1933) erst setzte der Winter ein und brachte den Kindern viel Rodelfreude auf dem Berg vor dem Schulhause. (Schulchronik von Promoisel)

Der Regierungsbezirk Stralsund mit der Insel Rügen wurde ab 01. Okt. 1932 aufgelöst und nach seiner Auflösung dem Reg. Bezirk Stettin zu geordnet (vgl. Karte 11).

Karte 11   Der Regierungsbezirk Stralsund war identisch mit dem Gebietsstand von Schwedisch-Pommern von 1720

Die Witterungsereignisse zwischen 1934 und 1947

Anfang März (1934) war noch einmal Schneefall und starkes Schneetreiben. Der Ort war im nächsten Verkehr durch große Schneeschanzen abgeschnitten. Überall mußten zugangs- und Durchgangswege geschaufelt werden. Das Tauen setzte nur ganz allmählich ein. Der Februar 1935 zeichnete sich durch viel Schnee aus. Auto und Kleinbahn konnten nicht fahren, die Kinder kamen völlig durchfroren in die Schule. (Heimatbuch des Kreises Rügen o. J. Kreisarchiv Bergen/Rügen).

In Putbus wurde im Januar 1935 ein absolutes Minimum von -11,4°C gemessen. Im Februar bzw. März lag das Minimum bei -5,6°C bzw. -5,3 °C.

Der Winter 1936 war hart, Temperaturen fallen unter - 10° C. Wegen der Kälte in den Räumen ist die Schule einige Tage geschlossen. Der Bodden hat eine geschlosse-

ne Eisdecke. Die Fischer können wochenlang nicht raus fahren, also kein Verdienst. (Schulchronik Vitte)

Nach einer von schönstem Sommerwetter begünstigten Ferienzeit - man hat festgestellt, daß wir im Frühjahr und Sommer dieses Jahres 33% mehr Sonne hatten, als Deutschland sonst durchschnittlich in diesen Monaten Sonne erhält. (Rüg. Ztg. vom 05.07.1934, Nr. 153)

Anfang März (1937) war noch einmal Schneefall und starkes Schneetreiben. Der Ort war durch große Schneeschanzen vom Verkehr abgeschnitten. Überall mußten Zugangs- und Durchgangswege geschaufelt werden. Das Tauen setzte nur ganz allmählich ein. Aber das Wetter war ungemein unbeständig, schöne Tage wechselten unmittelbar mit ganz schlechten. Im Februar und März 1937 lag in Putbus 13 bzw. 14 Tage eine geschlossene Schneedecke.

Im 2ten Drittel des Septembermonats begann nun eine Schönwetterperiode. Im Dezember (1937) traf früh der Winter ein. Starke Schneefälle verbunden mit starken Stürmen. Das Fährschiff Preußen lief auf Grund zwischen Wissower Klinken und Stubbenkammer. Um dieser Sehenswürdigkeit nicht verlustig zu gehen, unternahmen wir am Tage vor den Weihnachtsferien eine Wanderung nach Stubbenkammer. Trotzdem der Weg noch schlecht war, ging der Marsch infolge der frischen Kälte hurtig vorwärts. Wir gingen den Uferweg hinunter, bogen um die Ecke links beim Königsstuhl, und schon sahen wir die Preußen liegen. Sie hat leichte Schlagseite zum Lande hin, sie liegt genau parallel der Küste. Es war ein eigenartiger Eindruck, das stolze Schiff so auf Grund untätig und still liegen zu sehen. Die Klappen zu dem unteren Wagenraum waren geöffnet, ein Güterwagen stand draußen, um von einem Bergungsdampfer aufgenommen zu werden. Das Schiff liegt etwa 50 - 100 m vom Ufer entfernt, es muß wohl infolge des Oststurmes an die Küste abgedrängt worden sein. Ein Seil war vom Dampfer an Land gespannt, so daß man mit dem Boot sich leicht heranziehen konnte. (Schulchronik Promoisel)

Zu den strengsten Wintern des Jahrhunderts gehörte der Kriegswinter 1939/40. Im November 1939 betrug die tiefste Temperatur in Kloster auf Hiddensee -5,0°C. Im Dezember 1939 wurden sogar -10,0°C gemessen.

Das Jahr 1940 hatte starken Frost und ungeheure Schneemengen mit sich gebracht. Der Besuch der Schulkinder war daher in Anbetracht der oft weiten Entfernungen und der nicht passierbaren Wege sehr unregelmäßig. Selbst die Kinder aus dem unteren Dorf waren oft nicht in der Schule; denn überall waren hohe Schneeschanzen zusammen getrieben, manche Häuser lagen bis zum Dach im Schnee, und immer wieder aufkommende Schneestürme machten den Kindern, besonders den Kleinen, den Weg zur Schule unmöglich. Das neue Schuljahr begann nach kurzen Osterferien am 28. März 1940. Noch waren wir dem Frühling nicht näher gerückt, im Gegenteil, bald setzten wieder neue Schneefälle ein. Da der August äußerst ungünstiges und nasses Wetter hatte, war die Ernte erst sehr spät und die Felder wurden teilweise gleich wieder umgepflügt. Der Ostsee Zeitung vom 15.12.2011 kann man folgende Bericht über den Kriegswinter 1940 entnehmen: *So wurden am 19. Januar 1940 minus 24 Grad Celsius gemessen, der Hafen (Stralsund) war total vereist, und um Kohlen zu sparen, schlossen am 23. .Januar die Schulen. Keine Entspannung im Februar: erneut Fröste bis minus 25 Grad und 80 bis 100 Zentimeter dickes Eis im Hafen. Dadurch waren Rügen und Hiddensee problemlos zu Fuß zu erreichen. Vom 16. Bis 25. Februar wurden die Ladenöffnungszeiten und der Gaststättenbertrieb verkürzt und öffentliche Veranstaltungen eingestellt.*

Das absolute Minimum in Kloster betrug im Januar -20,0°C, die Tagesmitteltemperatur lag bei -6,1°C. In Februar wurden -18,0°C erreicht (Tagesmittel -7,4°C) und im März lag die tiefste Temperatur noch bei -10,0 °C (Tagesmittel -0,9°C).

Der Winter (1940) ist mit unerhörter Härte hier eingebrochen. Der Frost bis –20 Grad! - hält an. Schneemassen in nie gekannter Menge geben der Landschaft ein sibirisches Gepräge. Der Zugverkehr stockt. (Kirchenchronik Koserow)

Der kälteste Winter im letzten Jahrhundert war der Winter 1939/40 mit einer Kältesumme von 667 Grad und zählt somit zu den extrem kalten Wintern (vgl. Kasten)

> **Kältesummen oder- zahlen** dienen zur Charakterisierung der Winter. Sie sind definiert als die Summe der negativen Tagesmittel der Temperaturen vom 01. November bis 31. März.
> Einstufung
> 0 - 100 mild bzw. sehr mild, 100 - 200 normal, 200 – 300 mäßig kalt, 300 – 400 kalt, 400 - 600 sehr kalt, 600 und mehr extrem kalt

Mit Beginn des neuen Jahres (1941) traten wieder heftige Schneefälle ein. (Schulchronik Promoise)

In Kloster auf Hiddensee betrug die Tagesmitteltemperatur in Januar 1941 -5,4°C bzw. im Februar -2,3°C. Die tiefste Temperatur im Januar 1941 lag bei - 17,0°C. Im Februar lag das absolute Minimum bei -14,5°C. Im Januar und Februar 1941 lag in Kloster eine geschlossene Schneedecke.

Die Hoffnung, daß der Winter diesmal (1942) weniger streng werden würde als in den Vorjahren, schlug leider fehl. Gleich nach Weihnachten setzte kaltes Wetter mit starken Schneefällen ein, der Schnee taute auch bis Ende März nicht auf, und die heftigen Stürme und Schneeverwehungen, die von Februar eintraten, machten den Kindern an manchen Tagen den Weg zur Schule unmöglich. Die Straße zum unteren Ende des Dorfes war tagelang oft unpassierbar, und auch hier am oberen Ende waren hohe und breite Schanzen zusammengetrieben. Die Temperaturen sanken auf -15 bzw. -25°C. (Schulchronik Promoisel)

Die Tagesmitteltemperatur auf Kloster/Hiddensee betrug im Januar 1942 -6,4°C. Das absolute Minimum lag bei -18,2°C. Die Tagesmitteltemperaturen im Februar bzw. März lagen bei -5,8 °c bzw. -3,3 °C. *Der lang anhaltende Winter und das kalte und nasse Frühjahr richteten leider großen Schaden an den Saaten an. Das Korn war teilweise ausgewintert und die Äcker mußten daher umgepflügt und neu bestellt werden.* Der Winter 1941/42 wies eine Kältesumme von 531 Grad auf (vgl. Kältesumme Kasten).

Untersuchungen an Kiefern auf der Schaabe zeigten eindrucksvoll extreme Weiserjahre in der Holzanatomie für die Jahre 1941 - 1942 (vgl. Abb.96).

Abb. 96 Mikroskopische Aufnahmen zur Holzanatomie von Kiefern von der Schaabe von 1940 bis 1943

Müller-Stoll (1951, S. 59) bezeichnet den tiefen Kurveneinbruch als reine Kältereaktion: *„Der bekannte Kältewinter 1940 hat offenbar eine erhöhte Empfindlichkeit, evtl. auch nachhaltige Schädigung der Baumarten verursacht, denn bei weniger extremer Temperaturlage der folgenden Jahre schließt sich eine mehrjährige tiefe Depression an".*

Der Winter war in diesem Jahre (1943) ausnehmend milde gegen die Vorjahre. Nur im Januar lag verhältnismäßig viel Schnee. In Folge des günstigen Wetters setzte auch die Frühjahrsbestellung in diesem Jahr weit früher ein als sonst. Der Winter

1943/44 war im Vergleich zu dem vergangenen Jahr nicht so hart und streng. Nur an wenigen Tagen lag Schnee. Der Frühling (1944) neigt sich nun schon seinem Ende zu. Leider haben wir von sonnigen Frühlingstagen so gut wie gar nichts gespürt. Fast ständig war es kalt, windig und regnerisch. Hoffentlich nimmt der Regen bald ein Ende, damit die diesjährige Ernte nicht zu Schaden kommt. Die Obstblüte ist schon verregnet. – So sehnen wir denn alle die Sonne herbei; aber da wir keinen rechten Winter hatten, wird wohl auch kein warmer Sommer folgen. (Schulchronik Promoisel)

Die Folge von den sehr kalten Wintern 1939 – 1941 und den heißen Sommern 1943 und 1947 war, dass die Periode der Erwärmung etwa 1938 radikal unterbrochen wurde. Wie Flohn (1949/50) feststellt, wurde das Westwetter für mehrere Jahre unterbrochen und der Wetterverlauf „durch meridionale besser zellulare Zirkulationsformen in Form von quasistationären Antizyklonen und Tiefdrucktröge beherrscht". (Flohn, S. 347)

Weitere strenge Winter waren 1946/47. *Der vergangene Winter war sehr streng. Gleich nach Weihnachten setzte kaltes Wetter mit starken Schneefällen ein. (Schulchronik Promoisel)*

Das Jahr 1947 zeichnet sich durch eine Kombination herausragender Wetterereignisse aus. So ist der Winter 1946-1947 durch eine Kältewelle und eine Schneekatastrophe gezeichnet. Das Jahresminimum lag in Arkona bei -16,9°C, in Putbus bei -16,1°C. Die Anzahl der Eistage in Arkona betrug 1947 66 Tage, in Putbus 89 Tage. Die Kältesumme des Winters 1946/47 betrug 559 Grad (vgl. Kältesummen Kasten). Der Sommer 1947 wurde als der wärmste Sommer des Jahrhunderts beschrieben. Die Durchschnittstemperatur von Putbus lag im August mit 1,1°C über Durchschnitt, im September sogar 2,6°C.

Das Witterungsgeschehen nach 1947

Der Winter 1953/54 gehörte zu den strengsten Winter des Jahrhunderts auf Rügen. Die Anzahl der Frosttage lag von Dezember 1953 bis April 1954 bei 97 Tagen. Von Dezember 1953 bis März 1954 wurden 31 Eistage registriert. Das Jahresminimum 1954 betrug -18,9°C (Februar). Die Monatsmitteltemperaturen im Januar und Februar 1954 lagen bei -0,4°C bzw. -3,7°C. Die Winter 1954/55 und 1955/56 waren ebenfalls sehr strenge Winter. Die Jahresmitteltemperatur betrug 1955 7,4 °C ,1956 sogar nur 6,7 °C. Das Jahresminimum 1955 – 9,6°C (Februar) und 1956 lag es bei -17,2°C (Februar). Von Dezember 1954 bis April 1955 wurden 84 Frosttage registriert und von Januar bis März 1955 29 Eistage. Für das Jahr 1955/1956 ergibt sich folgendes Bild: Von Dezember 1955 bis März 1956 gab es 32 Eistage und die Anzahl der Frosttage betrug 98 Tage (Dezember bis April).

Das Jahr 1960 war ein sehr niederschlagsreiches Jahr mit einem feuchten Sommer auf der Insel Rügen. So betrug der Jahresniederschlag in Arkona 830,2 mm und in

Putbus 783,6 mm. So fiel im Juli und August 1960 in Arkona 39,3 % des Jahresniederschlages. In Putbus fiel in den beiden Monaten 34, 2 % des Jahresniederschlages. Der Winter 1962/63 gehörte zu den kältesten Wintern des letzten Jahrhunderts. Das Eis schloss die Insel ein. Ein 10 bis 15 Seemeilen breiter Eisgürtel legte sich um die Insel Rügen. Die Eisdecke hält sich auf den Boddengewässern bis in den März hinein. Von Dezember 1962 bis März 1963 wurden 104 Frosttage registriert. Die Anzahl der Eistage von Dezember 1962 bis März 1963 betrug 66 Tage. Der Winter 1962/63 wies an der Ostseeküste eine Kältesumme von 400 Grad auf. Die ganze westliche Ostsee war vereist. Die ständig wehen östlichen Winde bewirkten, dass das kalte Oberflächenwasser der tieferen mittleren Ostsee in die westliche Ostsee getrieben wurde. Die Folge war, dass ein Zufluß warmen Nordseewassers verhindert wurde.

Das wärmste Weihnachtfest des Jahrhunderts wurde auf der Insel Rügen mit 14°C am 24.12.1977 gemessen. In den letzten 100 Jahren wurde dieser Wert nicht erreicht.

Die Katastrophe 1978/79

Der Winter 1978/79 war eine der größten Klima-Katastrophen in der Geschichte der Insel Rügen. Heftige Schneefälle und starker Wind führten auf der Insel Rügen zu sehr starken Schneeverwehungen, dazu kamen noch sehr kalte Temperaturen von bis unter -15°C.

Abb. 97   Schneeverwehungen im Ort Garz auf Rügen

Auf dem Eisenbahnabschnitt Teschenhagen nach Bergen blieb ein Personenzug in der Schneewehe stecken und entgleiste (OZ. Nr. 1 v. 2. 1. 1979, 3). Die Freilegung des eingeschneiten Zuges und die Inbetriebnahme der Strecke Altefähr nach Saßnitz dauerten 80 Stunden. Nur die Hilfe der Soldaten der NVA und ihrer Technik ermöglichte den

Abb. 98   Hilfe bei der Beseitigung der Schneeverwehungen

So hieß es in der „Ostseezeitung" von Dienstag, den 2. Januar 1979: „Der in der Nacht zum Freitag an der Ostseeküste der Republik einsetzende Temperatursturz erreichte, begleitet von heftigen Schneefällen und starken Winden, am Wochenende alle Bezirke der Republik". Es herrschten an der Ostseeküste Temperaturen bis unter minus 15 Grad. Dabei kamen „gestern schwere Technik und Kettenfahrzeuge der Nationalen Volksarmee zusätzlich zum Einsatz. ... Hubschrauber der Volksmarine haben die Versorgung der Bevölkerung der Insel Hiddensee übernommen. Auf Rügen erreichten die Schneewehen eine Höhe von 4 bis 5 Metern. ... In der Stadt Saßnitz versorgten Soldaten der Sowjetarmee Teile der Bevölkerung mit Brot" (OZ Nr. 1 v. 2. 1. 1979). Dazu kamen Windböen zwischen 20 m/s und 30 m/s. Im Januar 1979 kam es zu großen Schneeverwehungen auf Rügen (vgl. OZ v. 27./28. 1. 1979). Der Familie Rux half dabei die Baltische Rotbannerflotte in Saßnitz mit Kohlen und zwei Broten aus. Darauf dankte die Familie Rux: „Ich finde es einfach wunderbar, diese selbstlose Hilfe. Mit solchen Freunden an der Seite kann uns nichts, aber auch nichts passieren" (OZ v. 27./28. 1. 1979).

Abb. 99   Schwere Technik half bei der Beseitigung der Schneemassen auf Rügen

Abb. 100   Winter auf dem Strealsund 1978/79

1992 herrschte in Teilen von Schleswig–Holstein, Mecklenburg–Vorpommern und dem Ostseeraum eine außergewöhnlichende Trockenheit. So lag die Niederschlagssumme im Mai 1992 in Arkona bei 23,9 mm und in Putbus bei 27,7 mm Niederschlag. Das Tagesmaximum im Mai betrug an der Station Arkona 11,6 mm. Das Tagesmaximum in Putbus im Mai betrug 14,8 mm. Im Juni betrug die Monatssumme des Niederschlages an beiden Stationen 0,0 mm.
Der Juli 1994 war der heißeste Monat des Jahrhunderts in Norddeutschland. Am Kap Arkona wurde mit 403 Stunden die höchste monatliche Sonnenscheindauer gemessen. In diesem Monat schien an 27 Tagen die Sonne mehr als 10 Stunden. In Putbus betrug die Sonnenscheindauer 395,3 Stunden.
Im November 1995 kam es zu einer Sturmflut.

Der Saßnitzer Kurplatz wurde mit voller Wucht getroffen. Der knapp 25 m lange Metallsteg zu „klein Helgoland" wurde aus seiner Verankerung gerissen und fortgespült. Er war knapp mit 127 000 DM errichtet worden. Die Grünflächen am Kurplatz waren mit Feuersteinfeldern, Tang und Bruchholz überdeckt. Eine 5 km entfernte Holzleiter, die bereits 1994 abgerissen wurde, war inzwischen auch hier gelandet. Die Strände und Dünen im Ostseebad Binz erlitten erhebliche Schäden. Teile der Seebrücke wurden beschädigt, so dass diese bis auf weiteres gesperrt werden musste. Durch die die starke Brandung wurden große Teile der Dünen weggerissen, Sand vom Strand wurde abgetragen. An der Steilküste türmten sich Holz, Müll, auch einige Kühlschränke aus einer Imbissbude auf. Der Abfluss der Ahlbeck war versandet und musste freigelegt werden. (Ostsee-Zeitung 07.11.1995)

Der Winter 1995 war sehr kalt. Der Leiter der Meteorologischen Station E. Großklags (†2012) erklärte in der Ostseezeitung v. 03.01.1996: *„Einen solchen kalten Dezember haben wir hier auf Rügen seit sechs Jahren nicht mehr gehabt". Es herrschte an 24 Tagen Frost. An neun Tagen blieb das Thermometer rund um die Uhr unter null Grad Celsius. Die Monatsmitteltemperatur im Dezember 1995 betrug -0,6°C."* Das Minimum der Lufttemperatur betrug -11,0°C.

Abb. 101   Winter 2010/11 Strand von Zinnowitz

Sturmflut 2017

Das Sturmhochwasser von 04.01. zum 05.01.2017 war das schwerste seit 2006 an der Ostseeküste. Ausgangspunkt für das Sturmhochwasser war eine Südwest-/Westwetterlage Ende Dezember 2016. Diese Wetterlage führte dazu, dass sehr viel Wasser aus der Nordsee bis in die zentrale Ostsee gedrückt wurde und somit der Füllungsgrad der Ostsee mit 30 bis 40 cm über Normal lag (vgl. Abb.102).

Windrichtung   30.12.2016, 08:00 Uhr MEZ

Deutschland, 798 Stationen im Kartenausschnitt

Abb. 102 Windrichtung am 30.12.2016

Das Tief "Axel" befand sich am 03.01.2017 über Mittelnorwegen. Am 04.01. bewegte es sich über Gotland und zog nordöstlich über Mecklenburg-Vorpommern. Der Wind drehte am Mittwochabend, dem 03.1.2017, von Südwest über Nordwest auf Nordnordost. Dadurch dass der Wind erst von Südwest wehte, wurde das Wasser erst von der Küste weggedrückt (vgl. Abb. 103). Durch die Winddrehung von Nordwest auf Nord bis Nordost wurden die Wassermassen von Osten in die westliche Ostsee getrieben.

Abb. 103 : Windrichtung an der mecklenburgischen Ostseeküste am 03.01.2017, 08.00Uhr MEZ (Daten: www.kachelmannwetter.de)

Durch das Drehen auf Nordost wurden die Wassermassen dann mit voller Wucht an die Küsten gedrückt (Badewanneneffekt).

Abb. 104 Windrichtung am 04.01.2017 an der mecklenburgischen Ostseeküste 20 Uhr MEZ (Daten: www.kachelmannwetter.de)

Die Pegelstände von Sassnitz und Thiessow zeigen deutlich, wie das Wasser an die mecklenburgische Ostseeküste gedrückt wurde.

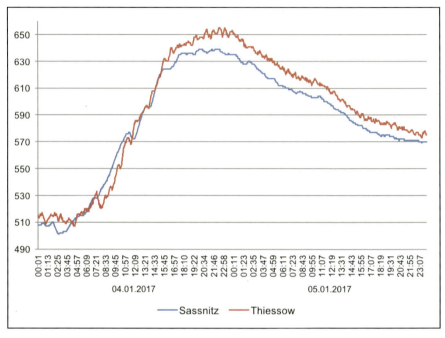

Abb. 105 Die Pegelstände von Sassnitz und Thiessow vom 04.01. zum 05.01.2017 (Quelle: Daten www.pegelonline.wsv.de)

Die durchschnittlichen Windgeschwindigkeiten an der mecklenburgischen Küste lagen am 04.01. 2017 zwischen 44 km/h und 55 km/h vor Usedom (Abb. 106).
Wie die Abb.107 zeigt, wurden an der mecklenburgischen Ostseeküste maximale Windböen zwischen 71 km/h und 103 km/h erreicht.

Abb. 106 Durchschnittliche Windgeschwindigkeiten (km/h) an der mecklenburgischen Ostseeküste am 04.01.2017

Abb. 107 Maximale Windböen (km/h) an der mecklenburgischen Ostseeküste

Betroffen von diesem Sturmhochwasser waren Kiel, Lübeck, Rostock, die Inseln Rügen und Usedom. Die Pegelstände lagen zwischen 150 und 170 Zentimeter höher als üblich. In Lübeck wurden 1,79 m und in Wismar 1,83 m gemessen. Wie die Abbildungen zeigen waren der Greifswalder Bodden, die Wismarbucht, Warnemünde, die Flensburger Förde betroffen. Hier konnte das Wasser nicht ablaufen. Auf Rügen wurde ein Deich auf 100 m Länge überflutet.

Abb. 108 Überflutung einer Hotelanlage in Baabe (Quelle: RügenTV)

Das „Ozeaneum" in Stralsund wurde mit Spundwänden vor dem Wasser gesichert. Die schwersten Schäden entstanden auf der Insel Usedom. Im Ort Zempin wurden große Teile der Steilküste und der Strandpromenade weggespült.

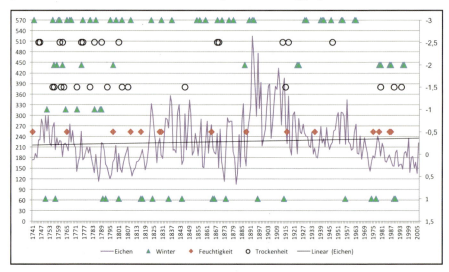

Abb. 109 Eichenchronologie (in 1/100mm) mit extremen Witterungserscheinungen und linearen Wachstumstrend für den Zeitraum von 1741 - 2006

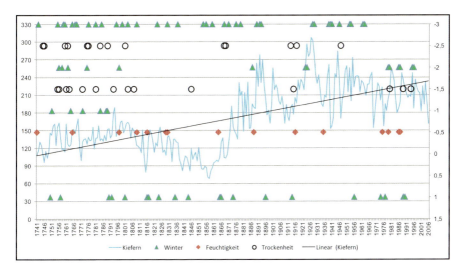

Abb. 110 Kiefernchronologie (in 1/100mm) mit extremen Witterungserscheinungen und linearen Wachstumstrend für den Zeitraum von 1741 - 2006

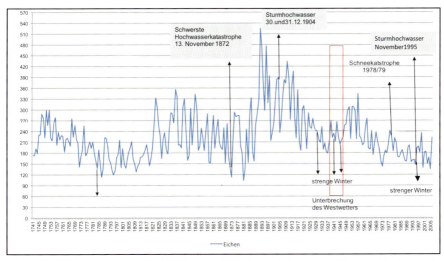

Abb. 111 Eichenchronologie (in 1/100mm) mit Wettererscheinungen, einigen politischen und anderen Ereignissen von 1741 - 2006

Klima

Durch ihre exponierte Insellage weist das Klima einige Besonderheiten gegenüber dem Festland auf (vgl. Abb. 103, 104). Die Besonderheiten zeigen sich in den Temperaturen, die relativ ausgeglichen sind. Die Sommer sind kühl, die Winter in der Regel mild. Das Klima auf der Insel Rügen ist gegenüber dem Festland insgesamt deutlich kühler. Die Ursache liegt in der langsamen Erwärmung des Wassers begründet. Diese langsame Erwärmung führt dazu, dass der Beginn des Frühjahrs auf der Insel ein bis zwei Wochen später eintritt. Die Abkühlung im Herbst setzt dagegen nur wenige Tage später ein. Die Lage der Insel Rügen führt zu einer großen Windhäufigkeit (vorwiegend maritime westliche und südwestliche Strömung). In den Monaten Oktober und November bzw. Januar und Februar ist es oft stürmisch.

Wie der Tab. 7 zeigt, gibt es trotz der gemeinsamen Merkmale auch Unterschiede. Diese Unterschiede bestehen zum B. in der Anzahl der Sommertage (Max. der Lufttemperatur über 25°C) in der Anzahl der Frosttage oder im Jahresniederschlag. Diese Unterschiede werden durch das Relief der Insel und durch die unterschiedliche Verteilung von Land und Meer hervorgerufen.

Tab. 6: Vergleich der Klimastationen Putbus und Arkona (B. Tschochner 2015)

Station	Putbus		Arkona	
Monat	Temp. °C	Nieders. mm	Temp. °C	Nieders. mm
Jan	-0,4	40	0,2	35
Feb	-0,3	31	0,2	27
Mrz	2,5	32	2,1	34
Apr	6,3	38	5	34
Mai	11,2	46	9,7	37
Jun	15,1	52	14,1	48
Jul	16,9	63	16,2	57
Aug	16,7	61	16,5	58
Sept	13,3	54	13,6	51
Okt	9,1	46	9,9	44
Nov	4,3	50	5,3	53
Dez	1,3	45	2	43
Jahresmitteltemperatur	8,0		7,9	
Jahresniederschlag		588 mm		521mm

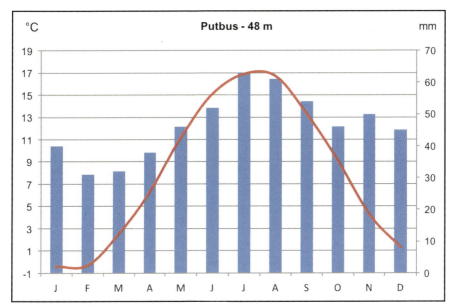

Abb. 112 Klimadiagramm der Station Putbus auf Rügen

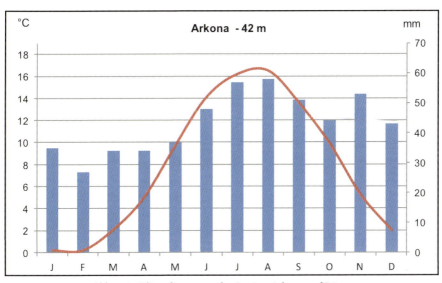

Abb. 113 Klimadiagramm der Station Arkona auf Rügen

Weiterführende Literatur zum **Wetter**:
Stefan Kreibohm (2012): Kreibohms Wetter. Sonne, Regen und die Kunst der Vorhersage. Rostock

Tab.7: Vergleich von ausgewählten Wetterdaten der Stationen Arkona und Putbus

	Jahresmitteltemp. Arkona	Jahresmitteltemp. Putbus	Jahresniederschlag Arkona	Jahresniederschlag Putbus	Sommertag >25 °C Arkona	Sommertag >25°C Putbus	Frosttage <0°C Arkona	Frosttage <0°C Putbus
1947	7,4	7,7			4	31	96	89
1948	8,5	8,6			3	13	48	63
1949	8,9	9,0			1	9	45	49
1950	8,2	8,2	714,1		2	9	67	74
1951	8,3	8,3	591,0	563,2	2	8	62	64
1952	7,4	7,2	**712,8**	**639,4**	1	5	103	100
1953	8,7	8,8	**425,3**	**503,8**	5	17	69	71
1954	7,2	7,2	**643,1**	**638,6**	0	7	90	99
1955	7,4	7,3	**686,3**	**623,1**	0	8	**102**	**116**
1956	6,7	6,7	562,0	595,3	0	2	99	108
1957	8,0	8,3	551,7	601,0	1	8	53	61
1958	7,4	7,7	610,6	711,5	1	3	90	94
1959	8,8	8,8	480,9	502,0	1	13	53	57
1960	7,8	7,9	830,2	783,6	1	6	63	69
1961	8,6	8,7	480,8	608,8	1	5	51	54
1962	7,1	7,2	468,2	572,7	0	2	80	84
1963	7,0	7,1	521,0	548,0	2	10	95	106
1964	7,8	7,9	393,3	436,3	4	12	96	97
1965	7,2	7,2	657,1	713,5	0	2	81	96
1966	7,5	7,9	**587,6**	**655,1**	2	9	87	85
1967	8,7	8,9	**578,8**	**649,1**	1	6	64	59
1968	8,1	8,3	595,3	708,1	0	5	79	83
1969	7,2	7,2	424,1	483,2	0	18	112	123
1970	7,0	7,0	572,1	746,4	2	7	105	109
1971	8,1	8,4	331,3	436,2	4	20	60	67
1972	7,7	7,8	474,8	486,2	4	10	55	69
1973	8,4	8,3	484,8	607,8	0	16	55	71
1974	8,4	8,4	567,7	666,9	2	2	33	40
1975	8,9	8,8	441,1	487,8	7	23	32	62
1976	8,0	7,8	373,5	559,1	7	15	81	98
1977	8,0	8,2	610,6	618,8	0	2	62	64
1978	7,5	7,6	478,6	619,4	0	12	75	75

	Jahresmitteltemp. Arkona	Jahresmitteltemp. Putbus	Jahresniederschlag Arkona	Jahresniederschlag Putbus	Sommertag >25 °C Arkona	Sommertag >25°C Putbus	Frosttage <0°C Arkona	Frosttage <0°C Putbus
1979	6,9	7,1	526,9	571,1	0	10	97	87
1980	7,1	7,1	597,3	694,2	0	1	106	106
1981	7,8	7,7	618,3	801,7	0	6	82	88
1982	8,4	8,5	397,7	477,3	5	19	69	74
1983	8,8	8,8	570,9	700,4	5	18	54	60
1984	7,9	7,8	584,1	675,0	0	3	73	79
1985	6,8	6,8	561,2	658,2	1	4	102	100
1986	7,3	7,4	559,3	617,8	2	8	91	88
1987	6,7	6,7	546,5	622,1	2	5	90	94
1988	8,5	8,6	548,7	670,6	**1**	**4**	50	59
1989	9,8	9,6	495,4	513,8	7	**17**	31	42
1990	9,8	9,6	618,3	609,7	2	5	**18**	**32**
1991	8,3	8,2	556,5	570,6	3	11	43	88
1992	9,0	8,9	530,6	492,4	7	21	35	64
1993	7,8	7,8	559,3	791,6	0	4	55	55
1994	8,7	8,7	556,7	708,5	9	23	48	81
1995	8,5	8,3	**425,7**	**582,3**	7	18	65	54
1996	7,0	6,7	**473,4**	**548,8**	1	13	121	88
1997	8,7	8,4	460,0	683,7	14	22	50	125
1998	8,3	8,4	643,0	846,5	1	5	51	75
1999	9,0	9,0	673,0	770,6	0	19	47	66
2000	9,4	9,3	440,0	547,0	4	11	29	58
2001	8,7	8,6	568,8	659,5	2	20	53	86
2002	9,4	9,1	615,7	686,2	1	19	51	67
2003	8,9	8,7	461,2	476,7	7	24	70	82
2004	8,6	8,6	563,9	639,1	1	9	62	70
2005	8,9	8,8	474,4	645,6	5	14	59	82
2006	9,5	9,3	537,6	705,9	12	30	70	75
2007	9,6	9,5	706,9	887,2	3	10	22	27
2008	9,5	9,4	472,5	645,3	2		23	
2009	8,8	8,7	460,2	635,9	3		59	
2010	7,6	7,5	730,1	791,8	9		105	

Erklärung markanter Wetterlagen

Wie die Auswertung der historischen Quellen zeigte, gab es neben sehr warmen trockenen (Dürre-)Sommer auch kühle und feuchte Sommer. Bei den Wintern wurde über milde, kalte und strenge Winter berichtet. Anhand von Wetterkarten sollen diese markanten Wetterlagen dargestellt werden. Bevor auf diese Wetterlagen eingegangen wird, sollen die bisher erwähnten Begriffe Wetter, Witterung und Klima kurz erklärt werden

> **Wetter** der augenblickliche Zustand der Atmosphäre, wie er durch die meteorologischen Elemente (Luftdruck, Temperatur, Wind, Bewölkung, Niederschlag) und ihr Zusammenwirken gekennzeichnet ist.
> **Witterung** bringt gegenüber dem Wetter eine Verallgemeinerung zum Ausdruck, die darin besteht, dass die Witterung als allgemeiner Charakter des Wetters zu verstehen ist.
> Als **Klima** wird die Gesamtheit der meteorologischen Erscheinungen bezeichnet, die den mittleren Zustand der Atmosphäre über einen genügend langen Zeitraum für einen bestimmten Ort oder, ein Gebiet der Erdoberfläche kennzeichnet.

Milde Winter

Mitteleuropa steht bei den milden Wintern häufig unter Einfluß von Tiefdruckgebieten, die auf einer nördlichen Bahn ziehen. Das Luftdruckgefälle ist nach Nordeuropa größer als im Sommer. Es herrschen überwiegend Südwest- bis Westwinde vor. Die Wetterkarte in der Abb. 114 zeigt ein kräftiges Tiefdruckgebiet mit zwei Kernen von 970 mbar bei Island.

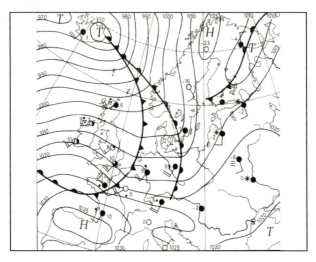

Abb. 114 Markante Wetterlage – Mildes Winterwetter (Wetterlage am 09.02.1961, 07 Uhr)

Das Azorenhoch hat sich nach Südwest-und Südeuropa ausgeweitet und erstreckt einen Keil bis in das westliche Russland. Auf der Wetterkarte sind sehr deutlich die Temperaturunterschiede vor der Warmfront und dem Warmsektor zu erkennen. Im engen Bereich des Hochdruckgebietes ist zu erkennen, dass es in Italien kälter ist als in Mitteleuropa. So weist Rom eine Temperatur von -1°C und Magdeburg an der Elbe 6°C auf. Südlich der Alpen war es wolkenlos, dadurch war die nächtliche Abkühlung so groß. Die tiefen Temperaturen in Nordskandinavien von -16 °C bzw. -23°C sind ebenfalls Strahlungstemperaturen. In Mitteleuropa steigen die Temperaturen bei solchen Temperaturen auf über 10°C an. Sehr milde Winter traten in den Jahren 1865/66, 1948/49, 1956/57 auf. Die Abweichungen vom langjährigen Mittelwert betrugen während dieser Wintermonate für die Stationen Arkona und Putbus (in Grad Celsius).

Zeitraum	Arkona	Putbus
1865/66 Dez		+1,9
Jan		-3,9
Febr		+2,7
1948/49 Dez	+1,0	+0,7
Jan	+1,5	+1,6
Febr.	+2,2	+2,5
1956/57 Dez	+1,0	+1,0
Jan	+1,4	+1,1
Febr.	+2,5	+2,6

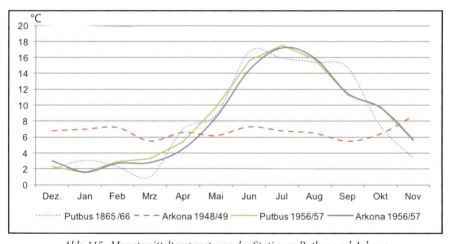

Abb. 115 Monatsmitteltemperaturen der Stationen Putbus und Arkona

Die Niederschläge fallen als Regen. Die in den historischen Quellen beschriebenen milden Winter sind bei einer solchen Wetterlage dann denkbar, wenn über eine längere Zeit mit westlichen bis südwestlichen Winden relativ warme Atlantikluft nach Deutschland fließt.

Dagegen war der Winter 1885/86 von ungewöhnlicher Milde, wohl der mildeste, den Mitteleuropa je erlebt hat: Im Januar blühten in der Schweiz die Bäume, im Februar fand man kleine haselnussgroße Äpfel, im Mai waren die Feldfrüchte und das Getreide, Anfang August die Trauben reif. (Wehry, S. 2)

So kann man Berckmann entnehmen, das im Jahr 1522 ein überaus gelinder Winter war und so konnte Ketelhodt denn sehr gut im Freien sprechen. (Berckmann, S. XLII)

Auch das Jahr 1529 zeichnete sich durch einen milder Winter aus, wie das folgende Zitat zeigt:

> Item jn dem 29. jare waß nen winter; men wuste dann nenen froste noch winter thofeggenn; sommer vnnd winter waß schir auerein, alleine dat jdt kolt waß vnd luchtig. Do galt de schepel rogge r ß, de t. heringes ij fl., de t. fleissches 8 mk.

Quelle Berckmann, S. 40

Kalte Winter

In den kalten Wintern haben wir eine völlig andere Luftdruckverteilung. Sehr hohe Barometerstände treffen wir in Nordeuropa einschließlich des Raumes um Island an, gleichzeitg liegt häufig ein ausgedehntes Tiefdruckgebiet über dem Mittelmeer, welches sich oft bis zu den Azoren ausdehnt.

Die Folge ist, dass an der Südflanke des Hochs mit Nord- bis Nordostwinden Kaltluft aus den nördlichen Breiten nach Mittel- und Westeuropa fließt. Die Ursache für die verbreiteten Schneefälle im östlichen Mitteleuropa liegt darin begründet, dass in der Höhe mildere Luft aus Südosten an der Kaltluft aufgleitet. Die Folge dieses Aufgleitprozesses sind die verbreiteten Schneefälle. Die Temperaturen liegen hier unter -5°C. In Paris ist bei wolkenlosem Himmel die Temperatur auf -9°C abgesunken. In Deutschland gingen die Temperaturen die nächsten Tage bis auf – 15°C zurück. Diese langandauernde sehr kalte Witterung ist möglich, wenn eine ähnliche Luftdruckverteilung, wie in der Abb. 116 dargestellt, sich mehrmals wiederholt.

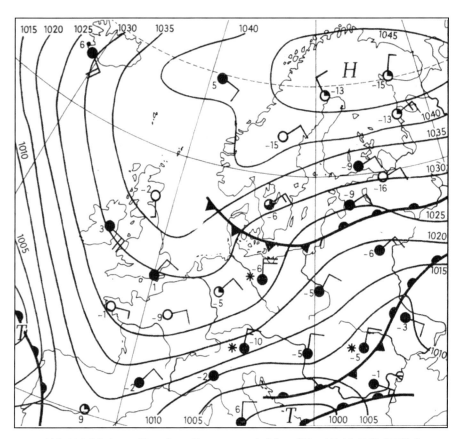

Abb. 116 Markante Wetterlage- Frostwetter mit Schneefällen (13.01.1966, 07 Uhr)

In den Jahren 1323/24 war die Ostsee zum Beispiel fest zugefroren, dass ein direkter Verkehr nach Dänemark und der schwedischen Küste möglich war.

In der Witterungsgeschichte Europas waren die Winter 1708/09 und 1739/40 die strengsten und längsten in Europa. Wolff (1755) teilt diesen Winter (1708/09) in fünf Perioden ein. Schon am 18ten und 19ten October (1708) trat mit Nordwind frühzeitige starke Kälte ein, die unter einigen Abwechselungen bey übrigens im Ganzen herrschenden Ostwinde und Nordwinde zunahm, und nachdem am 25sten und 26sten viel Schnee gefallen war, den 29sten den höchsten Grad in diesem Monat erreichte, worauf dann am 31sten mit Südwest gelindes Wetter eintrat. Der November und December waren im Ganzen gelinde, doch waren im Dezember einige Frosttage bey Nordost, manentlich der 5te, 6te und 7te. Die dritte Periode beginnt mit dem Eintritt der großen Kälte im Januar. Den 3ten war mit Ostwind Schnee gefallen; aber am 4ten kam Nachmittags Sturm und Regen mit Südost; Schnee und Eis schmolzen, und das Thermoter stieg bis zum 5ten. Auf ein änderte sich aber die

Szene. Ein heftiger Nordost (Wind) brachte den 5ten Januar 1709 etwas Schnee bey wolkigem Himmel, in der Nacht auf den 6ten klärte sich dieser auf, und nun nahm die Kälte heftig zu, und erreichte ihren höchsten den 11ten und 12ten Januar; von wo sie zwar wieder abnahm, doch immer noch stark fortdauerte, und am 22sten, 23sten und 24sten wieder einen hohen Grad erreichte.Uebrigens war in dieser ganzen Zeit die Witterung unbeständig, und die Luft sehr neblicht.Da die Kälte am heftigsten war, war der Wind in den untern Regionen , alsnach übereinstimmenden Beobachtungen von Halle, Zeitz und Jena (Heimberger) bisweilen Ost,bis weilen Nordost. Wolff bemerkt noch, daß allen Zeugnissen nach die Kälte am 22sten für das Gefühl unerträglicher war als die Kälte am 12ten, ohngeachtet das Thermometer am letzten Tage einige Grade(nach Wolffs und Teubers Gradleitern)tiefer stand. Am 24sten war die Luft so rauh, daß man einige Zeit davon Schmerzen im Gesicht empfand, und in der Atmosphäre schwebte eine Menge Eisnadeln. Mit dem 25sten trat Westwind und Thauwetter ein, und dieses dauerte bis zum 30sten mit Zunahme der Wärme. Am 26sten zeigte sich bey sehr feuchter Luft das merkwürdige Phänomen, (das nur, wie bekannt, auf einem sehr heftigen und anhaltend gewesenen Frost eintritt) daß die Thüren der Häuser und ungeheizten Zimmer, so wie die Mauern mit Reif und Eiskristallen bedeckt waren. Im Februar fror es wieder stark vom 31sten Januar bis 9ten Februar und der kälteste Tag war der 7te Februar; am 9ten trat mit Südwest Thauwetter ein, das bis zum 17 Februar dauerte. Vom Abend des 17ten Februar trat mit Ostwind wieder eine neue Periode von Kälte ein, die bis zum 5ten März anhielt; der kälteste Tag war der 25ste. Das mit Südwest am 5ten einfallende Thauwetter, und der Regen am 6ten waren schnell vorübergehend; denn am 7ten kehrte die Kälte wieder stark zurück, die abwechselndsteigend und fallend bis zum 17ten dauerte; der Himmel war meistens mit Wolken bedeckt; der Schnee fiel in dieser 4ten Periode äußerst heftig; besonders eine reichliche Menge 26sten und 27sten Februar. Vom 19ten März bis zum 18ten April war der Himmel beynahe immer neblicht, und es fiel viel Regen. Der May zeichnete sich noch durcheinen Nachfrost aus, der in derr Nacht vom 16ten auf den 17ten eintrat, und am 17ten noch viel Schnee brachte. (Pfaff, S. 36, 37)

Außer Wolffs ausführlicher meteorologischer Beschreibung hat man noch meteorologische Nachrichten über die Beschaffenheit dieses kalten Winters von Schröckin Ausburg*) und von dem Prof. Joh. Wilh. Baier in Altorf**). *Beyde kommen in ihren Angaben im wesentlichen ganz mit Wolff ein.* Ersterer beschreibt gleichfalls den Sommer und Herbst 1708 als kalt, regnicht, trübe, und ungewöhnlichneblicht, mit Ausnahme eines Theils des August, wo große Hitze und heiterer Himmel, aber doch dabey auch Morgennebel bemerkt wurden. (Pfaff, S. 39) Diese große Kälte kam aus dem nordöstlichen Europa. Nord- und Nordost Wind brachten die Kälte in Deutschland und England, wie in dem südlichsten Frankreich und Italien. (Pfaff, S. 57) In hygrometischer Hinsicht zeichnete sich dieser Winter durch große Trockenheit und verhältnismäßig wenigen Schnee aus, und namentlich war die lange Periode der heftigen Kälte ohne bedeutenden Schnee. (Pfaff, S. 58) Nach Lenke (1964) *muß der Winter seinen Schwerpunkt in* *einen Raum von 1000 km Breite gehabt haben.* Dieser Raum verlief quer Ost-, Mittel- und Westeuropa von Nordosten nach Südwsten. Die Großwetterlage 1708/09 war meridional gewesen. Die einzelnen Perioden begannen mit Nord- und Ostwinden und endeten mit südlichen bis westlichen Winden.

Der Winter 1739/40 gehört zu den strengen Wintern des ersten Ranges, und macht selbst dem furchtbaren Winter von 1709 zum Theil den ersten Platz streitig. (Pfaff, S. 89) Vom 8ten Januar (1740) bis zum 10ten war der N.O., und O.N.O sehr schneidend, wobey die Kälte immer mehr zunahm, und am 10ten und 11ten in diesem Monat ihr Maximum erreichte. Die zweyte noch heftigere Kälte=Periode trat im Februar ein. (Pfaff, S. 92) In den kalten Tagen vom 5ten bis 13ten Januar, so wie vom 22sten bis 25sten Februar waren, der O.N.O. und N.O. die herrschenden Winde. (Pfaff, S. 93) In Demmin in Pommern wurde der 10te und 11te Januar und der 24ste und 25 ste Februar als die kältesten Tage beobachtet, an welchem das Thermometer auf etwas mehr oder etwas weniger als 90°F= -14,2°C herabfiel. Dieselben Winde herrschten auch dort wie in Berlin und Danzig während dieser großen Kälte. (Pfaff, S. 94)

Pfaff (1809) verglich den Winter 1740 mit dem Winter 1709 und stellte dabei folgende Gemeinsamkeiten und Unterschiede fest: Die Winter 1709 und 1740 waren über ganz über Europa verbreitet. Im Monat Januar traten die tiefsten Temperaturen auf und dauerten bis Ende März. Die tiefste Temperatur wurde am 11. Januar registriert. Besonders im nördlichen und östlichen Europa (u.a. in Preussen, Polen, Deutschland, Schweden) war die Intensität der Kälte 1740 intesiver als 1709. Die zweite Kälteperiode trat im Februar auf. Die größte Kälte trat in beiden Wintern am 24. - 26. Februar auf. Die sehr kalten Tage traten 1740 Anfang Februar auf. Die Dauer und die Intensität der Kälte waren im Februar 1740 größer als 1709. Im März trat die dritte Kältepereiode auf. Der Unterschied zum Winter 1709 bestand darin, dass die kalten Tage 1740 in der ersten Hälfte des Monats auftraten. Der Nordost-Wind brachte1709 und 1740 die große Kälte und den Schnee. Es waren aber keine schneereichen Winter.
Die kältesten Winter des letzten Jahrhunderts waren die Winter 1928/29, 1939/40, 1940/41, 1941/42, 1946/47, 1962/63. Bei der Beschreibung der Winter 1939 - 1942 wurden auch die Klimadaten der Wetterstation Kloster auf Hiddensee mit berücksichtigt.

Winter 1928/29

Trockene Festlandsluft floß Anfang Februar 1929 aus einem sehr kalten russischen Hoch nach Mitteleuropa. In den folgenden Tagen baute sich in ihr ein Hoch auf (vgl. Abb. 115).

Am 06. und 09. Februar brachten Störungen aus dem baltischen Raum eine vorübergehende Frostmilderung (vgl. Abb. 118).

Danach drang erneut extrem kalte Festlandsluft nach Westen. Das russische Hoch verlagerte sich nach Skandinavien. Die kalte Oststömung mit strengen Frösten hielt bis zum 24. Februar 1929 an (vgl. Abb. 119).

Am 24. Februar brach eine atlantische Störung in die Kaltluftmasse ein. Der strenge Frost stellte sich wieder zum Ende des Monats ein. Der Winter 1928/29 zeichnete sich durch eine strenge kontinentale Ostwetterlage aus.

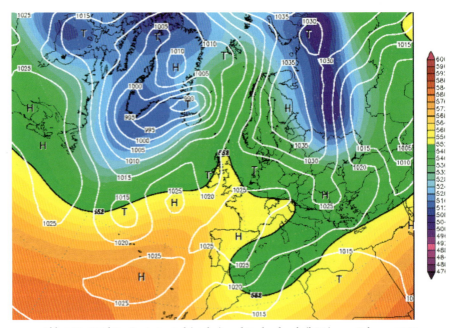

Abb. 117 500 hPa Geopotential (gpdm) und Bodendruck (hPA) vom Februar 1929

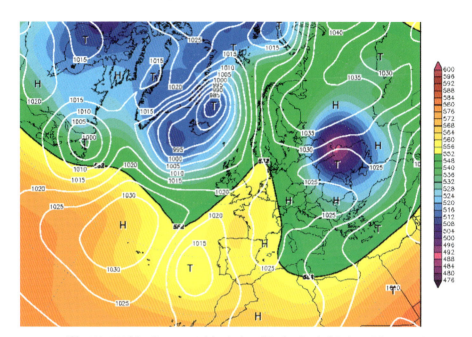

Abb. 118   500 hPa Geopotential (gpdm) und Bodendruck (hPa) 09. Feb. 1929

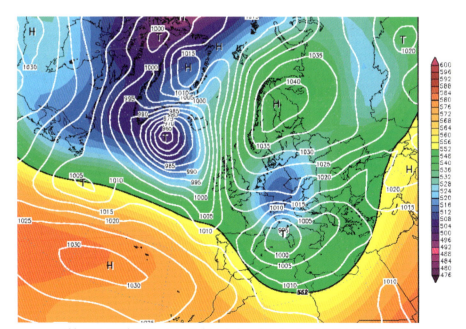

Abb. 119   500 hPa Geopotential (gpdm) und Bodendruck (hPa) 13. Feb. 1929

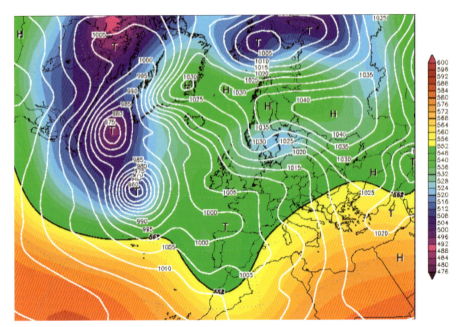

Abb. 120 500 hPa Geopotential (gpdm) und Bodendruck (hPa) 25. Feb. 1929

Winter 1939/40

Das Jahr 1939 war zu warm (vgl Abb. 97). So war in Putbus der Januar um +2,5°K, der Februar um +3,1°K, der April um +1,3°K, der August um +2,8°K und der November um +1,2°K zu warm. Dagegen waren der Mai in Putbus um -0,9°K und der Oktober um -1,9°K zu kalt (Temperatur in Abweichungen von den Normalwerten 1851-1930). Der Oktober 1939 war extrem niederschlagsreich, wie das Klimadiagramm von Kloster auf Hiddensee zeigt. Dagegen war der November sehr mild, das absolute Maximum der Lufttemperatur betrug in Kloster 12,2°C (vgl. Abb.122).

Bis Mitte Dezember kam es zur Zufuhr kontinentaler Kaltluft. Mitte Dezember setzte ein schwaches Weihnachtstauwetter ein. Ergiebiger Neuschnee sowie ein strenges und sonniges Winterwetter setzte zum Ende des Monats ein. Die absolute Minimumtemperatur der Luft in Kloster betrug -10,0°C. An 22 Tagen im Dezember betrug die Lufttemperatur in Kloster ≤ 0,0°C.

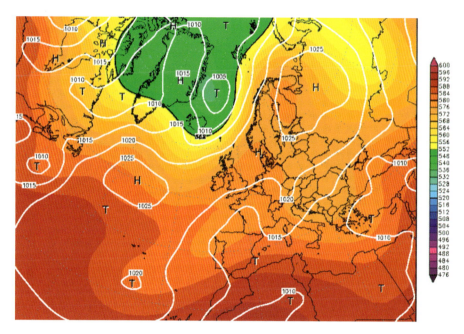

Abb. 121 500 hPa Geopotential (gpdm) und Bodendruck (hPa) vom 19. August 1939

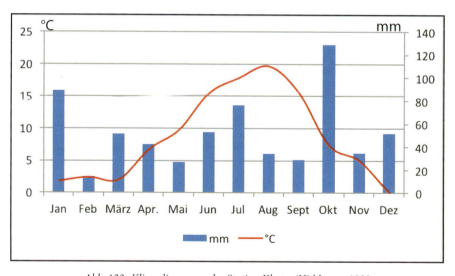

Abb. 122 Klimadiagramm der Station Kloster/Hiddensee 1939

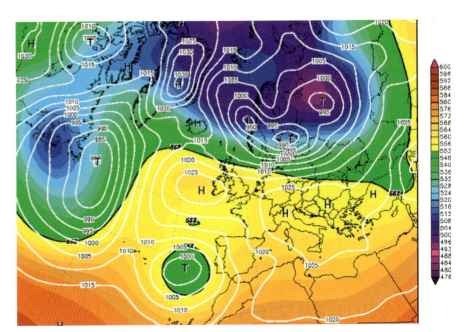

Abb. 123   500 hPa Geopotential (gpdm) und Bodendruck (hPa) vom 24. Dez. 1939

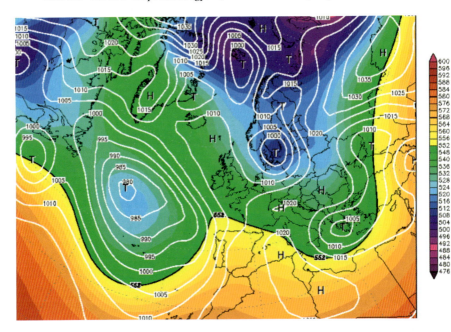

Abb. 124   500 hPa Geopotential (gpdm) und Bodendruck (hPa) vom 31. Dez. 1939

Eine Veränderung der Großwetterlage zu Beginn der 2. Januardekade führte zu milderen Temperaturen. Es wurden Temperaturen von 3° bis 5° C registriert. Mitte des Monats veränderte sich die Wetterlage. Aus NO strömte extreme kontinentale Arktikluft ein (cA).

In Kloster wurde eine absolute Minimumtemperatur von -20.0°C registriert. Das mittlere Minimum der Lufttemperatur lag bei –9,8°C, das mittlere Maximum betrug -3,2°C. An 17 Tagen lag das Minimum der Lufttemperatur unter -10,0°C. Den ganzen Januar hndurch trat eine geschlossene Schneedecke auf. Nach einer Frostabschwächung gingen die Temperaturen Mitte Februar deutlich zurück. Das absolute Minimum der Lufttemperatur betrug in Kloster mit -18,0°C. Das mittlere Minimum lag bei -11,6°C. Auch im gesamten Februar lag eine geschlossene Schneedecke (≥0 cm) am Morgentermin 07.00 Uhr).

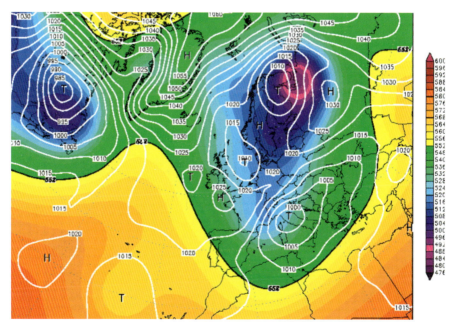

Abb. 125 500 hPa Geopotential (gpdm) und Bodendruck (hPa) vom 18. Jan. 1940

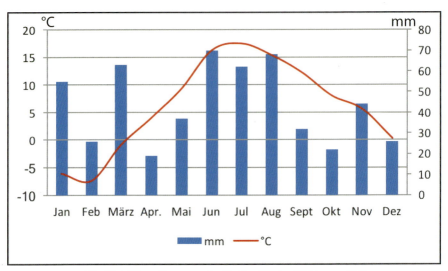

Abb. 126 Klimadiagramm der Station Kloster/Hiddensee 1940

In der letzten Februarwoche kam es zu einer Veränderung der Großwetterlage. Es wurde deutlich milder und es setzte Tauwetter ein (vgl. Abb.127).

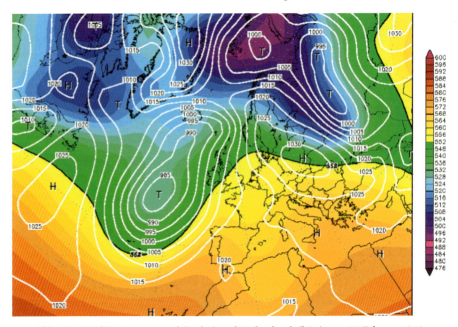

Abb. 127 500 hPa Geopotential (gpdm) und Bodendruck (hPa) vom 26 Februar 1940

Dem strengen Winter folgte ein nasser und trostloser Sommer.
Charakteristisch für den Winter 1939/40 waren markante Kälteperioden, die von kurzen Abschnitten mit Tauwetter unterbrochen wurden.

Winter 1940/41

Der November war mild. So wurde in Kloster ein absolutes Maximum von 10,2° C gemessen. Mitte des Monats setzte Frost ein. Der Dezember war durch eine große Kälte gekennzeichnet. Das Weihnachtstauwetter blieb aus. Im Kloster wurde eine absolute Minimumtemperatur von − 10°C gemessen. Die mittlere Minimumtemperatur der Luft lag bei − 2,4°C. An 24 Tagen betrug die Lufttemperatur ≤ 0,0° C. An 12 Tagen lag eine Schneedecke.

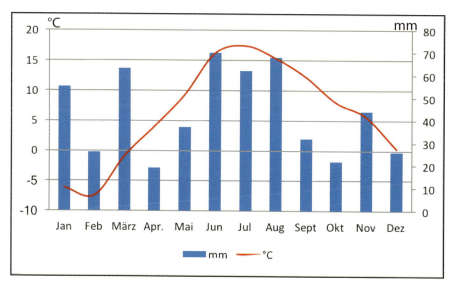

Abb. 128 Klimadiagramm von 1940 der Station Kloster/Hiddensee

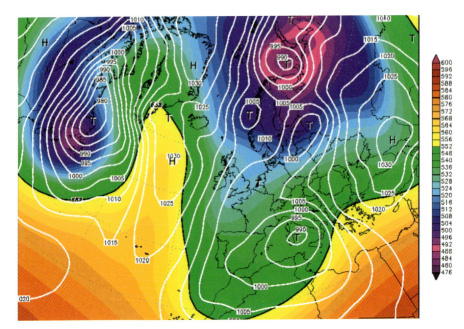

Abb. 129 500 hPa Geopotential (gpdm) und Bodendruck (hPa) vom 15. Januar 1941

Der Januar 1941 ist ebenfalls durch eine große Kälte charakterisiert. Das absolute Minimum betrug in Kloster -17,0°C. Das mittlere Minimum lag in diesem Monat bei -7,8°C. An 8 Tagen wurde eine Lufttemperatur vom ≤ -10,0°C gemessen. Im gesamten Januar lag eine geschlossene Schneedecke.

Die tiefsten Temperaturen wurden Ende Januar registriert. Ab dem 08. Februar 1941 setzte Tauwetter ein.

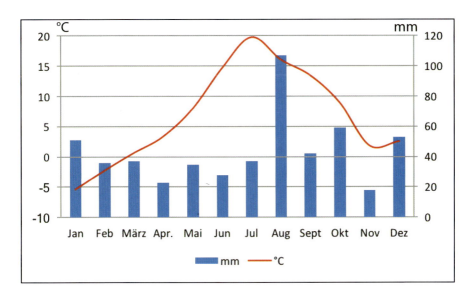

Abb. 130 Klimadiagramm von 1941 der Station Kloster/Hiddensee

Winter 1941/42

Der Dezember begann mit einer leicht winterlichen Hochdrucklage (vgl. Abb.131). Am 08. Dezember wurde diese Hochrucklage mit einer Sturmlage (Tief über Dänemark) beendet. Ein Azorenhoch bewegte sich nach Mitteleuropa und brachte bis zum 21. Dezember eine Wetterberuhigung (vgl. Abb.132).
Kontinentale - polare Kaltluft drang am 26. Dezember nach Mitteleuropa vor. Weitere kontinental-polare Kaltluft folgte am 27. und 28. Dezember.

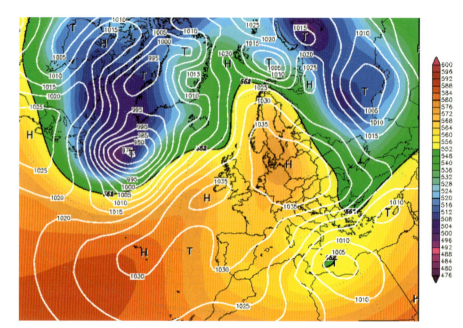

Abb. 131 500 hPa Geopotential (gpdm) und Bodendruck (hPa) am 02. Dez. 1941

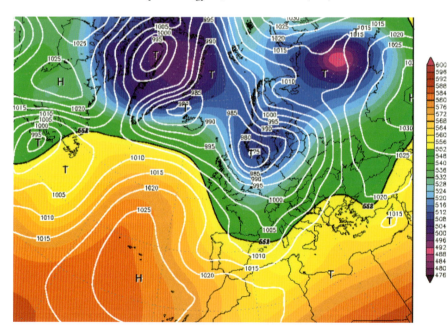

Abb. 132 500 hPa Geopotential (gpdm) und Bodendruck (hPa) am 08. Dez. 1941

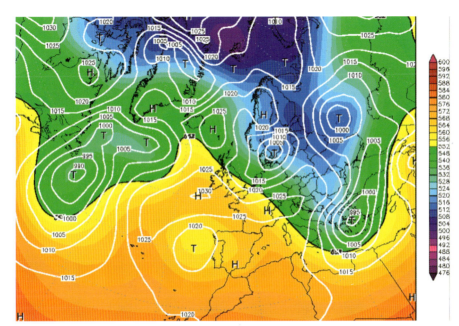

Abb. 133   500 hPa Geopotential (gpdm) und Bodendruck (hPa) am 27. Dez. 1941

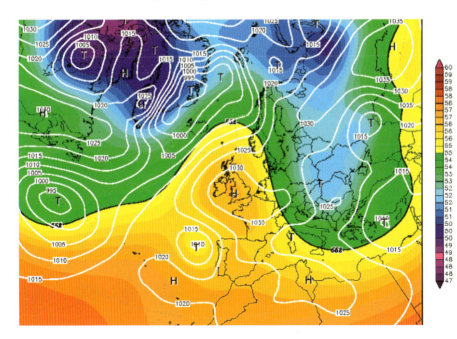

Abb. 134   500 hPa Geopotential (gpdm) und Bodendruck (hPa) am 31. Dez. 1941

Zum Monatsende stiegen die Temperaturen wieder über den Gefrierpunkt an. Es fehlte eine längere Frostperiode im Dezember 1941 (vgl. Abb.135). So lag die mittlere Maximumtemperatur in Kloster im Dezember 1941 bei 3, 8°C. Es wurde eine mittlere Minimumtemperatur von 1,0°C ermittelt.

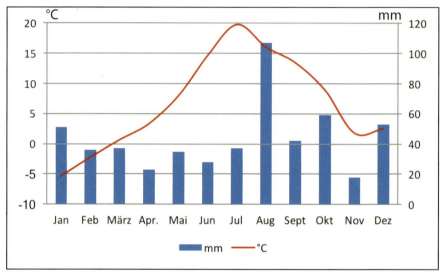

Abb. 135   Klimadiagramm von 1941 der Station Kloster

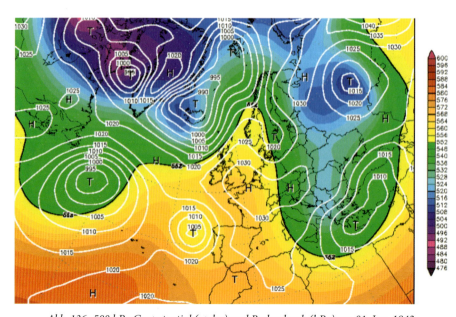

Abb. 136   500 hPa Geopotential (gpdm) und Bodendruck (hPa) am 01. Jan. 1942

Die Zufuhr milder Meeresluft hielt Anfang Januar 1942 an. Ab dem 05. Januar erfolgte eine Umstellung der Strömung von einer südwestlichen auf eine nördliche Richtung und damit strömte kalte Luft nach Mitteleuropa. Die Lufttemperaturen sanken unter den Gefrierpunkt.

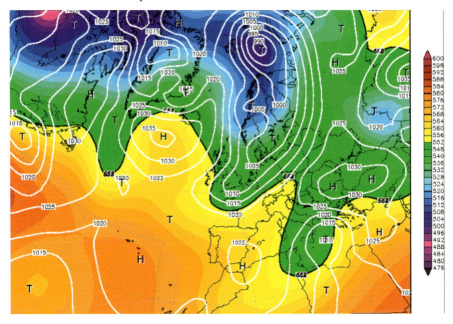

Abb. 137 : 500 hPa Geopotential (gpdm) und Bodendruck (hPa) am 05. Jan. 1942

So wurde im Januar 1942 in Kloster eine absolute Minimumtemperatur von -18,2°C registriert. Im Februar und im März lagen die absoluten Minimumtemperaturen bei 14,0°C bzw. -15,5°C. An 28 Tagen im Januar wurde eine Lufttemperatur von < 0,0°C gemessen. An 18 Tagen im Januar lag die Lufttemperatur ≤ -10°C. Während im Januar an 23 Tagen eine geschlossene Schneedecke auftrat, lag im gesamten Februar eine geschlossene Schneedecke. Im März wurde noch an 15 Tagen eine Schneedecke registriert. Die Lehrerin Maria Kegler aus Stolpmünde berichtet in der Schulchronik von Dünnow über den Winter 1941/42 wie folgt: *„Da der Winter 1941/42 sehr streng war – ein Winter, wie ihn in Europa seit über 100 Jahren nicht erlebte – und die Kälte lange andauerte, machten sich die Kohlentransport-Schwierigkeiten fühlbar. Die Schule musste wegen Kohlenmangels vom 26. I. bis 7. III. 1942 geschlossen werden. Als dann nach neuer Kohlenversorgung der Unterricht wieder beginnen konnte, hielt der Winter noch lange an. Die Ostsee war längere Zeit zugefroren, und Schneestürme verwehten Straßen und Bahnstrecken. Oft saß der Schlawer Zug bei Schlackow im Schnee fest, so dass die Lehrerin, die auf diesen Zug angewiesen war, zu Fuß durch die tief verschneite Chaussee nach Dünnow kommen musste."* (Quelle: Antia Weißpflog 18.03. 2012, www.Stolp.de)

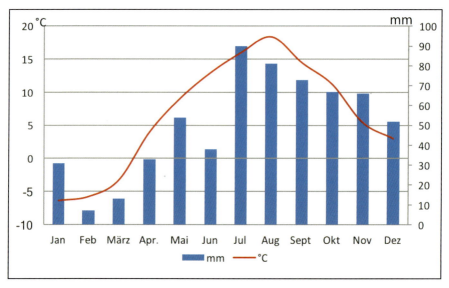

Abb. 138 Klimadiagramm von 1942 der Station Kloster/Hiddensee

Winter 1946/47

Der Winter 1946/47 war einer der längsten und strengsten Winter in der Klimaufzeichnung Deutschlands. Dieser Winter zeichnete sich durch eine kalte zweite Dezemberhäfte und eine lange Frostperiode aus.

Anfang Dezember 1946 befand sich über Russland ein kräftiges Hoch. Atlantische Tiefs kamen gegen dieses Hoch nicht an. In Teilen Mitteleuropas kam es vom 8. bis zum 11. Dezember zu starken Schneefällen. Ursache war ein Tief, das von Frankreich nach Osten bzw Südosten zog. Das Hoch über Russland verstärkte sich. Mit seinem Kern lag es am 12. und 13. Dezember über dem Nordwesten.

Das Hoch verlagerte sich unter leichter Abschwächung in der Mitte des Monats Dezember nach Skandinavien. Am Südrand dieses Hochs setzte sich mit einer starken östlichen Strömung sehr kalte Luft in Mitteleuropa durch. Atlantische Tiefausläufer brachten das berühmte Weihnachtstauwetter.

> **Weihnachtstauwetter** ist eine milde, nasse Witterungsperiode in Mitteleuropa. Sie tritt zwischen dem 24. und 29. Dezember auf. Von Westen bis Südwesten strömt feuchtwarme Meeresluft nach Mitteleuropa. Die Folge sind ergiebige Regenfälle und positive Tagestemperaturen. H. Flohn defenierte diese Singularität.

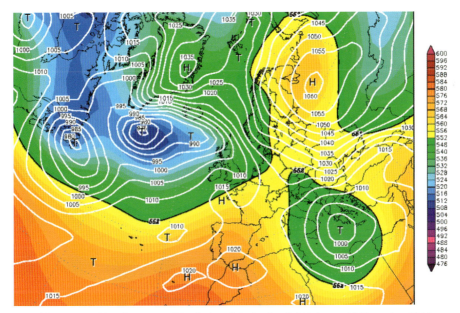

Abb. 139 500 hPa Geopotential (gpdm) und Bodendruck (hPa) vom 12 Dezember 1946

Ende Dezember (29.-30.12.) regenerierte sich das Russlandhoch wieder und setzte sich über Nordwestrussland fest. Atlantische Tiefausläufer wurden abgehalten. Dieses Hoch verstärkte sich und mit einer östlichen Strömung gelangte kalte Festlandsluft nach Mitteleuropa.

Nach dem 10. Januar beeinflussten atlantische Tiefausläufer das Wettergeschehen in Mitteleuropa. Die Folge war, dass mildere Luft einfloss. Die Westwetterlage war nur kurzzeitig. Auf der Rückseite eines nordosteuropäischen Tiefs floss aus Norden wieder kältere Luft nach Mitteleuropa. Ende Januar beginnt die dritte und langanhaltende Kältewelle. Ende Januar entwickelte sich ein mächtiges Festlandhoch über Grönland (vgl. Abb.141). Die dritte Januardekade blieb sehr kalt. Die Monatsmitteltemperatur in Arkona betrug –3,1° C.

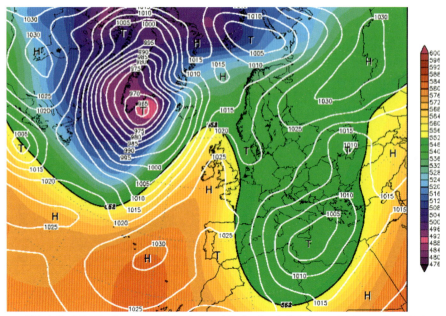

Abb. 140   500 hPa Geopotential (gpdm) und Bodendruck (hPa) vom 29. Dezember 1946

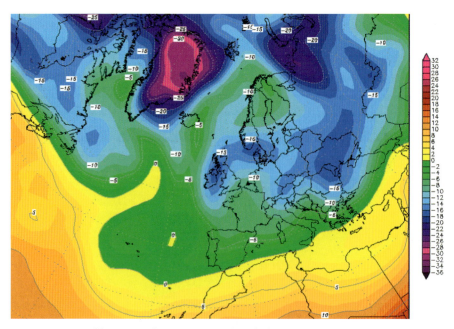

Abb. 141   850 hPa Temperatur (Grad C) vom 31. Januar 1947

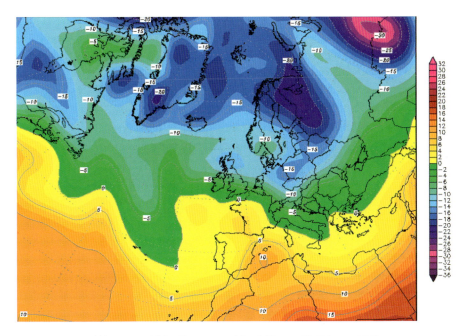

Abb. 142 850 hPa Temperatur (Grad C) vom 08. Februar 1947

Die Folge war ein Zustrom stürmischer Kaltluft aus Nordosten und Osten. Tiefdruckgebiete zogen im Februar vom Atlantik auf einer südlichen Bahn zum Mittelmeer oder in das südliche Mitteleuropa. Sie führten im Aplenraum und vor allem in Teilen Österreichs zu starken Schneefällen.

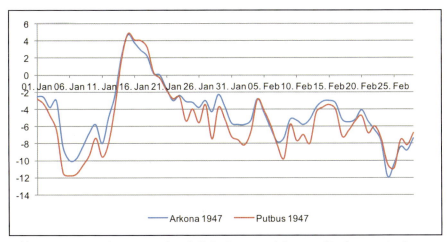

Abb. 143 Tagesmitteltemperatur (Grad C) der Stationen Arkona und Putbus vom 01. Januar - 28. Februar 1947

Die Monatsmitteltemperatur lag in Arkona im Januar 1947 bei -3,1°C und in Putbus bei -4,3°C. Im Januar wurde eine Minimumtemperatur von − 12,5°C, im Februar -16,2°C erreicht. Im März lag die Minimumtemperatur bei − 16,9°C. Die Monatsmitteltemperaturen betrugen in Arkona im Februar -6,0°C und im März -1,6°C und in Putbus -6,6°C bzw. -0,5°C. Vom Dezember 1946 bis zum März 1947 wurden 97 Frosttage und 74 Eistage in Arkona registriert. Für Putbus wurden von Januar 1947 bis März 72 Frosttage und 65 Eistage ermittelt.

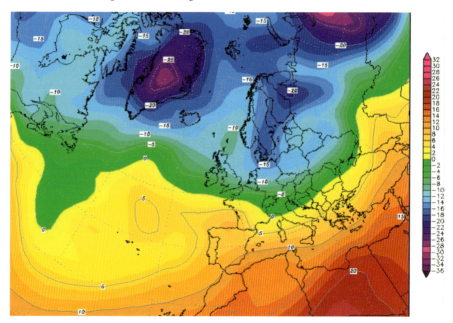

Abb. 144   850 hPa Temperatur (Grad C) vom 03. März 1947

Der Winter 1946/47 war ein strenger, aber nicht durchgehend kalter Winter. So gab es neben dem Weihnachtstauwetter immer wieder mildere Phasen. Das russische Hoch dominierte in diesem Winter und hatte sich zeitweise nach Skandinavien ausgeweitet.

Winter 1962/63

Dieser Winter gehörte zu den strengsten Winter in Mitteleuropa, das wird deutlich, wenn man die Abweichungen der Mitteltemperatur vom Dezember 1962 bis zum Februar 1963 betrachtet (vgl. Abb.145).

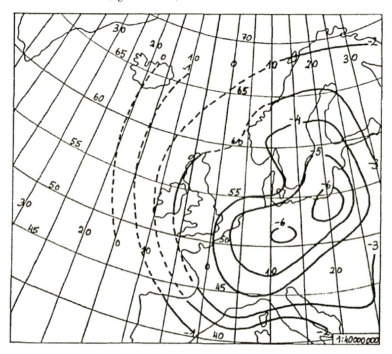

Abb. 145 Abweichungen der Mitteltemperatur von Dezember 1962 bis Februar 1963 vom Normalwinter in Mitteleuropa

Im Dezember fließt Kaltluft von Nordwestrußland südwestwärts und schwächt sich über Mitteleuropa ab. Wie die Abb.146 zeigt, gab es um den 05. Dezember 1962 leichtes Tauwetter, die Tagesmitteltemperaturen an den Stationen Arkona und Putbus lagen im positiven Bereich.
Ab dem 17./18. Dezember kam es zu einer entscheidenden Umstellung der Großwetterlage (vgl. Abb.147).

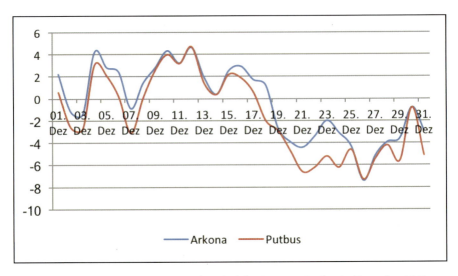

Abb. 146 Tagesmitteltemperaturen (Grad C) der Stationen Putbus im Dezember 1962

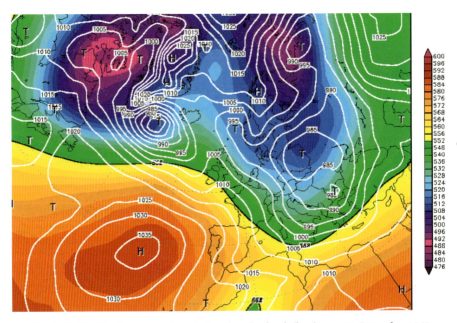

Abb. 147 500 hPa Geopotential (gpdm) und Bodendruck (hPa) vom 17. Dezember 1962

In der Höhe hatte sich ein Hochdruckkeil ausgebildet, der von den Azoren zum Nordmeer reichte und das Übergreifen von atlantische Tiefdruckgebieten nach Mitteleuropa verhinderte. Die Folge war, dass auch das Weihnachtstauwetter ausblieb. Ab dem 19. Dezember herrschte strenge Winterkälte (vgl. Abb.148).

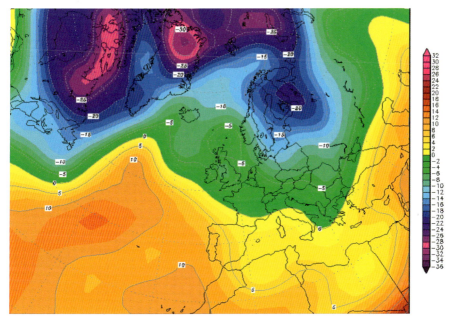

Abb. 148 850 hPa Temperatur (Grad) vom 19. Dezember 1962

Im Dezember 1962 zeichneten sich die Klimastationen Arkona und Putbus mit zwei Frostperioden von insgesamt 16 bzw. 17 negativen Tagesmitteln aus (vgl. Abb.149). Die Monatsmitteltemperatur im Dezember betrug in Putbus -1,6°C und in Arkona -0,4°C. Die Schneedecke betrug anfangs nur wenige Zentimeter. So lag das Maximum der Schneedecke in Arkona bei 6 cm. Es wurden 14 Schneetage registriert.
Die Anzahl der Schneetage erhöhte sich im Januar 1963 auf 30 Tage und im Februar auf 28 Tage. Noch im März wurden 10 Schneetage in Arkona registriert. Die maximale Schneehöhe betrug im Januar und Februar 10 cm. Die langanhaltende Frostperiode führte dazu, dass die Anzahl der Frosttage und die Zahl der Eistage deutlich über den Normalwerten lag. So wurden für Arkona für den Zeitraum Dezember 1962 bis März 1963 104 Frosttage und 66 Eistage registriert. Für Putbus wurden für den Zeitraum von Dezember bis März 105 Frosttage und 68 Eistage ermittelt.
Die Monatsmitteltemperatur in Arkona betrug im Januar -3,8°C und im Februar -4,0°C. In Putbus wurde ein Monatsmitteltemperatur im Januar von -5,1°C und im Februar von -4,9°C ermittelt.

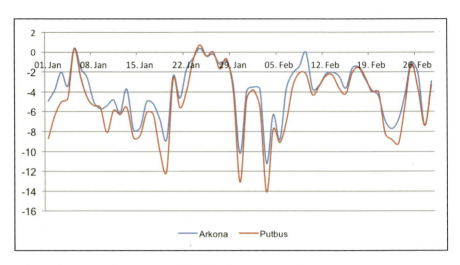

Abb. 149 Tagesmitteltemperaturen (Grad C) der Stationen Arkona und Putbus vom 1. Januar bis 28. Februar 1963

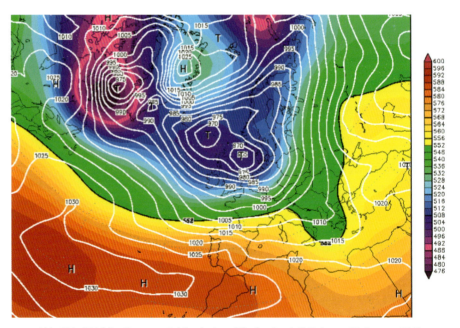

Abb. 150 500 hPa Geopotential (gpdm) und Bodendruck (hPa) vom 13. Januar 1963

Die ganze westliche Ostsee war vereist. Die Kältesumme an der Ostsee betrug 400 Grad. Bei Normalwintern liegt die Kältesumme im Durchschnitt bei 150 Grad.
Die Strenge des Winters war zu einem großen Teil auf reine Ausstrahlungskälte zurückzuführen. Da während dieser Zeit über ganz Deutschland eine geschlossene Schneedecke lag, kam es zu einem verstärkten Albedoeffekt. Wie die Abb.151 zeigt, zeichnete sich der Winter 1962/63 im Vergleich zum Winter 1946/47 durch niederige Tagesmaxima während der Kälteperiode aus.

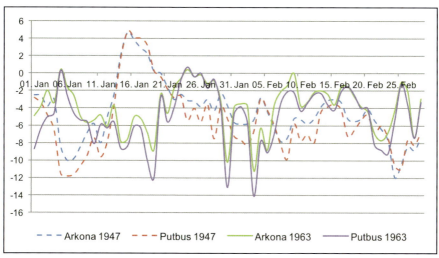

Abb. 151 Tagesmitteltemperaturen (Grad C) der Stationen Arkona und Putbus vom 01. Januar - 28. Februar 1947 und 1963

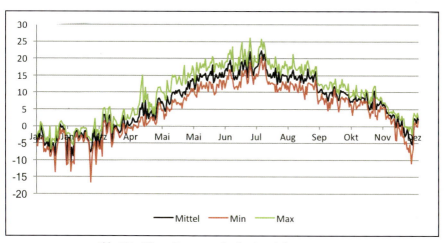

Abb. 152 Klimadiagramm der Station Arkona von 1963

Winter 1978/79

Die Katastrophe an der Jahreswende 1978/79 war ein Schneefall mit Schneesturm von außergewöhnlichem Ausmaß. In ganz Deutschland herrschte über Weihnachten Tauwetter. Ende Dezember verschärften sich die Temperaturdifferenzen in Europa.

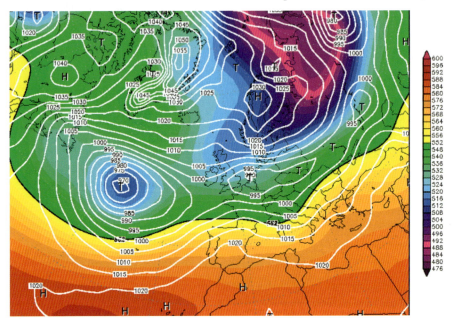

Abb. 153 500 hPa Geopotential (gpdm) und Bodendruck (hPa) vom 20 Dez. 1978

Ein stabiles Hochdruckgebiet über Skandinavien und ein Tiefdruckgebiet über dem Rheinland stießen über der Ostsee zusammen (vgl. Abb. 153). Auf der Rückseite des Tiefdruckgebietes strömte vom Atlantik milde Luft nach Frankreich und Süddeutschland. Über Nordrussland und Nordskandinavien herrschen verbreitet Temperaturen von bis zu -30°C. Über der südlichen Ostsee bildete sich eine scharfe Luftmassengrenze aus.

Der Leiter der Seewetterdienststelle Warnemünde Dr. J. Holz erklärte: Diese außergewöhnlichen Witterungsbedingungen kamen zustande durch arktische Polarluft, die auf kürzestem Wege mit tropischen Atlantik–Luftmassen über unserem Raum aufeinander trafen. Durch die gegensätzlichen Strömungsverhältnisse verharrte die Luftmasengrenze zwischen der Kalt - und Warmfront längere Zeit über den drei Nordbezirken. Es kam zu ausgedehnten Schneefällen. (OZ Nr.03. 04.01.1979)

Der Wetterverlauf von Weihnachten 1978 bis Neujahr 1979 in den drei Nordbezirken der DDR hat Stefan Kreibohm (2012) ausführlich beschrieben. Im Detail verlief dieses extreme Ereignis wie folgt ab:

Weihnachten 1978: Mit dem 24. 12. setzt pünktlich Weihnachtstauwetter ein, es wird mild, aber auch trübe, nieselt und regnet zeitweise bei Tagestemperaturen um plus 5 Grad Celsius und frostfreien Nächten.

27.12.1978 Neblig-trübes Nieselwetter bei 1 bis 3 Grad herrscht vor (vgl. Abb.154). Der schwache bis mäßige Wind weht meist noch aus West. Am Kap Arkona schon aus Ost. Keine Schneedecke.

Abb. 154   Tagesmitteltemperatur am 27.12.1978 (Grad C) in Norddeutschland

28.12. 1978 An der Elbe tritt nochmals Milderung ein, in Boizenburg wird mit 8 Grad die bis dahin höchste Temperatur des Dezembers 1978/79 erreicht, gleichzeitig werden im Raum Schwerin noch plus 1 bis plus 3 Grad gemessen, weiter östlich setzt leichter Frost ein. Der Wind weht an der Elbe, an der Elde anfangs aus West, dreht im Verlauf des Tages jedoch überall auf Ost und frischt stark auf. Die Temperatur beginnt zu sinken. Im Osten schneit es schon, Greifswald meldet morgens 3, Ueckermünde 4 Zentimeter Neuschnee. Sonst gibt es Regen oder Nieseln mit Glatteisbildung, später überall heftigen Schneefall. Arkona meldet mittags dichtes Schneetreiben bie Ostwind der Stärke 9.

Die Temperaturen sanken auf Arkona von 28.12. 1978 von 0,1°C auf -7,2°C am 31.12.1978. Die Luftfeuchte lag in diesem Zeitraum zwischen 94 und 91%. Es wehte Nordostwind mit Sturmstärke. Die Windgeschwindigkeiten lagen zwischen 16,8 und 20,8 km/h. Die Ostsee vor Sassnitz fror innerhalb weniger Stunden vollständig zu.

29.12.1978 Die Temperaturen sind im feien Fall, überall gibt es nun Frost. Um 7 Uhr werden minus 2 bis minus 6 Grad gemessen, mittags 3 bis minus 7 Grad, abends bis zu minus 8 Grad. Dazu kommen den ganzen Tag über Schneefälle, starker Ostwind, an der Küste Ost-/Nordoststurm. Es liegt nun überall Schnee, zwischen 2 Zentimetern in Schwerin und 17 Zentimetern in Greifswald, dies alles aber bereits stark verweht. Ab dem 29.12.1978 war die Insel Rügen komplett von der Außenwelt abgeschnitten.

Abb. 155 Straße auf Rügen im Winter 1978/79

30. 12. 1978 Weitere Abkühlung: An der Küste werden morgens minus 6 bis minus 8, im Binnenland minus 10 bis minus 12 Grad gemessen (vgl Abb. 148). Die Schneehöhe liegt zwischen 4 Zentimetern in Boltenhagen (alles verweht) und 24 Zentimetern in Greifswald. Tags wird es nicht wärmer, sogar noch etwas kälter, minus 13 Grad werden mittags und abends im Binnenland gemessen, an der See um minus 8 Grad. Dazu schneit es weiter, unvermindert weht starker Wind aus Ost bis Nordost, an der Ostsee Nordoststurm.

Abb. 156 Schneeverwehungen im Ort Garz im Winter 1978/79

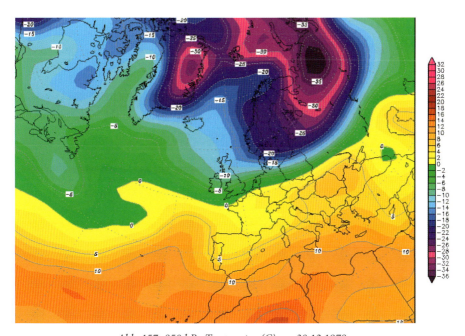

Abb. 157 850 hPa Temperatur (C) am 30.12.1978

Abb. 158 Schneehöhe am 30.12.1978 (cm) in Norddeutschland

31.12.1978 Die Schneehöhe wächst auf bis zu 34 Zentimetern in Greifswald, allerdings ist durch die enormen Verwehungen eine ordentliche Messung kaum noch möglich. So liegt am Ostseestrand kaum etwas, weil der Wind alles ins Land verfrachtet. Die Verwehungen sind inzwischen meterhoch. Die Niederschlagsmengen erreichen vom 28. bis 31.12. bis zu 30 Liter pro Quadratmeter, was umgerechnet in Schnee gut und gerne einen halben Meter Neuschnee bedeutet. Der Nordoststurm löst an der Ostseeküste Sturmhochwasseer aus, es kommt zu Schäden. Weiterhin schneit es, der Wind lässt nur geringfügig nach, die Temperatur sackt an der Küste auf minus 9 bis minus 13, im Binnenland auf minus 14 bis minus 19 Grad Celsius.

Abb. 159 Tagesmitteltemperaturen am 31.12.1978 (Grad C) in Norddeutschland

Abb. 160 Schneehöhe am 31.12.1978 (cm) in Norddeutschland

01.01.1979 Eisige Kälte in der gesamten Region, die Marke von minus 20 Grad Celsius wird erreicht, Marnitz im Kreis Parchim meldet eine Tiefsttemperatur von minus 20,4 Grad. Überall liegt Schnee, teils meterhoch durch die extremen Verwehungen. Die Schneefälle haben aufgehört, es weht aber noch schneidender Ostwind.

Es kam zu starken Schneeverwehungen auf der Insel Rügen. Die Ursache für die starken Verwehungen auf der Insel liegt im Relief und der Küstenkonfiguration begründet. Durch End- und Grundmoränenlandschaft und die Küstengestaltung treten im Winterhalbjahr sogenannte "Ecken- und Kanteneffekte im Windsystem" auf. (Holz 1979)

Abb. 161 Beseitigung der Schneeverwehungen auf Rügen

In der ersten Januarwoche bleibt es frostig, erst nach dem 7. Januar setzt leichtes Tauwetter ein, es wird trübe und zeitweise fällt etwas Regen. Wenige Wochen später wiederholte sich das Ganze, aber nur etwas abgeschwächt. (Kreibohm, S. 64-68)

Abb. 162 Schneefräse auf dem Bahnhof in Bergen/Rügen

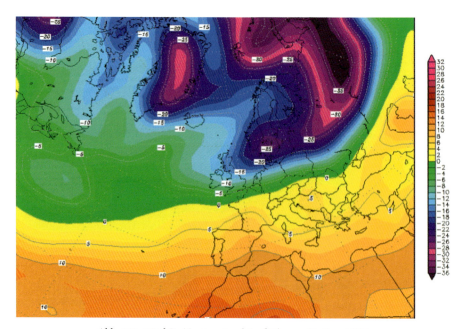

Abb. 163 800 hPa Temperatur (Grad C) vom 31. Dez. 1978

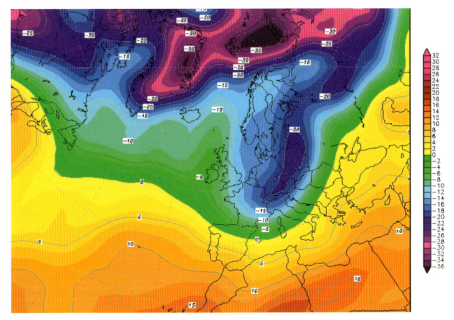

Abb. 164 800 hPa Temperatur (Grad C) vom 02. Jan. 1979

Auch die Insel Hiddensee war zwei Wochen komplett von der Außenwelt abgeschnitten. Der Winter 1978/79 gehörte zu den zehn schwersten Wintern nach dem 2. Weltkrieg in Norddeutschland.

Abb. 165 Auf dem Stralsund im Winter 1978/79

Abb. 166 Der Hafen in Sassnitz im Winter 1978/79

Abb. 167 Schneeverwehung auf einer Straße auf Rügen im Winter 1978/79

Warme, trockene Sommer

Diese Sommer sind in Mitteleuropa seltener als kühle und nasse Sommer. Sogenannte Dürre- Sommer gab es zum Beispiel 1911, 1921, 1934, 1947, 1959 oder 1997. Merkmal dieser Wetterlage ist ein ausgedehntes Hochdruckgebiet. In diesem herrscht überwiegend ruhiges wolkenloses Wetter vor.

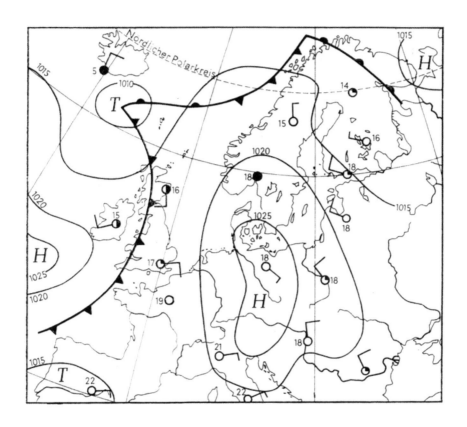

Abb. 168 Markante Wetterlage - Sehr warmes, trockenes Sommerwetter am 08.07.1959, 07 Uhr

Die Abb. 168 zeigt, dass die Temperaturen schon um 07 Uhr sehr hoch sind. Sie liegen um diese Uhrzeit zwischen 18 und 20°C. Durch die ungehinderte Sonneneinstrahlung stiegen die Temperaturen in den Nachmittagsstunden bis über 30°C an. Es wurden Rekordwerte von 36° bis 38°C im Binnenland erreicht. Bei solchen Wetterlagen kann die relative Fuchfeuchtigkeit bis zu 30% zurückgehen. Tiefdruckgebiete sind in der Regel schwach ausgeprägt und halten sich in großer Entfernung. Bei einer solchen Wetterlage sind keine Niederschläge und ist keine Abkühlung zu erwarten. Die Niederschlagsmengen bleiben unter dem langjährigen Mittelwert. Es kann aber zu örtlichen Gewittern mit sehr ergiebigen Niederschlägen kommen. Großräumige ergiebige Niederschläge sind dagegen nicht zu erwarten.

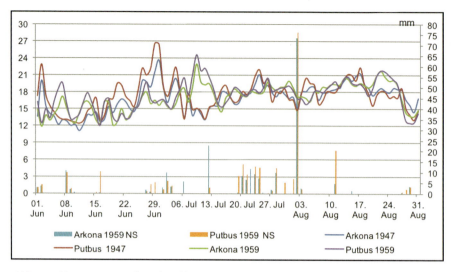

Abb. 169 Temperatur- und Niederschlagsverlauf für die Sommermonate Juni-August der Jahre 1947, 1959 für die Stationen Arkona und Putbus. (1947 wurden keine Niederschläge registriert)

Ein weiteres Merkmal ist die große Sonnenscheindauer (vgl. Abb.170).

Abb. 170 Sonnenscheindauer am 08.07.1959 (h) in Norddeutschland

Kühle, nasse Sommer

Die Abb. 171 zeigt die Luftdruckverteilung bei kühlen, nassen Sommern.

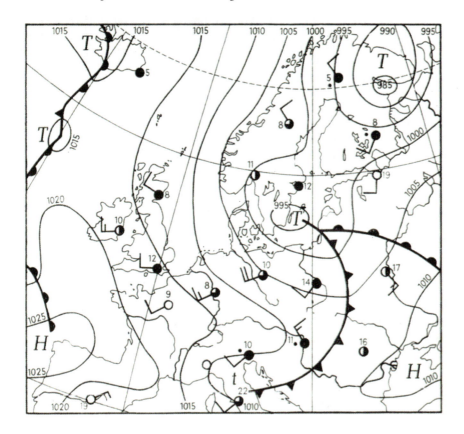

Abb. 171 Markante Wetterlage - Sehr kühles Sommerwetter mit Schauern 08.07.1965, 07 Uhr

Die Jahre 1902, 1907, 1916, 1940, 1942, 1954, 1956, 1962, 1965, 1980 oder 1987 zeichneten sich durch sehr kühle Sommermonate aus. Die Ursache für die Wetterlage ist, dass Mitteleuropa unter dem Einfluß von Tiefdruckgebieten steht, die sich auf einer südlicheren Bahn zwischen 50° und 60° nördlicher Breite von Westen nach Osten bewegen. Der normale Weg ist sonst vom Atlantik über die Britischen Inseln, die Nordsee und Südskandinavien nach Osten.

Die Abb.171 zeigt ein kräftiges Tief über Südskandinavien und der mittleren Ostsee. Ein weiteres Tief befindet sich über Finnland – Karelien. Das Azorenhoch erstreckt einen Ausläufer über die iberische Halbinsel, die Biscaya bis in das Seegebiet westlich von Irland. Sehr kühle Luft fließt auf der Westflanke der beiden Tiefdruckgebiete

mit starken Winden aus West und in der Höhe aus Nordwest bis in das südliche Mitteleuropa. Die sehr kühle Luft stammt aus den polaren Breiten.
Im Warmsektor des Tiefs sind Frühtemperaturen von 16° bis 20°C anzutreffen. Dagegen liegen die Temperaturen in West- Mittel- und Nordeuropa zwischen 8° und 12°C.

Abb. 172 Tagesmitteltemperatur 08.07.1965 (Grad C) in Norddeutschland

Die Abweichungen vom vieljährigen Mittelwert betrugen während dieser Sommermonate in Arkona (in Grad):

Jahr	Juni	Juli	August
1954	+0,6[1]	-1,8	-1,4
1956	-1,2	-0,5	-2,7
1962	-0,9	-2,0	-2,0
1965	-0,1	-2,7	-1,7
1980	-0,8	-0,6	-0,9
1987	-1,9	-15,	-1,5

[1] Junihälfte war sehr warm

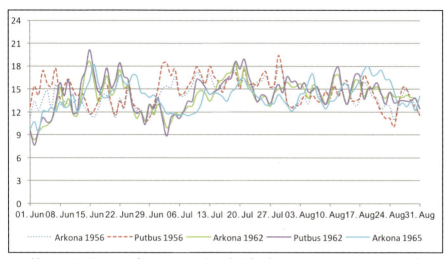

Abb. 173 Die Tagesmitteltemperaturen (Grad C) für die Sommermonate Juni-August der Stationen Arkona und Putbus

Sehr nasse Sommer gab es u.a. in den Jahren 1926, 1948, 1954, 1958, 1960 und 2010. So fielen in den drei Sommermonaten (Juni - August) 1954 46,4 % des Jahresniederschlages. Im Jahr 1960 fielen 42,4% des Jahresniederschlages in den drei Monaten, wobei allein im August 209,5 mm Niederschlag fielen. 2010 fielen allein im Monat August 234,6 mm Niederschlag (vgl. Abb.174).

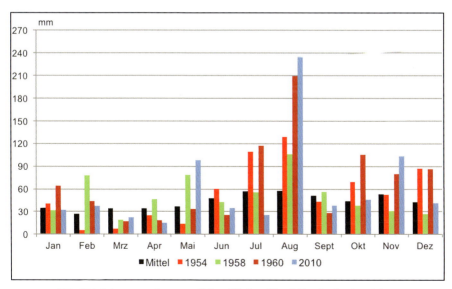

Abb. 174 Jahresgang der monatlichen Niederschlagshöhe der Station Arkona

Literatur- und Quellenverzeichnis

Asmus, I. (2007): Kennen Sie Schwedisch-Pommern? Eine Zeitreise durch die Region. Stiftung Schwedisches Kulturerbe in Pommern. G. Greifswald

Assmann, E. (1955): Die Schauplätze der dänisch-wendischen Kämpfe in den Gewässern von Rügen. In: Balitsche Studien N.F.43. Hamburg

Autorenkollektiv (2005): Unter uns/Bland oss Eine deutsch- schwedische Personengalerie. Stockholm

Baensch, O. (1875): Die Sturmfluth vom 12./13. November1872 an den Ostseeküsten des Preußischen Staates. Berlin In: Zeitschrift f. Bauwesen 25, 1875

Baier, R. (1893): Zwei Stralsundische Chroniken des fünfzehnten Jahrunderts. Mit zwei Facsimiles. Stralsund

Barthold, F. W. (1842): Geschichte von Rügen und Pommern. Dritter Theil Vom Tode Barmins I. (1278) bis zum Auftreten der Hohenzollern in der Mark Brandenburg (1411). Hamburg

Barthold, F. W.(1845): Geschichte von Rügen und Pommern. Vierter Theil. Bd 2 Von der Rückkehr Bogislaw X. vom H. Grabe (1498) bis zum Tode des letzten Herzogs von Pommern J. 1637. Hamburg

v. Bebber, H. (1911): Die Feuchtigkeitsverhältnisse von Putbus auf Rügen. Mit einer Karte und 6 Tabellen. In XII. Jahresbericht der Geographischen Gesellschaft zu Greifswald

Behringer, W. (2011): Kulturgeschichte des Klimas Von der Eiszeit bis zur globalen Erwärmung. dtv München.

Bethe, H. (1937): Die Bildnisse des pommerschen Herzogshaußes. Stettin

Berckmanns, J. (1833): Stralsundische Chronik und die noch vorhandenen Auszüge aus alten verloren gegangenen Stralsundischen Chroniken nebst einem Anhange, urkundliche Beiträge zur Kirchen- und Schulgeschichte Stralsunds. Erster Theil Herausgegeben von Mohnike, G.; Zober, E., H. Stralsund

Bernhardt, K., Mäder, C. (1987): Statistische Auswertung von Berichten über bemerkenswerte Witterungsereignisse seit dem Jahre 1000. In: Z. Meteorol. 37 ,2.

Biewer, L. (1997): Kurze Geschichte Pommerns. Bonn

Bissoli, P. Göring, L., Lefebrve, (2001): Extreme Wetter- und Witterungsereignisse im 20. Jahrhundert. In: Klimastatusbericht 2001. Offenbach

Blüthgen, J. (1954): Die Eisverhältnisse der Küstengewässer von Mecklenburg-Vorpommern. Bd 85 Remagen

v. Bohlen, F.J. (1882): Hausbuch der Herren Joachim von Wedel auf Krempzow Schloss und Blumberg Erbgesessen.Tübingen

Brandenburg, A. (1837): Geschichte des Magistrates der Stadt Stralsund besonders in früherer Zeit: nebst einem Verzeichnis der Mitglieder desselben. Mit Ansicht des Rathauses vom Jahre 1316. Stralsund

Brönnigmann, S., Luterbacher, J., Staehelin, J., Svendby, T. M., Hansen, G., Svenøe, T. (2004): Extreme climate of the global troposphere and stratosphere in 1940-42 related to El Niño, Nature 431, 971-974 (21 October 2004).

Brunk, Pastor (1912/13): Aus dem ältesten Kirchenbuch von Mützenow. Gutes und schlechtes Wetter. In: Unser Pommernland. Ilustrierte Monatsschrift für Heimatpflege und Kultur, für Kunst und Geschichte sowie für die wirtschaftliche Entwicklung Pommerns. Stargard in Pommern

Buchwald, K.; Knapp, H.D.; Loius, H.W. (1996): Schutz der Meere: Ostsee und Boddenlandschften. Bonn

Buske, N.(1999): Pommern:Territorialstaat und Landesteil von Preusse,Schwerin

Clark, Ch. (2007): Preußen Aufstieg und Niedergang 1600-1947. München

Creder, R. (1905): Zur Sturmflut vom 30./31. Dezember 1904. In: IX Jahresbericht der Geographischen Gesellschaft zu Greifswald 1903-1905. Greifswald

Daly, A. (2007): Timber, Trade and Tree-rings. A dendrochronological analysis of structural oak timber in Northern Europe, c. AD 1000 to c. AD 1650.

Deutscher Wetterdienst (DWD) (2001): Klimastatusbericht 2001. Offenbach

Deutscher Wetterdienst (DWD) (2007): Klimastatusbericht 2007. Offenbach

Dingethal, J. (2014): Anthropogenen Beeinflussung einer Landschaft dargestellt am Beispiel der Halbinsel Thießow und der Schmalen Heide mit den Feuersteinfelder/Rügen- eine geographische, kulturhistorische und dendrochronologische Untersuchung. Unveröffentlichte Masterarbeit, Potsdam

Dreves, J. übertragen von Zapnik, J. (2011): Ein Leben am Sund. Das Tagebuch des Klosterschreibers Jürgen Dreves (1687-1720). Stralsund

Duchhardt, H. (1997): Balancen of Power und Pentarchie. Internationale Beziehungen 1700-1785. Paderborn u.a. (Handbuch der Geschichte der Internationalen Beziehungen, Bd. 4)

Dwars, Fr. W. (1958): Der angebliche Landzusammenhang zwischen Rügen und dem Ruden in historischer Zeit und die Entstehung der Einfahrten am Ostrand des Greifswalder Boddens. In Balt. Stud. N.F. 45

Dwars, Fr. W. Nickelsen, U. (o. Jahr): Die Eroberung der Insel Rügen im November 1715. Erschließung und Wiedergabe eine zeitgenössischen Quelle*Greifswald

Easton, C. (1928): Les hivers dans l'Europe occidentale. Leyden

Eichhorn, L. (o. Jahr): Wetterbeobachtungen: 1764 bis 1790

Eichler, W.(1970): Der strenge Winter 1962/63 und seine vielschichtigen biologischen Auswirkungen in Mitteleuropa. www. biologiezentrum.at

Estrup, H. F.J. aus dem dänischen übersetzt und mit Anhängen vermehrt von D. Gottlieb Mohnike (1832): Absalon, Bischof von Roskilde und Erzbischof von Lund, Eroberer der Insel Rügen und Bekehrer derselben zum Christenthum, als Staatsmann und Bischof. In Zeitschrift für historische Theologie Zweiten Bandes ersten Stück. Leipzig

Fabarius, J. D. (1738): Nöthige Erläuterungen des Alten und Neuen Rügens, Greifswald und Stralsund

Fabricius, C. F. (1831): Die Stadt Stralsund. Verfassung und Verwaltung. Ein Versuch. Stralsund

Fabricius, C. G. (1841): Urkunden zur Geschichte des Fürstenthums Rügens unter den eingebornen Fürsten. herausgegeben und mit erläuternden Abhandlungen über die Entwicklung der rügenschen Zustände in den einzelnen Zeitabschnitten. (1.Band, Einleitung) Stralsund

Fabricius, F.(1872): Das älteste Stralsundische Stadtbuch (1270-1310). Berlin.

Flohn, H. (1949/50): Klimaschwankungen im Mittelalter und ihre historisch-geographische Bedeutung. Berichte zur deutschen Länderkunde Bd 7.

Ders. (1957): Klimaschwankungen der letzten 1000 Jahre und ihre geophysikalischen Ursachen. In 31 Dtsch Geographentag 1957 Tagungsbericht und wissens. Abhandlung. Würzburg

Firbas, F. (1949): Spät- und nacheiszeitliche Waldgeschichte Mitteleuropas Bd I Allgemeine Waldgeschichte. Jena

Ders.(1952): Spät- und nacheiszeitliche Waldgeschichte Mitteleuropas Bd II Waldgeschichte der einzelnen Landschaften. Jena

Fock, O. (1861): Rügen´sch-Pommersche Geschichte aus sieben Jahrhunderten. I. Rügen 1168. Leipzig

Ders.(1862): Rügen´sche–Pommersche Geschichte aus sieben Jahrhunderten. II. Stralsund und Greifswald im Jahrhundert der Gründung. Leipzig

Ders. (1865): Rügen´sche-Pommersche Geschichte aus sieben Jahrhunderten III Die Zeit der Deutsch-Dänischen Kämpfe im vierzehnten Jahrhundert bis zum Frieden von Stralsund 1370. Leipzig

Ders. (1866): Rügen´sche-Pommersche Geschichte aus sieben Jahrhunderten IV. Innerer Zwist und Blutige Fehden. Leipzig

Ders. (1868): Rügen´sche–Pommersche Geschichte aus sieben Jahrhunderten V. Reformation und Revolution. Leipzig

Ders.(1872): Rügen´sche-Pommersche Geschichte aus sieben Jahrhunderten. VI. Aus den letzten Zeiten pommerscher Selbständigkeit. Wallenstein und der große Kurfürst von Stralsund. Leipzig.

Frost, R. (2000): The Northern Wars - War, State and Society in Northeastern Europe, 1558–1721, London/New York 2000, S.12f

Fuchs, C. H. (1888): Der Untergang des Bauernstandes und das Aufkommen der Gutsherrschaft. Straßburg

Gaebel, G. (1897): Des Thomas Kantzow Chronik von Pommern in hochdeutscher Mundart. Band 1. Letzte Bearbeitung. Stettin.

Ders.(1898): Des Thomas Kantzow Chronik von Pommern in hochdeutscher Mundart. Band 2 Erste Bearbeitung. Stettin

Gaebel, G. (1908): Pomerina. Eine pommersche Chronik aus dem sechzehnten Jahrhundert. Erster Band. Stettin

Ders. (1908): Pomerina. Eine pommersche Chronik aus dem sechzehnten Jahrhundert. Zweiter Band. Stettin

Gassner, G, Christiansen-Weniger, F.(1942): Dendroklimatische Untersuchungen über die Jahrringentwicklung der Kiefern in Anatolien. Halle

Gebhardi, L. A. (1793): Die Geschichte aller Wendisch- Slavischen Staaten. Zweyter Band, welcher die Geschichte des rügischen, pommerischen und sorbeschen Staats und einem Theil der Geschichte des böhmischen Reiches enthält.

Glaser, R., Beck, Ch., Stangl, H.(2003): Zur Temperatur- und Hochwasserentwicklung nder letzten 1000 Jahre in Deutschland. In: Klimastatusbericht. Offenbach

Goebel, E. (2010): The Sound Toll Registers Online Project, 1497.1857. In: International Journal of Maritime History, XXII No.2. 305-324

Grabley, Lemke, Lindow, K., Reese, H.,H., Schmidt, H., Menke, P., Ehmke, G. (1956): Schulchronik von Promoisel auf Rügen. unveröffentlichte Chronik

Gronau, K. L. (1794): Versuch einer Beobachtung über die Witterung der Mark Brandenburg, besonders in der Gegend um Berlin. Erster Theil Berlin und Stralsund

Grümbke, J. J. (1819): Neue und genaue geographisch-statistisch-historische Darstellung von der Insel Rügen und dem Fürstenthum Rügen. Berlin.

Gutsche, A., Tschochner, B., Heussner, K.-U. (2009): Holz als langer Kalender–Archive für die Umweltgeschichte und Altersbestimmung. Geographie aktuell 6/2009

Gülzow, A. (1888): Die Temperaturverhältnisse von Putbus a. R. auf Grund 33 jähriger Beobachtungen (1854-1886 einschl.) Ein Beitrag zur Klimatologie der deutschen Ostseeländer .Mit 12 Tabellen und 4 Tafeln. In Geographische Gesellschaft zu Greifswald.

Haas, A. (1898): Rügensche Skizzen. Greifswald

Haas, A.(1911): Die Insel Vilm. In: Monatsblätter der Gesellschaft für pommersche Geschichte und Altertumskunde Nr. 7/8

Haas,A. (1913).Nachträge über die Insel Vilm. In: Monatsblätter der Gesellschaft für pommersche Geschichte und Altertumskunde Nr. 6/7

Haas, A. (1915): Zur Erinnerung an den 15. und 16 November 1715. In: Monatsblätter der Gesellschaft für pommersche Geschichte und Altertumskunde Nr. 11

Hass, A.(1923): Blutregen in Stralsund am 16 Juni 1597. In. Unser Pommerland Monatschrift für das Kulturleben der Heimat 8. Jahrgang Stettin

Hass, A. (1931): Die rügenschen Vitten In: Monatsblätter der Gesellschaft für pommersche Geschichte und Altertumskunde. Nr.3.Jahrgang 45, S.34-38

Hanncke, R. (1899): Pommersche Geschichtsbilder. Zweite neu durchgesehene und vermehrte Auflage sämtlich erschiener Skizzen und Kulturbilder des Verfassers. Stettin.

Hanow, M. Ch., ( ): Wetterbeobachtung von den Jahren 1739 bis 1772

Häckel, H. (2012): Schwankungen und Veränderungen des Klimas. Anhang zu Häckel, H. Meteorologie. 7., korrcgierte Auflage 2012. UTB1338

Heiser, C. (2012): Klimatische Extremereignisse in der jüngeren Landschaftsgeschichte des Ostseeraumes, dargestellt am Beispiel Rügen. Unveröffentlichte Bachelorarbeit, Potsdam

Helmold von Bosau (1973): Slawenchronik. Darmstadt

Hellmann, G. (1917): Über strenge Winter, Berlin

Hennig, W (1904): Katalog bemerkenswerter Witterungsereignisse von den ältesten Zeiten bis zum Jahre 1800. Berlin

von Hering (1845): Die Loitzen. In Balische Studien. Alte Folge. Eilsten Jahrganges, Erstes Heft. Stettin

Heussner, U., Tschochner, B., Winkler, J., Katterwe, F., Kleinhans, J., Versick, L., (2015): Dendrochronologische Untersuchungen – ein Beitrag zur jüngeren Landschaftsgeschichte Rügens. In Erste Ergebnisse der Naturwaldforschung im Naturwaldreservat Insel Vilm, BfN Skripten 390, Bonn .-Bad Godesberg

Heyden, H., (1937): Kirchengeschichte von Pommern. I.Bd Von den Anfängen des Christentums bis zur Reformationszeit. Stettin

Hupfer, P. (1992): Zu Folgen von Schwankungen der atmosphärischen Zirkulation für das Küstengebiet der westlichen Ostsee. In: Wiss. Zeitschrift der Humboldt-Universität zu Berlin, R. Mathematik/Naturwissen. 2/41

Katterwe, F. (2012): Anthropogene Einflüsse auf eine Kiefern-Küstenwaldvegetation - dargestellt am Beispiel des ehemaligen Zeltplatzes in Glowe/Rügen. Unveröffentlichte Bachelorarbeit Potsdam

Kleefeld, Joh., Gottf. (1842): Meteorologische Beobachtungen 1807-1841

Kleinhans, J. (2012): Dendrochronologische Untersuchung von klimatischen Extremereignissen in der jüngeren Landschaftsgeschichte der Insel Rügen–dargestellt am Beispiel der Schaabe oder Jahrringchronologien als Klimaarchive. Unveröffentlichte Bachelorarbeit, Potsdam

v. Klöden, B. A., Oberländer, R. (1886): Unser Deutsches Land und Volk. Vaterländische Bilder aus Natur, Geschichte, Industrie und Volksleben des deutschen Reiches. Zweite, gänzlich umgestalte Auflage. In zwölf Bänden. Erster Band. Bilder aus den deutschen Küstenländern der Ostsee

Kluge, F.(1975): Etymologisches Wörterbuch der deutschen Sprache. Berlin/New York 1975, Lemma Kirchspiel.

Kreibohm, St. (2012): Kreibohms Wetter! Sonne, Regen – und die Kunst der Vorhersage. Rostock

Kroll, S. Labahn, K. ( ): Die „niederländischen Sundregister" als Quelle für den Fernhandel der Hafenstädte des Ostseeraumes während des 18.Jahrhunderts.

Koch, C. H. F. (1922): Die Sturmflut vom 12. und 13. November 1872. In Unser Pommerland. Monatsschrift für das Kulturleben der Heimat. 7. Jahrgang

Koch, H., G. (1946): Der strenge Winter 1946/47 in Mitteleuropa und dem nördlichen Polargbiet. In Polarforschung 1-2, Bremerhaven.

Kosegarten, H. G. L. (1816): Pomerania oder Ursprung, Altheit und Geschicht der Völker und Lande Pommern, Kaßuben, Wenden, Stettin und Rügen in vierzehn Büchern beschrieben durch Thomas Kantzow weiland Geheimschreiber in der Fürstlich-Pommerschen Kanzley zu Wolgast und aus dessen Handschrift herausgegeben. Erster Band. Greifswald

Ders.(1817): Pomerania oder Ursprung, Altheit und Geschicht der Völker und Lande Pommern, Kaßuben, Wenden, Stettin und Rügen in vierzehn Büchern beschrieben durch Thomas Kantzow weiland Geheimschreiber in der Fürstlich-Pommerschen Kanzley zu Wolgast und aus dessen Handschrift herausgegeben. Zweyter Band. Greifswald

Köppen, W. (1873): Ueber mehrjähige Perioden der Witterung. In: Zeitschrift der österreichischen Gesellschaft für Meteorologie, Bd 8, Nr. 17, Wien

Kruse, A.(1846): Einige Bruchstücke aus der Geschichte der Stadt Stralsund. Zu einer Übersicht nach Zeitenfolge zusammengestellt. Erstes Buch. Mit Urkunden des Stralsunder Friedens von 1369 und 1370. Stralsund

Krüger, G. (1911): Über Sturmfluten an den deutschen Küsten der westlichen Ostsee, mit besonderer Berücksichtigung der Sturmflut vom 30/31 Dezember 1904. In Jahresber. Geogr. Gers. Greifswald 12, 195-294

Krügers, J.; G. (1746): Gedancken von dem kalten Winter des Jahres 1740. Die Zweyte Auflage. Halle

Lamb, H. H. (1989): Klima und Kulturgeschichte. Der Einfluß des Wetters auf den Gang der Geschichte. Reinbek bei Hamburg

Lange, E., Jeschke, L., Knapp, H. D. (1986): Ralswiek und Rügen Landschaftsentwicklung und Siedlungsgeschichte der Ostseeinsel Teil I Die Landschaftsgeschichte der Insel Rügen seit dem Spätglazial. und Beilagen, Schriften zur Ur- und Frühgeschichte 38, Berlin

Lenke, W. (1964): Untersuchung der ältesten Temperaturmessungen mit Hilfe des strengen Winters 1708/09 Berichte des Deutschen Wetterdienstes Bd 13 Offenbach a.M.

Lenz, K. (1958): Die Wüstungen der Insel Rügen. Remagen/Rhein

Leube, A. (2012): Zum rügenschen Klima. Unveröffentlichte Rohfassung. Berlin

Mast, P. (1994): Mecklenburg-Vorpommern - 1000 Jahre Geschichte eines jungen Landes. München Berlin

Mebold, C. A. (1840): Der dreißigjährige Krieg und die Helden desselben. Zweiter Band.Stuttgart

Meteorologisches Jahrbuch der der DDR 1981-1988. Monats- und Jahresübersichten. Potsdam

Meteorologisches Jahrbuch der Bundesrepublik Deutschland für Berlin (Ostteil der Stadt), Brandenburg, Mecklenburg–Vorpommern, Sachsen, Sachsen-Anhalt, Thüringen 1989. Teil II Monats- und Jahresübersichten. Potsdam 1991

Meteorologisches Jahrbuch der Bundesrepublik Deutschland für Berlin (Ostteil der Stadt), Brandenburg, Mecklenburg –Vorpommern, Sachsen, Sachsen-Anhalt, Thüringen 1990. Teil I Tägliche Beobachtungen für Juli –Dezember, Monats- und Jahresübersichten. Potsdam 1992

Micraelii, J. (1723): Sechs Bücher vom Alten Pommernland. Stettin und Leipzig.

Müller, Th. (2006): Klima-Journal für Vorpommern. Wetter, Witterung, Klima. Messungen und Beobachtungen seit 1879 bis 2006 in Greifswald. Rostock

Müller–Stoll, H. (1951): Vergleichende Untersuchungen über die Abhängigkeit der Jahrringfolge von Holzart, Standort und Klima. Stuttgart

North. M. (2008): Geschichte Mecklenburg-Vorpommerns. München

Niedermeyer, R.-O., Kliewe, H., Jahnke, W. (1987): Die Ostseeküste zwischen Boltenhagen und Ahlbeck – Ein geologischer und geomorphologischer Überblick mit Exkursionshinweisen Gotha (Geographische Bausteine, Heft 30)

o. A. (1872): Die Burgwälle der Insel Rügen auf Befehl Sr. Majestät des Königs im Sommer 1886 unternommenen Untersuchungen. In: Baltische Studien.24

o. A. (1716): Pommerisches Kriegs-Theatrum, Oder Geographische und Historische Beschreibung des Hertzogthums Pommern, und Fürstenthums Rügen, wie auch der Vestung und Herrschafft Wißmar, die vornehmsten Revolutiones besagter Länder in sich fassend nebst des Nun schon in das Sechzehende Jahr währenden Nordischen Krieges Anfang, Fortgang und Gott gebe! bald zu erwartenden Ausgang, und folgendlich biß zur Übergabe des durch Accord eroberten Stadt und Festung Wismar. Franckfurth, Hamburg, Nürnberg und Leipzig

o. A. (1645-1789): Aus dem Tagebuch eines vorpommerschen Pastors im Großraum Anklam - Ückermünde.

o. A. ( ): Stern- und Wetterbeobachtungen in Danzig von 1753

Otto, D. (2009): Stargard im Dreißigjährigen Krieg. Heimatkreis Stargard in Pommern. In Pommerscher Greif

Papritz, J. (1957): Das Handelshaus der Loitz zu Stettin Danzig und Lüneburg. In: Balitsche Studien N.F. 44

Pfaff, C. H. (1809): Über die strengen Winter vorzüglich des achtzehnten Jahrhunderts und über den letzten verflossenen strengen Winter 1808-1809. Ein Beytrag zur meteorologischen Geschichte der Erde. Kiel

Plener, Joh, A. (1700): Curieuser Geschichts=Kalender/Darinnen alles was sich in Vor= und Hinter =Ponmmern von anno 1600 biß 1699. Denkwürdiges begeben/kürzlich erzehlet wird. Stettin

Pfaff, C. H. (1809): Über die strengen Winter vorzüglich des achtzehnten Jahrhunderts und über den letzten verflossenen strengen Winter von 1808-1809. Kiel

Pfister, C. (1999): Wetternachhersage. 500 Jahre Klimavariationen und Naturkatastrophen. Bern, Stuttgart, Wien

Pilgram, A. (1783): Untersuchungen über das Wahrscheinliche der Wetterkunde durch vieljährige Beobachtungen. Wien

Range, P. (1905): Sturmfluten an der deutschen Nord- und Ostseeküste am 30. und 31. Dezember 1904. In: Naturwissenschaftliche Wochenschrift, Neue Folge, Band 4, Nr. 6. Jena

Range, P. ( ): Die drei kalten Kriegswinter 1939/40, 1940/41, 1941/42. In: Die Erde

Redieck & Schade (1999): Die Hiorten. Über die zwei Leben eines Postseglers. Rostock

Rombst, G. (1832): Die Kriege Waldemar´s und Knud´s gegen Rügen und Pommern aus der Knytlinga Saga übersetzt, und mit Anmerkungen und einer Karte versehen. In Baltische Studien, Heft 1. Stettin

v. Rosen, G. (1885): Das älteste Stadtbuch der Stadt Garz. Auf der Insel Rügen. Stettin

Rosenhagen, G. (2007): Extreme Sturmfluten an den deutschen Küsten. In: Klimastatusbericht. DWD Offenbach

Rosenhagen, G., Bork, I. (2008): Rekonstruktion der Sturmflutwetterlage vom 13 .November 1872. MUSTOK Workshop, Rostock

v. Rothenburg, R. (1835): Schlachten, Belagerungen und Gefechte in Deutschland und den angrenzenden Ländern von 1618 bis 1629. Wien

Rudolph, W. (1954): Die Insel Rügen. Ein Heimatbuch. Rostock

Runge, H.(1968): Das Wetter und wir. Gotha/Leipzig

Sell, J., J.(1819): Die Geschichte des Herzogthums Pommern von den ältesten Zeiten bis zum Tod des letzten Herzoges, oder bis zum Westphälischen Frieden 1648. Nach dessen Tode heruausgegeben. Erster Theil. Berlin

Ders. (1819): Die Geschichte des Herzogthums Pommern von den ältesten Zeiten bis zum Tod des letzten Herzoges, oder bis zum Westphälischen Frieden 1648. Nach dessen Tode heruausgegeben. Zweiter Theil. Berlin

Ders. (1820): Die Geschichte des Herzogthums Pommern von den ältesten Zeiten bis zum Tod des letzten Herzoges, oder bis zum Westphälischen Frieden 1648. Nach dessen Tode heruausgegeben. Dritter Theil. Berlin

Schmidt, I. (2001): Hünengrab und Opferstein. Bodendenkmale auf der Insel Rügen. Rostock

Schmidt, I.(2002): Götter, Mythen und Bräuche von der Insel Rügen. Rostock

Schnurrer, F. (1823): Die Krankheiten des Menschen-Geschlechts historisch und geographisch betrachtet. Der historischen Abteilung Erster Theil. Tübingen

Ders. (1825): Die Krankheiten des Menschen-Geschlechts historisch und geographisch betrachtet. Der historischen Abteilung Zweiter Theil. Tübingen

Schwarz, v. A.. G. (1755): Diplomatische Geschichte der Pommersch-Rügischen Städte Schwedischer Hoheit nach ihrem Ursprung und erster Verfassung, nebst angehängter Historie der Pommerschen Grafschaft Gützkow. Greifswald

Shepard, W., R. (1911): Historical Atlas. New York

Spalkhaver, M. (1694): Aus dem Kirchspiel Wiek (Pfarramt Wiek).

Storch, C., L. (1744): Merkwürdige Begebenheiten des 1739. und 1740. Jahrs. Nebst einigen Gedanken von der Hungers= Noth, Bestellung des Ackers, Handlung und den Steueren: Herford

Sztobryn, M., +Stigge, H. J. u.a: (2005): Sturmfluten in der südlichen Ostsee (westlichen und mittlerer Teil). In: Berichte des BSH 39

v. Stojentin, M. (1897):Jacob von Zitzewitz ein Pommerscher Staatsmann aus dem Reformations=Zeitalter. In. Baltische Studien N.F. Bd 1 Stettin

Urban, W. (1995): Rügen sowie es war. Fotografierte Zeitgeschichte Droste Düsseldorf

Vasold, M. (2000): Der Ausbruch des Tambora (Indonesien) im April 1815 und die Agrarkrise in Europa 1816/17. In: Geographie Rundschau 52/12. Braunschweig.

Walter, P. (1907): Land und See. Unser Klima und Wetter. Die Wandlung unserer Meere und Küsten. Ebbe und Flut. Sturmfluten. Halle

Wackenroder, M., E., H.(1732): Altes und Neues Rügen. Greifswald und Stralsund

Wehrmann, M.(1922): Pommersche Heimatkunde 2. Band Geschichte der Insel Rügen in 2 Teilen. 2. Teil Vom Ende des 16. Jahrhundert bis zur Neuzeit. Greifswald

Wehry, W. (2006): Einige bemerkenswerte Kimaereignisse aus den Chroniken nach R. Hennig (1904): In: Beiträge des Instituts für Meteorologie der Freien Universität Berlin zur Wetterkarte Berlin. Verein Berliner Wetterkarte e.V.

Wendler, O. (1845): Geschichte Rügens von der ältesten Zeit bis auf die Gegenwart.. Bergen und Sassnitz auf Rügen

Bei der Weiden, H. (1976): Die Ostsee-Sturmflut vom 10./20.Februar 1625. In: Baltische Studien N.F 62,Hamburg

Bei der Weiden, H., Schmidt, R. (1996): Handbuch der historischen Stätten Deutschlands. Bd 12 Mecklenburg/Pommern. Stuttgart

Wiesner, J.; H. (1839): Geschichte von Pommern und Rügen nebst angehängter Spezialgeschichte des Klosters Eldena. Greifswald

Winkler, J. (2012): Morphologische Erscheinungen und dendroklimatische Untersuchungen auf der Insel Rügen-dargestellt am Beispiel der Baaber Heide. Unveröffentlichte Bachelorarbeit Potsdam

Winkler, J. (2014): Abriss der Entwicklung auf der Insel Rügen-dargestellt am Beispiel eines Transektes. Unveröffentlichte Masterarbeit, Potsdam

v. Wuthenau (1715): Eigentliche und umständliche Relation von Ersteignung der Insul Rügen Wie auch Dem 16. November darauf vorgefallenen scharffen Treffen/und erfolgten gänzlichen Eroberung gedachter Insul/Unter Commando Sr.Hochfürstl. Durchleucht zu Anhalt =Dessau/Köngl. Preußschen General-Feld=Marschall

Wutstrack, Ch, F. (1795): Nachtrag zu der Kurzen historisch-geographisch-statistischen Beschreibung des könglich=preussischen Herzogthums Vor= und Hinter= Pommern. Mit einer neuen illuminirten Karte von Pommern und einer Abbildung der Statue des Königs Friedrichs II. zu Stettin. Stettin

Zober, E. H. (1828): Die Geschichte der Belagerung Stralsund´s durch Wallenstein, im Jahre 1629. Stralsund

Zober, E., H. (1842): Eine alte Stralsunder Stadtchronik Aus der unlängst aufgefundenen Pergamenthandschrift. Stralsund

Zober, E. H. (1843): Die Stralsunder Memorial=Bücher Joachim Lindemanns und Gerhard Hannemanns (1531-1611). Zum erstenmale aus den Handschriften herausgegeben und mit Einleitung, Inhaltsverzeichniß, Bemerkungen Wörtererklärung begleitet. (Stralsundische Chroniken, T. 2) Stralsund

Abbildungsnachweis

Abb. 1: Überlappung von Jahrringkurven, Quelle: J. Denkinger

Abb. 2: Eichenchronologie (in 1/100 mm) für Rügen, Quelle: K.U. Heussner, DAI, Berlin

Abb. 3: Kiefernchronologie (in 1/100 mm) für Rügen, Quelle: K. U. Heussner ,DAI, Berlin

Abb. 4: Oberdach der St Marienkirche in Greifswald (1328d) Quelle: K. U. Heussner, DAI, Berlin, 2008

Abb. 5: Reaktionen des Baumes auf das Klima, Quelle: B. Tschochner, K. U. Heussner 2014

Abb. 6: Vergleich der mikroskopischen Holzanatomie einer Eiche (links) und einer Gemeinen Kiefer rechts), Foto: K. U. Heussner, 2015

Abb. 7: Interpretation von Jahrringkurven, Quelle: K. U. Heussner, B. Tschochner

Abb. 8: Verschiedene in der Dendrochronologie eingesetzte Bohrer, Foto: K. U. Heussner, 2007

Abb. 9: Messplatz, Foto: K. U. Heussner

Abb. 10: „Der Bischof von Havelberg" im Computertomographen und das Ergebnis der Untersuchung (rechts), Foto: Tilo Schöfbeck

Abb.11: Auch aus solchen Holzproben können klimatische Informationen gewonnen werden, Foto: K. U. Heussner

Abb. 12: Die Insel Rügen, Quelle: Atkis 2009 DTK25V DGM-D25 BKG NAVTEQ/ADFC

Abb. 13: Der Königsstuhl auf Jasmund, Foto B. Tschochner, 2004

Abb. 14: Der Alte und Neue Bessin auf Hiddensee im Hintergrund der Bug/Rügen, Foto B. Tschochner, 2004

Abb. 15: Inselkern Jasmund mit der Kreideküste, Foto B. Tschochner, 2011

Abb. 16: Die Feuersteinfelder bei Mukran 2013, Foto K. U. Heussner , DAI, Berlin, 2013

Abb. 17: Deckblatt der Societas Meteorolgica Palatina 1789 Quelle:http://epub.ub.unimuenchen.de/12900/1/4Phys.861_1789.pdf

Abb. 18: Wetterbeobachtung von Mannheim Januar 1789, Quelle:http://epub.ub.uni-muenchen.de/12900/1/4Phys.861_1789.pdf

Abb. 19: Kiefernchronologie (in 1/100 mm) von Rügen mit den Zeitabschnitten von Bernhardt und Mäder 1972 Quelle: B. Tschochner, K. U. Heussner 2015

Abb. 20: Eichenchronologie (in 1/100 mm) von Rügen mit den Zeitabschnitten von Bernhardt und Mäder 1972 Quelle: B. Tschochner, K. U. Heussner 2015

Abb. 21: Kiefernchronologie (in 1/100 mm) von Rügen mit den klimatischen Zeitabschnitten nach H. Flohn, Quelle: B. Tschochner, K. U. Heussner 2015

Abb. 22: Eichenchronologie (in 1/100mm) von Rügen mit den klimatischen Zeitabschnitten nach H. Flohn, Quelle B.Tschochner, K.U. Heussner 2015

Abb. 23: Eichenchronologie (in 1/100 mm) von Rügen mit den Zeitabschnitten, Quelle: K. U. Heussner, DAI, 2014

Abb. 24: Kiefernchronologie (in 1/100 mm) von Rügen mit den Zeitabschnitten, Quelle:K.U. Heussner , DAI, 2015

Abb. 25: Ausschnitt aus dem Tagebuch eines vorpommerschen Pastors im Großraum Anklam- Ueckermünde Quelle: http://www.kreis-ueckermuende-arbeitskreis.de

Abb. 26: Anzahl der verwertbaren Berichte über Winter und Sommer und von Ereignissen (Sturmfluten, Pest, Hungersnot, Teuerungen von Lebensmitteln, Heuschrecken- und Mäuseplagen) für aufeinanderfolgende 50 – Jahresintervalle (Kurve geglättet), Quelle: B. Tschochner 2014

Abb. 27: Anzahl der ausgewerteten Berichte über Temperatur- und Feuchteregime der Winter und Sommer für aufeinanderfolgende 50 Jahresintervalle (Kurve geglättet), Quelle: B. Tschochner, 2014

Abb. 28: Eichenchronologie (in 1/100 mm) mit extremen Witterungserscheinungen, Quelle: K. U. Heussner, B. Tschochner, 2015

Abb. 29: Kiefernchronologie (in 1/100 mm) mit extremen Witterungserscheinungen, Quelle: K. U. Heussner, B. Tschochner, 2015

Abb. 30: Schloss Ralswiek mit Freilichtbühne, Foto: B. Tschochner, 2004

Abb. 31: Burgwall Arkona, Quelle: Fock Bd. I, Anhang, 1861

Abb. 32: Reste der Burganlage Arkona mit Burgwall und Ausgrabungen 2013, Foto B. Tschochner, 2013

Abb. 33: Reste der Herthaburg auf der Halbinsel Jasmund, Foto B. Tschochner, 2013

Abb. 34: Bischof Absalon von Roskilde und Erzbischof von Lund, Quelle: Zeitschrift f. historische Theologie Bd II 1832

Abb. 35: Svantevit war der oberste Gott der Ranen auf Rügen (Moderne Skulputur aus Holz auf dem Burggelände), Foto B. Tschochner, 2013

Abb. 36: Eichenchronologie(in 1/100mm) mit extremen Witterungserscheinungen und linearer Wachstumstrend für den Zeitraum von 1106 – 1199, Quelle: K. U. Heussner, B. Tschochner, 2015

Abb. 37: Kiefernchronologie mit extremen Witterungserscheinungen und linearer Wachstumstrend für den Zeitraum von 1106 – 1199, Quelle: K. U. Heussner, B. Tschochner, 2015

Abb.38: Eichenchronologie mit Wettererscheinungen, einigen politischen und anderen Ereignissen von 1044 – 1199 Quelle: K. U. Heussner, B. Tschochner, 2015,

Abb 39: Holbein d. J.: Totentanz. VIII. Der König Quelle: https://commons.wikimedia.org/wiki/File: Holbein d. J.: Totentanz. VIII. Der König 8.jpg

Abb. 40: Die Zudarer Wallfahrtskirche St. Laurentinus, Foto Tilo Schöfbeck

Abb. 41: Altar der Wallfahrtskirche St. Laurentinus, Foto Tilo Schöfbeck

Abb. 42: Bergen, Ansicht der Marienkirche aus der Luft, von Südwesten. Foto: Martin Poley

Abb. 43:   Wiek, St. Georg. Zweitverwendetes, profiliertes Holz eines aufwendigen Vorgängerbaues aus den 1190er Jahren. Foto: Tilo Schöfbeck

Abb. 44:   Altenkirchen, Ansicht von Südosten. Foto: Martin Poley

Abb. 45:   Altenkirchen, Blick in das Langhausdach mit Gespärren von 1262d, bei den je zwei Punkten an Sparren und Sparrenknecht handelt es sich um die Reste von historischen Floßbindungen. Foto: Tilo Schöfbeck

Abb. 46:   Altenkirchen, freistehender Glockenturm um 1360, Ansicht von Südosten. Foto: Martin Poley

Abb. 47: Schaprode, St. Johannes, Ansicht von Südosten. Foto: Martin Poley

Abb. 48: Gustow, Ostfassade des Chores von 1289d. Foto: Martin Poley

Abb. 49:   Rappin, St. Andreas, Ansicht von Südosten. Foto: Martin Poley

Abb. 50:   Landow, Blick nach Südosten mit den freigelegten Resten der älteren Fachwerkkirche von 1312d. Foto: Tilo Schöfbeck

Abb. 51:   Garz, St. Petri, Ansicht des Langhauses mit den markanten Fenstern von Süden. Foto. Martin Poley

Abb. 52:   Bobbin, St. Pauli, Chordach von 1357d, Blick nach Osten. Foto: Detlef Witt

Abb. 53:   Patzig, St. Margarethen, Detail des Kieferndachwerks von 1426d über dem Langhaus, mit markanten Abbundzeichen (gereihten Macken). Foto: Tilo Schöfbeck

Abb. 54:   Eichenchronologie (in 1/100mm) mit extremen Witterungserscheinungen und linearer Wachstumstrend für den Zeitraum von 1200 – 1380, Quelle: K. U. Heussner, B.Tschochner 2015

Abb. 55:   Kiefernchronologie (in 1/100mm) mit extremen Witterungserscheinungen und linearer Wachstumstrend für den Zeitraum von 1200 – 1380, Quelle: K. U. Heussner, B.Tschochner 2015

Abb. 56:   Eichenchronologie (1/100mm) mit Wettererscheinungen, einigen politischen und anderen Ereignissen von 1200 – 1380, Quelle: K. U. Heussner, B.Tschochner,2015

Abb. 57:   Rügenkarte von 1522, Quelle: Stadtarchiv Stralsund

Abb. 58:   Älteste Ansicht von Bergen auf Rügen. Nach der Lubinschen Karte (1610-1618), Quelle: A. Haas, 1898, S. 11

Abb. 59:   Bogislaw X. „der Große" Bleistiftzeichnung, Quelle: Die Bildnisse des pommerschen Herzogshauses

Abb. 60:   Eichenchronologie (in 1/100mm) mit extremen Witterungserscheinungen und linearer Wachstumstrend für den Zeitraum von 1381 – 1570, Quelle: K. U. Heussner, B. Tschochner, 2015

Abb. 61:   Kiefernchronologie (in 1/100mm) mit extremen Witterungserscheinungen und linearer Wachstumstrend für den Zeitraum von 1381 – 1570, Quelle: K. U. Heussner, B. Tschochner, 2015

Abb. 62:   Eichenchronologie (in 1/100mm) mit Wettererscheinungen, einigen politischen und anderen Ereignissen von 1380 – 1570, Quelle: K. U. Heussner, B. Tschochner 2015

Abb. 63:   Ausschnitt aus der Libin Karte von Rügen (1608) mit den Vitten Quelle:

Abb. 64:   Skanör mit Falsterbro um 1900, Quelle: https://da.wikipedia.org/wiki/Skan%C3%B8r-Falsterbo

Abb .65:   Der Sund 1726. Acht niederländische Schiffe. Auf der linken Seite sind Helsingorg und Landskrona zu erkennen, recht die Kronborg in Helsingrog, im Hintergrund Kopenhagen, Quelle: www.hetgeheugenvannederland.nl

Abb. 66:   Bogislaw XIV. Ölgemälde um 1632, Quelle: Die Bildnisse des pommerschen Herzogshauses

Abb. 67:   Grundriss der Hansestadt Stralsund zur Zeit der Belagerung Wallensteins, Quelle: Fock, Bd VI, Anhang

Abb. 68:   Belagerung Stralsund im Dreißigjährigen Krieg 1630, Quelle:http://de.wikipedia.org/wiki/Datei:Stralsund-1630.png#/media/File:Stralsund-1630.png

Abb. 69:   Belagerung der Stadt Stralsund durch die kaiserlichen Truppen Quelle:

Abb. 70: Gustower Schanze/Rügen um 1630, Quelle: https://de.wikipedia.org/wiki/Datei:Gustow-Schanze-1630.png

Abb .71: Die Entwicklung des schwedischen Reiches zwischen 1560 und 1815, Quelle:https://commons.wikimedia.org/wiki/File%3AOrtus-imperii-suecorum.png

Abb. 72: Schwedische Matrikelkarte von der Halbinsel Jasmund 1695; Quelle: Lübke, Sagard, 2013

Abb. 73: Eichenchronologie (in 1/100mm) mit extremen Witterungserscheinungen und linearen Wachstumstrend für den Zeitraum von 1571 – 1740, Quelle: K.U. Heussner, B. Tschochner, 2015

Abb. 74: Kiefernchronologie (in 1/100mm) mit extremen Witterungserscheinungen und linearen Wachstumstrend für den Zeitraum von 1571 – 1740, Quelle: K.U. Heussner, B. Tschochner 2015

Abb. 75: Eichenchronologie (in 1/100mm) mit Wettererscheinungen, einigen politischen und anderen Ereignisse von 1571 – 1740, Quelle: K. U. Heussner, B. Tschochner, 2015

Abb. 76: Küstenlandschaft im Abendlicht Quelle:https://commons.wikimedia.orgwiki/File:Caspar_David_Friedrich_Küstenlands_im Abendlicht.jpg

Abb. 77: 850 hPa Temperatur (Grad C) vom 13. Februar 1871, Quelle: www: wetterzentrale de

Abb. 78: Luftdruckverteilung am 10. und 11. November 1872, Quelle: Zs. f. Bauwesen 25, 1875

Abb. 79: Luftdruckverteilung am 12. und 13. November 1872, Quelle: Zs. f. Bauwesen 25, 1875

Abb. 80: Sturmflut am Ostseestrand 1872. Neustädter Bucht Quelle: v. Klöden und Oberländer, S. 15

Abb. 81: Wetterkarte 13. November 1872, 08.00 Uhr morgens während der Sturmflut in der OstseeQuelle: P. Walter 1907

Abb. 82: Grafische Darstellung der meteorologischen Tabellen - Wetterstation Putbus Quelle: Zs. f. Bauwesen 25, 1875

Abb. 83: Anstieg der Wassermassen, Quelle: P. Walter 1907

Abb. 84: Steigen und Fallen der Flut im November 1872, Quelle: Zs. f. Bauwesen 25, 1875

Abb. 85: Darstellung des Wasserstandes und der Windintensität bei Pillau Sturmfluth 12./13. November 1872, Quelle: Zs. f. Bauwesen 25, 1875

Abb. 86: Darstellung des Wasserstandes und der Windintensität am Wittower Posthaus Sturmfluth 12. und 13.11.1872, Quelle: Zs. f. Bauwesen 25, 1875

Abb. 87: Darstellung des Wasserstandes und der Windintensität in Thiessow Sturmfluth 12. und 13.11.1872, Quelle: Zs. f. Bauwesen 25, 1875

Abb. 88: Der Zusammensturz eines Bauernhauses in Niendorf während der Sturmflut 1872 Quelle: Die Gartenlaube von 1872

Abb. 89: Nach der Sturmflut 1872, Quelle: Holger Drachmann 1872-Balitc sea flood

Abb. 90: 500 hPa Geopotential (gpdm) und Bodendruck (hPa) am 29. Dez. 1904, Quelle: wetterzentrale.de

Abb. 91: 500 hPa Geopotential (gpdm) und Bodendruck (hPa) am 31.12.1904, Quelle: wetterzentrale.de

Abb. 92: Übersichtskarte der Küste des Regierungsbezirkes Stralsund 1: 43 000 Quelle: Atlas zur Zeitschrift f. Bauwescn 1910

Abb. 93: Lage der Uferschutzwerke bei Thiessow, Quelle: Atlas zur Zeitschrift f. Bauwesen 1910

Abb. 94: Dreibock mit Flaschenzug und fahrbarer Kran vor den Dörfern Neuendorf und Plogshagen/Hiddensee, Quelle: Atlas zur Zeitschrift f. Bauwesen 1910

Abb. 95: Versatzbock am Westrande von Thiessow, Quelle: Atlas zur Zeitschrift f. Bauwesen 1910

Abb. 96: Mikroskopische Aufnahmen zur Holzanatomie der Kiefer von der Schaabe von 1940 bis 1943 Foto: A. Müller 2011

Abb. 97: Schneeverwehungen im Ort Garz auf Rügen, Foto Egon Nehls

Abb. 98: Hilfe bei der Beseitigung der Schneeverwehungen, Foto Egon Nehls

Abb. 99: Schwere Technik half bei der Beseitigung der Schneemassen auf Rügen, Foto Egon Nehls

Abb. 100: Winter auf dem Strealsund 1978/79, Foto: Udo Senftleben

Abb. 101: Winter 2010/11 Strand von Zinnowitz, Foto B. Tschochner 2010/11

Abb. 102: Windrichtung am 30.12.2016, Quelle: www.kachelmannwetter.de

Abb. 103: Windrichtung an der mecklenburgischen Ostseeküste 03.01.2017, 08.00 Uhr MEZ, Quelle: www.kachelmannwetter.de

Abb. 104: Windrichtung am 04.01.2017 an der mecklenburgischen Ostseeküste 20 Uhr MEZ, Quelle: www.kachelmannwetter.de

Abb. 105: Pegelstände von Sassnitz und Thiessow vom 04.01. zum 05.01.2017, Daten:www.pegelonline.wsv.de

Abb. 106: Durchschnittliche Windgeschwindigkeit (km/h) an der mecklenburgischen Ostseeküste am 04.01.2017 Quelle: B. Tschochner, St. Kreibohm 2017

Abb. 107: Maximale Windböen (km/h) an der mecklenburgischen Ostseeküste, Quelle: B. Tschochner, St. Kreibohm 2017

Abb. 108: Überflutung einer Hotelanlage in Baabe, Quelle: Rügen TV, 2017

Abb. 109: Eichenchronologie (in 1/100mm) mit extremen Witterungserscheinungen und linearen Wachstumstrend für den Zeitraum von 1741 – 2006, Quelle: K.U. Heussner, B. Tschochner 2015

Abb. 110: Kiefernchronologie (in 1/100mm) mit extremen Witterungserscheinungen und linearen Wachstumstrend für den Zeitraum von 1741 – 2009, Quelle: K.U. Heussner, B. Tschochner 2015

Abb. 111: Eichenchronologie (in 1/100mm) mit Wettererscheinungen, einigen politischen und anderen Ereignissen von 1741 – 2009, Quelle: K.U. Heussner, B. Tschochner 2015

Abb. 112: Klimadiagramm der Station Putbus auf Rügen, Quelle: B. Tschochner, St. Kreibohm 2015

Abb. 113: Klimadiagramm der Station Arkona auf Rügen, Quelle: B. Tschochner, St. Kreibohm 2015

Abb. 114: Markante Wetterlage – Mildes Winterwetter (Wetterlage am 09.02.1961, 07 Uhr), Quelle: H. Runge(1968): Das Wetter und wir. Gotha/Leipzig

Abb. 115: Monatsmitteltemperaturen der Stationen Putbus und Arkona, Quelle: B. Tschochner, St. Kreibohm 2015

Abb. 116: Markante Wetterlage- Frostwetter mit Schneefällen (13.01.1966, 07 Uhr, Quelle: H. Runge(1968): Das Wetter und wir. Gotha/Leipzig

Abb. 117: 500 hPa Geopotential (gpdm) und Bodendruck (hPA) vom Februar 1929, Quelle: wetterzentrale.de

Abb. 118: 500 hPa Geopotential (gpdm) und Bodendruck (hPa) 09. Feb. 1929. Quelle wetterzentrale.de

Abb. 119: 500 hPa Geopotential (gpdm) und Bodendruck (hPa) 13. Feb. 1929, Quelle: wetterzentrale.de

Abb. 120: 500 hPa Geopotential (gpdm) und Bodendruck (hPa) 25. Feb. 1929, Quelle: wetterzentrale.de

Abb. 121: 500 hPa Geopotential (gpdm) und Bodendruck (hPa) vom 19. August 1939, Quelle: wetterzentrale.de

Abb. 122: Klimadiagramm der Station Kloster/Hiddensee 1939, Quelle: B. Tschochner, St. Kreibohm 2015

Abb. 123: 500 hPa Geopotential (gpdm) und Bodendruck (hPa) vom 24. Dez. 1939, Quelle: wetterzentrale.de

Abb. 124: 500 hPa Geopotential (gpdm) und Bodendruck (hPa) vom 31. Dez. 1939, Quelle: wetterzentrale.de

Abb .125: 500 hPa Geopotential (gpdm) und Bodendruck (hPa) vom 18. Jan. 1940, Quelle: wetterzentrale.de

Abb. 126: Klimadiagramm der Station Kloster/Hiddensee 1940, Quelle: wetterzentrale.de

Abb. 127: 500 hPa Geopotential (gpdm) und Bodendruck (hPa) vom 26 Februar 1940, Quelle: wetterzentrale.de

Abb. 128: Klimadiagramm von 1940 der Station Kloster/Hiddensee, Quelle: B. Tschochner, St. Kreibohm, 2015

Abb. 129: 500 hPa Geopotential (gpdm) und Bodendruck (hPa) vom 15. Januar 1941, Quelle: wetterzentrale.de

Abb. 130: Klimadiagramm von 1941 der Station Kloster/Hiddensee, Quelle: B. Tschochner, 2015

Abb. 131: 500 hPa Geopotential (gpdm) und Bodendruck (hPa) am 02. Dez. 1941, Quelle: wetterzentrale.de

Abb. 132: 500 hPa Geopotential (gpdm) und Bodendruck (hPa) am 08. Dez. 1941, Quelle: wetterzentrale.de

Abb. 133: 500 hPa Geopotential (gpdm) und Bodendruck (hPa) am 27. Dez. 1941, Quelle: wetterzentrale.de

Abb. 134: 500 hPa Geopotential (gpdm) und Bodendruck (hPa) am 31. Dez. 1941, Quelle: wetterzentrale.de

Abb.135: Klimadiagramm von 1941 der Station Kloster, Quelle: B. Tschochner, St. Kreibohm 2015

Abb. 136: 500 hPa Geopotential (gpdm) und Bodendruck (hPa) am 01. Jan. 1942, Quelle: wetterzentrale.de

Abb. 137: 500 hPa Geopotential (gpdm) und Bodendruck (hPa) am 05. Jan. 1942, Quelle: wetterzentrale.de

Abb. 138: Klimadiagramm von 1942 der Station Kloster/Hiddensee, Quelle: B Tschochner,2015

Abb. 139: 500 hPa Geopotential (gpdm) und Bodendruck (hPa) vom 12 Dezember 1946 Quelle: wetterzentrale.de

Abb. 140: 500 hPa Geopotential (gpdm) und Bodendruck (hPa) vom 29. Dezember 1946 Quelle: wetterzentrale.de

Abb. 141: 850 hPa Temperatur (Grad C) vom 31. Januar 1947, Quelle: wetterzentrale.de

Abb. 142: 850 hPa Temperatur (Grad C) vom 08. Februar 1947, Quelle: wetterzentrale.de

Abb. 143: Tagesmitteltemperatur (Grad C) der Stationen Arkona und Putbus vom 01. Januar - 28. Februar 1947 Quelle: B Tschochner, St. Kreibohm, 2015

Abb. 144: 850 hPa Temperatur (Grad C) vom 03. März 1947, Quelle: wetterzentrale.de

Abb. 145: Abweichungen der Mitteltemperatur von Dezember 1962 bis Februar 1963 vom Normalwinter in Mitteleuropa, Quelle: H. Runge (1968): Das Wetter und wir. Gotha/Leipzig

Abb. 146: Tagesmitteltemperaturen (Grad C) der Stationen Putbus im Dezember 1962 Quelle: B. Tschochner, St. Kreibohm, 2015

Abb. 147: 500 hPa Geopotential (gpdm) und Bodendruck (hPa) vom 17. Dezember 1962 Quelle: wetterzentrale.de

Abb. 148: 850 hPa Temperatur (Grad) vom 19. Dezember 1962, Quelle: wetterzentrale.de

Abb. 149: Tagesmitteltemperaturen (Grad C) der Stationen Arkona und Putbus vom 01. Januar – 28. Februar 1963, Quelle: B. Tschochner, St. Kreibohm, 2015

Abb. 150: 500 hPa Geopotential (gpdm) und Bodendruck (hPa) vom 13. Januar 1963, Quelle: wetterzentrale.de

Abb. 151: Tagesmitteltemperaturen (Grad C) der Stationen Arkona und Putbus vom 01. Januar - 28. Februar 1947 und 1963, Quelle: B. Tschochner, St. Kreibohm 2015

Abb. 152: Klimadiagramm der Station Arkona von 1963, Quelle: B. Tschochner, St. Kreibohm, 2015

Abb. 153: 500 hPa Geopotential (gpdm) und Bodendruck (hPa) vom 20 Dez. 1978, Quelle: wetterzentrale.de

Abb. 154: Tagesmitteltemperatur am 27.12.1978 (Grad C) in Norddeutschland, Quelle: Daten DWD

Abb. 155: Straße auf Rügen im Winter 1978/79, Foto: Egon Nehls

Abb. 156: Schneeverwehungen im Ort Garz im Winter 1978/79, Foto: Egon Nehls

Abb. 157: 850 hPa Temperatur (C) am 30.12.1978, Quelle: wetterzentrale.de

Abb. 158: Schneehöhe am 30.12.1978 (cm) in Norddeutschland, Quelle: Daten DWD

Abb. 159: Tagesmitteltemperaturen am 31.12.1978 (Grad C) in Norddeutschland Quelle: Daten DWD

Abb. 160: Schneehöhe am 31.12.1978 (cm) in Norddeutschland, Quelle: Daten DWD

Abb. 161: Beseitigung der Schneeverwehungen auf Rügen, Foto: Egon Nehls

Abb. 162: Schneefräse auf dem Bahnhof in Bergen/Rügen, Foto: Egon Nehls

Abb. 163: 800 hPa Temperatur (Grad C) vom 31 Dez. 1978, Quelle: wetterzentrale.de

Abb. 164: 800 hPa Temperatur (Grad C) vom 02 Jan. 1979, Quelle: wetterzentrale.de

Abb. 165: Auf dem Strealsund im Winter 1978/79, Foto: Udo Senftleben

Abb. 166: Der Hafen in Sassnitz im Winter 1978/79, Foto: Egon Nehls

Abb. 167: Schneeverwehung auf einer Straße auf Rügen im Winter 1978/79, Foto: Egon Nehls

Abb. 168: Markante Wetterlage - Sehr warmes, trockenes Sommerwetter am 08.07.1959, 07 Uhr, Quelle: H. Runge (1968), Das Wetter und wir. Gotha/Leipzig

Abb. 169: Temperatur- und Niederschlagsverlauf für die Sommermonate Juni-August der Jahre 1947, 1959 für die Stationen Arkona und Putbus. (1947 wurden keine Niederschläge registriert)Quelle: B. Tschochner,St. Kreibohm, 2015

Abb. 170: Sonnenscheindauer am 08.07.1959 (h) in Norddeutschland, Quelle: B. Tschochner,St. Kreibohm, 2015

Abb. 171: Markante Wetterlage - Sehr kühles Sommerwetter mit Schauern 08.07.1965, 07 Uhr Quelle: H. Runge (1968): Das Wetter und wir.Gotha/Leipzig

Abb. 172: Tagesmitteltemperatur 08.07.1965 (Grad C) in Norddeutschland, Quelle: B. Tschochner, St. Kreibohm, 2015

Abb. 173: Die Tagesmitteltemperaturen (Grad C) für die Sommermonate Juni-August der Stationen Arkona und Putbus, Quelle: B. Tschochner,St. Kreibohm, 2015

Abb. 174: Jahresgang der monatlichen Niederschlagshöhe der Station Arkona, Quelle: B. Tschochner,St. Kreibohm, 2015

Tabellen

Tab.1: Wetter und Witterungserscheinungen auf und um Rügen im Zeitraum 1044 – 1199, Quelle: B. Tschochner, 2014

Tab.2: Wetter und Witterungserscheinungen auf und um Rügen im Zeitraum 1200 – 1365, Quelle: B. Tschochner, 2014

Tab.3: Wetter und Witterungserscheinungen auf und um Rügen im Zeitraum 1381-1570, Quelle: B. Tschochner, 2014

Tab.4: Wetter und Witterungserscheinungen auf und um Rügen im Zeitraum 1571 – 1740, Quelle: B. Tschochner, 2014

Tab.5: Wetter und Witterungserscheinungen auf und um Rügen im Zeitraum 1741 – 2006, Quelle: B. Tschochner, 2014

Tab.6: Vergleich von ausgewählten Wetterdaten der Stationen Arkona und Putbus, Quelle DWD, 2012

Karten

Karte 1: Das alte Rügen mit alten Namen, die neuen Namen stehen in der Klammer, Quelle: Fock, Bd I, Anhang, 1861

Karte 2: Rügen vor der Eroberung Arkonas, Quelle: Baltische Studien, Heft 1, 1832

Karte 3: Zeigt die Stelle zwischen Schweden und Dänemark, wo der Sundzoll erhoben wurde. Quelle:

Karte 4: Wichtige Kriegsschauplätze während des Dreißigjährigen Krieges 1618 – 1660, Quelle: W. R. Shepard Historical Atlas

Karte 5: Ausgewählte Feldzüge im Dreißigjährigen Krieg, Quelle: www.stolp.de/lit.

Karte 6: Schwedisch-Pommern, Quelle:Staatsbibliothek Berlin, Kartenabteilung Kart Nr. 8840

Karte 7: Pommern vor dem 2. Nordischen Krieg, Quelle: Das Pommersche Kriegs-Theatrum 1716

Karte 8: Landung der brandenburgisch-preußischen und dänischen Truppen bei Groß Stresow auf Rügen, Quelle: Das Pommersche Kriegs-Theatrum 1716

Karte 9: Preußen nach dem Wiener Kongreß Quelle: www.ieg-maps.uni-mainz.de/

Karte 10: Pommern 1913, Quelle: https://en.wikipedia.org/wiki/en:GNU_Free_Documentation_License

Karte 11: Der Regierungsbezirk Stralsund war identisch mit dem Gebietsstand von Schwedisch-Pommern von 1720, Quelle: Handatlas des Preussischen Staats

Internet

Bülow, von, „Loytz Stephan", in: Allgemeine Deutsche Biographie(1884)., S. (Onlinefassung), URL: http://www.deutsche-biographie.de/pnd137853629.html Zugriff. 18.06.2015

http://www.Berliner-Wetterkarte.de

http://www.celsius-fahrenheit.de/Zugriff am

http://www.hausarbeiten.de/faecher/vorschau/208187.html Zugriff am 26.05.2015

www.keltoi.ch/martini.html Zugriff am 24.04.2015

http://www.mkbug.de/bug.htm zugriff am

http://www.sagard-ruegen.de/Zugriff am 13.05.2015

http://www.um.mv-regierung.de, 12.1.05 Zugriff am

http://www.ikzm-d.de/showaddon.php?text=20 zugriff am

http://www.pommerscher-greif.de/Zugriff am

http://www.soundtoll.nl/index.php/en/welkom Zugriff am

http://zbc.ksiaznica.szczecin.pl/dlibra/docmetadata?id=29572 Zugriff am 11.08.2015

http://www.wx-dj3fs.de/db0gzx-6_help.pdf

http://www.stolp.de

https://www.bier.de/bier-wissen/geschichte/bier-im-mittelalter/weltliche-seite Zugriff am 30.08.2015

http://www.kreis-ueckermuende-arbeitskreis.de

http://www.wetterzentrale.de/

http://pbc.gda.pl/dlibra/publication?id=54585&tab=3

Zeitungen und Zeitschriften

Ostsee-Zeitung vom 07.11.1995

Ostsee Zeitung vom 15.12.2011

Rügensche Zeitung. vom 05.07.1934, Nr. 153

Usedomer Kreiszeitung vom 01.02.2011

Unser Pommerland, Stettin, 1, 274-276